RGPD - LOPDGDD

PREGUNTAS Y RESPUESTAS SOBRE LA NORMATIVA DE PROTECCIÓN DE DATOS PERSONALES

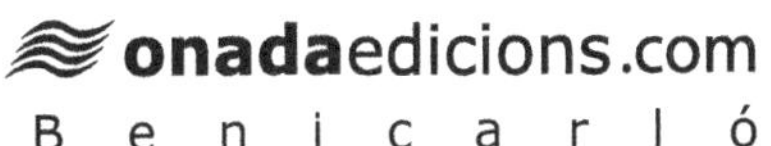

Manuel Castilleja Toscano

RGPD - LOPDGDD

Preguntas y respuestas sobre la normativa de protección de datos personales

GDPR management.

onadaedicions.com

Primera edición mayo de 2025

Edita
ONADA EDICIONS
Plaça de l'Ajuntament, local 3
Ap. de correus 390 • 12580 BENICARLÓ
www.onadaedicions.com • onada@onadaedicions.com

Editor literario
PRIVACY DRIVER®
privacydriver.com
info@privacydriver.com
+34 693 101 684

ISBN 978-84-10259-71-3
Depósito legal CS 378-2025

A mi amigo Josep Aragonés

Sin tu apoyo y conocimiento esta obra no hubiese sido posible, sin tu orientación y compromiso con la excelencia, este proyecto no habría visto la luz.

Gracias por compartir tu experiencia, por cuestionar cuando fue necesario y por recordarme siempre la importancia de la precisión en cada detalle. Esta obra es, en muchos sentidos, un reflejo de tu ayuda y tu pasión por hacer las cosas bien.

PRÓLOGO

Privacy Driver vuelve otro año con un libro de Manuel Castilleja Toscano, nuestro director legal, pero esta vez con un formato de preguntas y respuestas que han sido recopiladas de entre las consultas efectuadas por nuestros resellers, que más que clientes forman parte de nuestra "familia profesional" como miembros de la "Comunidad Privacy Driver" con la que pretendemos seguir contribuyendo en la medida de nuestras posibilidades a divulgar la tan ansiada cultura de la privacidad en el día a día de la sociedad en general.

Este cuarto libro de Manuel está ordenado tal y como lo está el Reglamento General de Protección de Datos, por esto veréis clasificadas las preguntas y respuestas en los mismos capítulos y secciones del Reglamento. Al final de la obra encontraréis un índice con todas las preguntas para una fácil localización.

En tiempos de Inteligencia Artificial este libro con 511 preguntas y respuestas tiene más sentido que nunca, ya que son las mismas consultas que se podrían hacer a cualquier sistema de IA, pero con la certeza de que las respuestas son correctas y no dejan lugar a dudas.

Para terminar, quiero agradecer a Manuel todo el esfuerzo y dedicación empleados cada día para que desde Privacy Driver podamos seguir contribuyendo a promover la cultura de la privacidad. Su capacidad para interpretar la normativa es encomiable y seguro que el lector se dará cuenta de ello cuando empiece a leer esta obra.

Josep Aragonés Salvat - CEO de Privacy Driver

Índice

RGPD - LOPDGDD

Preguntas y respuestas
sobre la normativa de protección de datos personales

Capítulo 3. Derechos del interesado

Capítulo 4. Derechos digitales

Capítulo 5. Responsable del tratamiento y encargado del tratamiento

Capítulo 6. Seguridad de los datos personales

Abreviaturas y acrónimos

Descripción de las siglas utilizadas en el libro, por orden alfabético:

AC: Autoridad de control

AEPD: Agencia Española de Protección de Datos

APDCAT: Autoridad Catalana de Protección de Datos

AVPD: Autoridad Vasca de Protección de Datos

CCT/SCC: Cláusulas Contractuales Tipo

CEPD/EDPB/GT29: Comité Europeo de Protección de Datos

CTPDA: Consejo de Transparencia y Protección de Datos de Andalucía

DPD/DPO: Delegado de Protección de Datos

EEE: Espacio Económico Europeo

EIPD/DPIA: Evaluación de Impacto de la Protección de Datos

EIT: Evaluación de Impacto de una transferencia

ENAC: Entidad Nacional de Acreditación

ENS: Esquema Nacional de Seguridad

ET: Estatuto de los Trabajadores

LOPDGDD: Ley Orgánica de Protección de Datos Personales y Garantía de los Derechos Digitales

LSSI: Ley de Servicios de la Sociedad de la Información y del Comercio Electrónico

NCV/BCR: Normas Corporativas Vinculantes

RAT: Registro de las Actividades de Tratamiento

RGPD: Reglamento General de Protección de Datos

TID: Transferencias Internacionales de Datos

TJUE: Tribunal de Justicia de la Unión Europea

UE: Unión Europea

INTRODUCCIÓN

La evolución de las nuevas tecnologías, que ha facilitado la gestión masiva de información personal, ha implicado que los datos personales se hayan convertido en un activo de incalculable valor, por lo que la protección de esos datos se erige como un pilar fundamental de nuestra sociedad, la privacidad se ha convertido en un tema básico y central tanto para las personas titulares de los datos, como para las organizaciones, tanto privadas como administraciones públicas, que los tratan.

El Reglamento (UE) 2016/679 del Parlamento Europeo y del Consejo, de 27 de abril de 2016 o Reglamento General de Protección de Datos (RGPD), desde su publicación en 2016 se ha erigido como uno de los marcos regulatorios más exhaustivos dentro del ámbito de la protección de datos personales, y es referencia para el resto de normativa que en materia de protección de datos se está adoptando en otros países.

En España el RGPD, junto con la Ley Orgánica 3/2018, de 5 de diciembre, de Protección de Datos Personales y garantía de los derechos digitales, que adapta el ordenamiento jurídico español al Reglamento, suponen un conjunto de normativas diseñadas para proteger de las personas, tanto sus derechos fundamentales en relación con el tratamiento de sus datos personales, como sus derechos en el ámbito digital.

Hemos analizado estos complejos marcos legislativos, teniendo en cuenta también las publicaciones de distintas autoridades de control, para proponerlos en esta obra que tienes en tus manos en un formato de preguntas y respuestas, con un enfoque directo, accesible y práctico, cuyo objetivo, además de optimizar el contenido de ambas normas, es proporcionar al lector una comprensión clara y concisa de las mismas.

Siguiendo la misma estructura del RGPD, cada capítulo del libro ha sido estructurado meticulosamente para abordar las situaciones o consultas más frecuentes. A lo largo de las páginas de esta obra, nos adentramos en las disposiciones de las dos normativas, y desgranamos sus conceptos clave, los principios que rigen la protección de datos, los derechos que asisten a las personas y las obligaciones que recaen sobre aquellos que tratan datos personales; analizamos sus implicaciones prácticas, proponiendo de una manera clara y concisa su correcta aplicación.

Esta obra se convierte en una útil herramienta para profesionales del ámbito jurídico y/o tecnológico que se dediquen a la consultoría de cumplimiento de la normativa de protección de datos; personas delegadas de protección de datos, responsables de departamentos implicados en el tratamiento de datos personales (RRHH, NNTT, etc.) o para cualquier persona interesada en conocer sus derechos en materia de protección de datos.

Esta obra es por tanto una invitación a adentrarnos en el mundo de la protección de datos, a conocer sus desafíos, a contribuir a un entorno, en lo que al tratamiento de datos personales se refiere, sobre todo digital, cada vez más seguro. En definitiva, con este libro aspiramos a seguir creando una cada vez más arraigada cultura de la privacidad en la sociedad en general.

Manuel Castilleja Toscano
CLO de Privacy Driver

Capítulo 1

DISPOSICIONES GENERALES

1.1. OBJETO (art. 1 RGPD)

1. ¿Cuál es el objetivo del Reglamento General de Protección de Datos 2016/679 (RGPD)?

Proteger los derechos y libertades fundamentales de las personas físicas y, en particular, su derecho a la protección de sus datos personales, estableciendo las normas relativas a la protección de las personas físicas en lo que respecta al tratamiento de sus datos personales y las normas relativas a la libre circulación de tales datos. La libre circulación de los datos personales en la Unión no podrá ser restringida ni prohibida por motivos relacionados con la protección de las personas físicas en lo que respecta al tratamiento de datos personales.

2. ¿Es el derecho a la protección de datos un derecho fundamental?

Sí, el artículo 8.1 de la Carta de los Derechos Fundamentales de la Unión Europea y el artículo 16.1 del Tratado de Funcionamiento de la Unión Europea (TFUE) establecen que toda persona tiene derecho a la protección de los datos personales que le conciernan, es por tanto un derecho fundamental, aunque no absoluto, sino que debe considerarse en relación con su función en la sociedad y mantener el equilibrio con otros derechos fundamentales, con arreglo al principio de proporcionalidad.

1.2. ÁMBITO DE APLICACIÓN (arts. 2, 3 RGPD)

3. ¿Cuál es el ámbito de aplicación material del RGPD?

Se aplica al tratamiento de datos personales:

- Total o parcialmente automatizado y al no automatizado, contenidos o destinados a ser incluidos en un fichero.

No se aplica al tratamiento de datos personales:

- En el ejercicio de una actividad no comprendida en el ámbito de aplicación del Derecho de la Unión.
- Por parte de los Estados miembros cuando lleven a cabo actividades comprendidas en el ámbito de aplicación del capítulo 2 del título V del Tratado de la UE.
- Efectuado por una persona física en el ejercicio de actividades exclusivamente personales o domésticas.
- Por parte de las autoridades competentes con fines de prevención, investigación, detección o enjuiciamiento de infracciones penales, o de ejecución de sanciones penales, incluida la de protección frente a amenazas a la seguridad pública y su prevención.

El Reglamento (UE) 2018/1725 relativo a la protección de las personas físicas en lo que respecta al tratamiento de datos personales por las instituciones, órganos y organismos de la Unión, y a la libre circulación de esos datos, es de aplicación al tratamiento de datos personales por parte de las instituciones, órganos y organismos de la Unión. Este Reglamento y otros actos jurídicos de la Unión aplicables a dicho tratamiento de datos personales estarán adaptadas a los principios y normas del RGPD de conformidad con su artículo 98.

El RGPD se entenderá sin perjuicio de la aplicación de la Directiva 2000/31/CE sobre comercio electrónico, en particular sus normas relativas a la responsabilidad de los prestadores de servicios intermediarios establecidas en sus artículos 12 a 15.

4. ¿Cuál es el ámbito de aplicación territorial del RGPD?

Se aplica al tratamiento de datos personales:

- En el contexto de las actividades de un establecimiento del responsable o del encargado en la Unión, independientemente de que el tratamiento tenga lugar en la Unión o no.

- De interesados que residan en la Unión por parte de un responsable o encargado no establecido en la Unión, cuando las actividades de tratamiento estén relacionadas con:

  – La oferta de bienes o servicios a dichos interesados en la Unión, independientemente de si a estos se les requiere su pago, o

  – El control de su comportamiento, en la medida en que este tenga lugar en la Unión.

- Por parte de un responsable que no esté establecido en la Unión sino en un lugar en que el Derecho de los Estados miembros sea de aplicación en virtud del Derecho internacional público.

5. ¿Se aplica el RGPD y/o la LOPDGDD a los datos personales de las personas fallecidas?

No, ni el RGPD ni la LOPDGDD se aplican a los tratamientos de datos personales de personas fallecidas, sin perjuicio de lo establecido en el artículo 3 de la LOPDGDD, conforme al cual se permite que puedan dirigirse al responsable o encargado del tratamiento al objeto de solicitar el acceso a los datos personales de la persona fallecida y, en su caso, su rectificación o supresión:

- Las personas vinculadas al fallecido por razones familiares o de hecho, así como sus herederos salvo que la persona fallecida lo hubiese prohibido expresamente o así lo establezca una ley. Dicha prohibición no afectará al derecho de los herederos a acceder a los datos de carácter patrimonial del causante.

- Las personas o instituciones a las que la persona fallecida hubiese designado expresamente para ello. Mediante real decreto se establecerán los requisitos y condiciones para acreditar la validez y vigencia de estos mandatos e instrucciones y, en su caso, el registro de los mismos.

En caso de fallecimiento de menores, estas facultades podrán ejercerse también por sus representantes legales o, en el marco de sus competencias, por el Ministerio Fiscal, que podrá actuar de oficio o a instancia de cualquier persona física o jurídica interesada.

En caso de fallecimiento de personas con discapacidad, estas facultades también podrán ejercerse, además de por quienes señala el párrafo anterior, por quienes hubiesen sido designados para el ejercicio de funciones de apoyo, si tales facultades se entendieran comprendidas en las medidas de apoyo prestadas por él designado.

1.3. DEFINICIONES (art. 4 RGPD)

6. ¿Qué es un dato personal?

Es toda información sobre una persona física identificada o identificable (el interesado); se considerará persona física identificable toda persona cuya identidad pueda determinarse, directa o indirectamente, en particular mediante un identificador, como por ejemplo un nombre, un número de identificación, datos de localización, un identificador en línea o uno o varios elementos propios de la identidad física, fisiológica, genética, psíquica, económica, cultural o social de dicha persona.

7. ¿En qué consiste la seudonimización de datos personales?

La seudonimización es una medida de seguridad técnica que consiste en el tratamiento de datos personales de manera tal que ya no puedan atribuirse a un interesado sin utilizar información adicional, siempre que dicha información adicional figure por separado y esté sujeta a medidas técnicas y organizativas destinadas a garantizar que los datos personales no se atribuyan a una persona física identificada o identificable.

El proceso de seudonimización consiste en reemplazar los identificadores de los datos personales por un atributo o código no público, que impida reconstruir el identificador inicial, pudiendo tratar los datos relacionados sin saber a qué persona pertenecen. Este proceso siempre será reversible de tal forma que pueda recuperarse el dato personal original. Por tanto, será fundamental garantizar la custodia de la información adicional asociada para que no permita vincular el dato seudonimizado con el del titular.

8. ¿Se aplica el RGPD a los datos seudonimizados?

Sí, los datos personales seudonimizados, que cabría atribuir a una persona física mediante la utilización de información adicional, deben considerarse información sobre una persona física identificable, y los principios de la protección de datos y el RGPD deben aplicarse a toda la información relativa a una persona física identificada o identificable. Para determinar si una persona física es identificable, deben tenerse en cuenta todos los medios, como la singularización, que razonablemente pueda utilizar el responsable del tratamiento o cualquier otra persona para identificar directa o indirectamente a la persona física. Para determinar si existe una probabilidad razonable de que se utilicen medios para identificar a una persona física, deben tenerse en cuenta todos los factores objetivos, como los costes y el tiempo necesarios para la identificación, teniendo en cuenta tanto la tecnología disponible en el momento del tratamiento como los avances tecnológicos.

9. ¿En qué consiste la anonimización de datos personales?

La anonimización de datos personales la podríamos definir como el proceso por el que se produce una ruptura total de los datos personales que vamos a tratar con los datos identificativos, para que no se puedan asociar de ninguna manera con la persona titular de los mismos, es decir, para que no se pueda asociar a una persona ni identificarla. La anonimización es una medida de seguridad a implementar cuando sea irrelevante identificar al interesado. En este caso se deberá eliminar cualquier información que guarde relación con una persona física identificada o identificable, ni utilizando información adicional, o sea, se convertirán en datos anónimos de forma irreversible.

10. ¿Se aplica el RGPD a los datos anonimizados?

No, el RGPD no afecta al tratamiento de información anónima, inclusive con fines estadísticos o de investigación, los principios de protección de datos no deben aplicarse a la información anónima, es decir información que no guarda relación con una persona física identificada o identificable, ni a los datos convertidos en anónimos de forma que el interesado no sea identificable, o deje de serlo.

11. ¿Qué es un dato biométrico?

Son datos personales obtenidos a partir de un tratamiento técnico específico, relativos a las características físicas, fisiológicas o conductuales de una persona física que permitan o confirmen la identificación única de dicha persona, como imágenes faciales o datos dactiloscópicos.

El tratamiento de fotografías no debe considerarse sistemáticamente tratamiento de categorías especiales de datos personales, pues únicamente se encuentran comprendidas en la definición de datos biométricos cuando el hecho de ser tratadas con medios técnicos específicos permita la identificación o la autenticación unívocas de una persona física. Tales datos personales no deben ser tratados, a menos que se permita su tratamiento en situaciones específicas contempladas en el RGPD, habida cuenta de que los Estados miembros pueden establecer disposiciones específicas sobre protección de datos con objeto de adaptar la aplicación de las normas del RGPD al cumplimiento de una obligación legal o al cumplimiento de una misión realizada en interés público o en el ejercicio de poderes públicos conferidos al responsable del tratamiento. Además de los requisitos específicos de ese tratamiento, deben aplicarse los principios generales y otras normas del RGPD, sobre todo en lo que se refiere a las condiciones de licitud del tratamiento.

Para que se considere un tratamiento de categorías especiales de datos personales (Artículo 9), se requiere que los datos biométricos se traten “con el fin de identificar de manera única a una persona física”.

En resumen, conforme al artículo 4.14 y 9, se deben considerar tres criterios:

• Naturaleza de los datos: datos relativos a características físicas, fisiológicas o de comportamiento de una persona física.

• Medios y modo de tratamiento: datos resultantes de un tratamiento técnico específico.

• Finalidad del tratamiento: los datos deben utilizarse con el fin de identificar de forma única a una persona física.

Por tanto, conforme al artículo 9.1. RGPD, son considerados siempre como dato de categoría especial. Hasta noviembre 2023, la AEPD, no consideraba los datos biométricos como de categoría especial en el caso de verificación o autenticación biométrica, es decir en caso de comprobar que la persona en cuestión es quien dice ser (comparando sus datos biométricos, con sus propios datos biométricos existentes en la base de datos, uno-a-uno), sin embargo, desde la fecha indicada y siguiendo las "Directrices 05/2022 sobre el uso de técnicas de reconocimiento facial en el ámbito de aplicación de la ley" del CEPD que en el punto 12 de las mismas (página 8) establece que los datos biométricos siempre serán datos de categoría especial. Criterio que sigue la línea de la Autoridad Catalana de Protección de Datos (APDCAT) y otras autoridades de control europeas, como la CNIL francesa, ICO inglesa o Il Garante italiano.

12. ¿Qué es un dato genético?

Son datos personales relativos a las características genéticas heredadas o adquiridas de una persona física que proporcionen una información única sobre la fisiología o la salud de esa persona, obtenidos en particular del análisis de una muestra biológica de tal persona, en particular a partir de un análisis cromosómico, un análisis del ácido desoxirribonucleico (ADN) o del ácido ribonucleico (ARN), o del análisis de cualquier otro elemento que permita obtener información equivalente.

13. ¿Qué es un dato referido a la salud?

Son datos personales relativos al estado de salud del interesado que dan información sobre su estado de salud física o mental pasado, presente o futuro. Se incluye la información sobre la persona física recogida con ocasión de su inscripción a efectos de asistencia sanitaria, o con ocasión de la prestación de tal asistencia, de conformidad con la Directiva 2011/24/UE del Parlamento Europeo y del Consejo (9); todo número, símbolo o dato asignado a una persona física que la identifique de manera unívoca a efectos sanitarios; la información obtenida de pruebas o exámenes de una parte del cuerpo o de una sustancia corporal, incluida la procedente de datos genéticos y muestras biológicas, y cualquier información relativa, a título de ejemplo, a una enfermedad, una discapacidad, el riesgo de padecer enfermedades, el historial médico, el tratamiento clínico o el estado fisiológico o biomédico del interesado, independientemente de su fuente, por ejemplo un médico u otro profesional sanitario, un hospital, un dispositivo médico, o una prueba diagnóstica in vitro.

14. ¿Qué es un tratamiento de datos personales?

Es cualquier operación o conjunto de operaciones realizadas sobre datos personales o conjuntos de datos personales, ya sea por procedimientos automatizados o no, como la recogida, registro, organización, estructuración, conservación, adaptación o modificación, extracción, consulta, utilización, comunicación por transmisión, difusión o cualquier otra forma de habilitación de acceso, cotejo o interconexión, limitación, supresión o destrucción.

15. ¿Qué es el consentimiento del interesado?

Es toda manifestación de voluntad libre, específica, informada e inequívoca por la que el interesado acepta, ya sea mediante una declaración o una clara acción afirmativa, el tratamiento de sus datos personales.

16. ¿En qué consiste la limitación del tratamiento de datos personales?

En el marcado de los datos personales conservados con el fin de limitar su tratamiento en el futuro. Entre los métodos para limitar el tratamiento de datos personales cabría incluir los consistentes en trasladar temporalmente los datos seleccionados a otro sistema de tratamiento, en impedir el acceso de usuarios a los datos personales seleccionados o en retirar temporalmente los datos publicados de un sitio Internet. En los ficheros automatizados la limitación del tratamiento debe realizarse, en principio, por medios técnicos, de forma que los datos personales no sean objeto de operaciones de tratamiento ulterior ni puedan modificarse. El hecho de que el tratamiento de los datos personales esté limitado debe indicarse claramente en el sistema.

17. ¿Qué es un fichero de datos personales?

Es todo conjunto estructurado de datos personales, accesibles con arreglo a criterios determinados, ya sea centralizado, descentralizado o repartido de forma funcional o geográfica.

18. ¿Qué es una elaboración de perfiles?

Es toda forma de tratamiento automatizado de datos personales consistente en utilizar los mismos para evaluar determinados aspectos personales de una persona física, en particular para analizar o predecir aspectos relativos al rendimiento profesional, situación económica, salud, preferencias personales, intereses, fiabilidad, comportamiento, ubicación o movimientos de dicha persona física.

19. ¿Qué es una violación de la seguridad de los datos personales?

Es toda brecha/quiebra/violación de la seguridad que ocasione la destrucción, pérdida o alteración accidental o ilícita de datos personales transmitidos, conservados o tratados de otra forma, o la comunicación o acceso no autorizados a dichos datos.

20. ¿Qué son las normas corporativas vinculantes?

Son las políticas de protección de datos personales asumidas por un responsable o encargado del tratamiento establecido en el territorio de un Estado miembro para transferencias o un conjunto de transferencias de datos personales a un responsable o encargado en uno o más países terceros, dentro de un grupo empresarial o una unión de empresas dedicadas a una actividad económica conjunta.

21. ¿Quién es el responsable del tratamiento?

Es la persona física o jurídica, autoridad pública, servicio u otro organismo que, solo o junto con otros, determine los fines y medios del tratamiento; si una Ley determina los fines y medios del tratamiento, el responsable del tratamiento o los criterios específicos para su nombramiento podrá establecerlos una Ley. Es quien decide "por qué" y "cómo" deberán tratarse los datos personales.

22. ¿Quiénes son corresponsables del tratamiento?

Son dos o más responsables que determinan conjuntamente los fines y los medios del tratamiento.

23. ¿Quién es el encargado del tratamiento?

Es la persona física o jurídica, autoridad pública, servicio u otro organismo que trate datos personales por cuenta del responsable del tratamiento. El encargado del tratamiento suele ser un tercero externo a la organización; sin embargo, en el caso de los grupos de empresas, una de ellas puede actuar como encargada del tratamiento para otra.

24. ¿A quién se considera destinatario según el RGPD?

A la persona física o jurídica, autoridad pública, servicio u otro organismo al que se comuniquen (cedan) datos personales, se trate o no de un tercero. No obstante, las autoridades públicas a las que se comunican datos personales en el marco de una investigación concreta y en virtud de una obligación legal para el ejercicio de su misión oficial, como las autoridades fiscales y aduaneras, las unidades de investigación financiera, las autoridades administrativas independientes o los organismos de supervisión de los mercados financieros encargados de la reglamentación y supervisión de los mercados de valores, no deben considerarse destinatarios de datos si reciben datos personales que son necesarios para llevar a cabo una investigación concreta de interés general, de conformidad con una Ley. Las solicitudes de comunicación de las autoridades públicas siempre deben presentarse por escrito, de forma motivada y con carácter ocasional, y no deben referirse a la totalidad de un fichero ni dar lugar a la interconexión de varios ficheros. El tratamiento de datos personales por dichas autoridades públicas debe ser conforme con la normativa en materia de protección de datos que sea de aplicación en función de la finalidad del tratamiento.

Respecto a los encargados del tratamiento, y aunque en España el art. 33.1. de la LOPDGDD establece que el acceso por parte de un encargado del tratamiento a los datos personales que resulten necesarios para la prestación de un servicio al responsable no se considerará comunicación de datos siempre que se cumpla lo establecido en el RGPD, la LOPDGDD y en sus normas de desarrollo, y por tanto en base a dicho precepto no se consideraría un destinatario de datos, el CEPD en su Dictamen 22/2024 sobre determinadas obligaciones derivadas de recurrir a encargados y subencargados del tratamiento el CEPD indica que los encargados del tratamiento a los que se transfieren datos se consideran destinatarios."

25. ¿A quién se considera tercero según el RGPD?

A la persona física o jurídica, autoridad pública, servicio u organismo distinto del interesado, del responsable del tratamiento, del encargado del tratamiento y de las personas autorizadas para tratar los datos personales bajo la autoridad directa del responsable o del encargado.

26. ¿Quién es el representante de una organización conforme al RGPD?

Es la persona física o jurídica establecida en la Unión que, habiendo sido designada por escrito por el responsable o el encargado del tratamiento, lo represente en lo que respecta a sus respectivas obligaciones en virtud del RGPD.

27. ¿A qué se refiere el RGPD con "establecimiento principal"?

• En el caso del responsable del tratamiento con establecimientos en más de un Estado miembro, el lugar de su administración central en la UE, salvo que las decisiones sobre los fines y los medios del tratamiento se tomen en otro establecimiento del mismo responsable en la UE y este último establecimiento tenga el poder de hacer aplicar tales decisiones, en cuyo caso el establecimiento que haya adoptado tales decisiones se considerará establecimiento principal.

• En el caso del encargado del tratamiento con establecimientos en más de un Estado miembro, el lugar de su administración central en la UE o, si careciera de esta, el establecimiento del encargado en la Unión en el que se realicen las principales actividades de tratamiento en el contexto de las actividades de un establecimiento del encargado en la medida en que el encargado esté sujeto a obligaciones específicas con arreglo al RGPD.

28. ¿Cuál es la autoridad de control según el RGPD?

Es la autoridad pública independiente establecida por un Estado miembro cuya responsabilidad es supervisar la aplicación del RGPD, con el fin de proteger los derechos y las libertades fundamentales de las personas físicas en lo que respecta al tratamiento de sus datos personales y de facilitar la libre circulación de esos datos personales en la UE.

29. ¿Hay una autoridad de control en cada estado miembro?

Sí, y puede haber más de una en cada país, cada autoridad de control contribuirá a la aplicación coherente del RGPD en toda la Unión. A tal fin, las autoridades de control cooperarán entre sí y con la Comisión con arreglo a lo dispuesto en el RGPD.

Cuando haya varias autoridades de control en un Estado miembro, este designará la autoridad de control que representará a dichas autoridades en el Comité, y establecerá el mecanismo que garantice el cumplimiento por las demás autoridades de las normas relativas al mecanismo de coherencia a que se refiere el artículo 63.

30. ¿Cuál es la autoridad de control interesada según el RGPD?

Es la autoridad de control a la que afecta el tratamiento de datos personales debido a que:

a) el responsable o el encargado del tratamiento está establecido en el territorio del Estado miembro de esa autoridad de control.

b) los interesados que residen en el Estado miembro de esa autoridad de control se ven sustancialmente afectados o es probable que se vean sustancialmente afectados por el tratamiento, o

c) se ha presentado una reclamación ante esa autoridad de control.

31. ¿Qué es un tratamiento transfronterizo?

a) el tratamiento de datos personales realizado en el contexto de las actividades de establecimientos en más de un Estado miembro de un responsable o un encargado del tratamiento en la Unión, si el responsable o el encargado está establecido en más de un Estado miembro, o

b) el tratamiento de datos personales realizado en el contexto de las actividades de un único establecimiento de un responsable o un encargado del tratamiento en la Unión, pero que afecta sustancialmente o es probable que afecte sustancialmente a interesados en más de un Estado miembro;

32. ¿Qué es una objeción pertinente y motivada?

Es la objeción a una propuesta de decisión sobre la existencia o no de infracción del RGPD, o sobre la conformidad con el RGPD de acciones previstas en relación con el responsable o el encargado del tratamiento, que demuestre claramente la importancia de los riesgos que entraña el proyecto de decisión para los derechos y libertades fundamentales de los interesados y, en su caso, para la libre circulación de datos personales dentro de la UE.

33. ¿Qué es un servicio de la sociedad de la información?

Es cualquier servicio, con las siguientes características:

- Prestado normalmente a título oneroso, a distancia, por vía electrónica y a petición individual del destinatario.

- No remunerado por sus destinatarios, en la medida en que constituyan una actividad económica para el prestador de servicios.

Se entenderá por:

- "a distancia", prestado sin que las partes estén presentes simultáneamente,

- "por vía electrónica", enviado desde la fuente y recibido por el destinatario mediante equipos electrónicos de tratamiento (incluida la compresión digital) y de almacenamiento de datos y que se transmite, canaliza y recibe enteramente por hilos, radio, medios ópticos o cualquier otro medio electromagnético,

- "a petición individual de un destinatario de servicios", prestado mediante transmisión de datos a petición individual.

Son servicios de la sociedad de la información, entre otros y siempre que representen una actividad económica, los siguientes:

- La contratación de bienes o servicios por vía electrónica.

- La organización y gestión de subastas por medios electrónicos o de mercados y centros comerciales virtuales.

- La gestión de compras en la red por grupos de personas.

- El envío de comunicaciones comerciales.

- El suministro de información por vía telemática.

No tendrán la consideración de servicios de la sociedad de la información los que no reúnan las características señaladas y, en particular, los siguientes:

• Los servicios prestados por medio de telefonía vocal, fax o télex.

• El intercambio de información por medio de correo electrónico u otro medio de comunicación electrónica equivalente para fines ajenos a la actividad económica de quienes lo utilizan.

• Los servicios de radiodifusión televisiva (incluidos los servicios de cuasi vídeo a la carta), contemplados en el artículo 3.a de la Ley 25/1994, de 12 de julio, por la que se incorpora al ordenamiento jurídico español la Directiva 89/552/CEE, del Consejo, de 3 de octubre, sobre la coordinación de determinadas disposiciones legales, reglamentarias y administrativas de los Estados miembros relativas al ejercicio de actividades de radiodifusión televisiva, o cualquier otra que la sustituya.

• Los servicios de radiodifusión sonora, y

• El teletexto televisivo y otros servicios equivalentes como las guías electrónicas de programas ofrecidas a través de las plataformas televisivas.

34. ¿Quién es el prestador de servicios o prestador?

Es la persona física o jurídica que proporciona un servicio de la sociedad de la información.

35. ¿Qué es una organización internacional según el RGPD?

A una organización internacional y sus entes subordinados de Derecho internacional público o cualquier otro organismo creado mediante un acuerdo entre dos o más países o en virtud de tal acuerdo.

36. ¿Qué es una empresa según el RGPD?

A la persona física o jurídica dedicada a una actividad económica, independientemente de su forma jurídica, incluidas las sociedades o asociaciones que desempeñen regularmente una actividad económica.

37. ¿Qué es un Grupo empresarial según el RGPD?

Es un grupo constituido por una empresa matriz que ejerce el control y sus empresas controladas.

Capítulo 2

PRINCIPIOS

2.1. PRINCIPIOS RELATIVOS AL TRATAMIENTO (art. 5 RGPD y 4, 5 LOPDGDD)

38. ¿Cómo debe proceder cualquier organización sobre los datos personales que trata?

Cumpliendo con los principios relativos a cualquier tratamiento, esto es, licitud, lealtad y transparencia; limitación de la finalidad; minimización de datos; exactitud; limitación del plazo de conservación; integridad y confidencialidad.

Y además de cumplir con los principios anteriormente relacionados, la organización debe de ser capaz de demostrar que los cumple.

Por tanto, todo tratamiento de datos personales debe ser lícito y leal; para sus titulares (interesados) debe quedar totalmente claro que se están recogiendo, utilizando, consultando o tratando de otra manera, así como la medida en que dichos datos son o serán tratados. La información y comunicación relativa al tratamiento de dichos datos que se facilite a sus titulares debe ser fácilmente accesible y fácil de entender, utilizando un lenguaje sencillo y claro, en particular la información sobre la identidad del responsable del tratamiento y los fines del mismo y la información añadida para garantizar un tratamiento leal y transparente con respecto a las personas físicas afectadas y a su derecho a obtener confirmación y comunicación de los datos personales que les conciernan que sean objeto de tratamiento. Las personas físicas deben tener conocimiento de los riesgos, las normas, las salvaguardias y los derechos relativos al tratamiento de datos personales, así como del modo de hacer valer sus derechos en relación con el tratamiento. En particular, los fines específicos del tratamiento de los datos personales deben ser explícitos y legítimos, y deben determinarse en el momento de su recogida. Los datos personales deben ser adecuados, pertinentes y limitados a lo necesario para los fines para los que sean tratados. Ello requiere, en particular, garantizar que se limite a un mínimo estricto su plazo de conservación. Los datos personales solo deben tratarse si la finalidad del tratamiento no pudiera lograrse razonablemente por otros medios. Para garantizar que los datos personales no se conservan más tiempo del necesario, el responsable del tratamiento ha de establecer plazos para su supresión o revisión periódica. Deben tomarse todas las medidas razonables para garantizar que se rectifiquen o supriman los datos personales que sean inexactos. Los datos personales deben tratarse de un modo que garantice una seguridad y confidencialidad adecuadas de los mismos, inclusive para impedir el acceso o uso no autorizados de dichos datos y del equipo utilizado en el tratamiento.

39. ¿Qué exige respecto al tratamiento de datos personales el principio de licitud, lealtad y transparencia?

El principio de licitud y lealtad exige que:

• Al interesado le debe quedar claro que se están recogiendo, utilizando, consultando o tratando de otra manera sus datos personales, así como en qué medida dichos datos son tratados o serán tratados posteriormente.

• Se cuente con:

– Una base jurídica que legitime el tratamiento de esos datos.

– Alguna de las excepciones permitidas cuando los datos tratados son de categoría especial o de naturaleza penal.

– Alguno de los instrumentos habilitantes para llevar a cabo transferencias internacionales cuando se van a transferir fuera del EEE.

El principio de transparencia exige que toda información y comunicación relativa al tratamiento de datos sea fácilmente accesible y fácil de entender, y que se utilice un lenguaje sencillo y claro. Dicho principio se refiere en particular:

• A informar a los interesados sobre la identidad del responsable y los fines del tratamiento y a la información añadida para garantizar un tratamiento leal y transparente con respecto a los interesados.

• Y a su derecho a obtener confirmación y comunicación de sus datos personales, que sean objeto de tratamiento. Los interesados deben tener conocimiento de los riesgos, las normas, las salvaguardias y los derechos relativos al tratamiento de datos personales, así como del modo de hacer valer sus derechos en relación con el tratamiento.

40. ¿Qué exige respecto al tratamiento de datos personales el principio de limitación de la finalidad?

Que los datos personales deben ser recogidos con fines determinados, explícitos y legítimos; deben determinarse en el momento de su recogida y no serán tratados ulteriormente de manera incompatible con dichos fines, el tratamiento ulterior con fines de archivo en interés público, fines de investigación científica e histórica o fines estadísticos no se considerará incompatible con los fines iniciales.

41. ¿Qué exige respecto al tratamiento de datos personales el principio de minimización de datos?

Que los datos personales recabados deben ser adecuados, pertinentes y limitados a lo necesario en relación con los fines para los que son tratados. Los datos personales no se deben tratar si lo que se pretende pudiera lograrse razonablemente por otros medios.

42. ¿Qué exige respecto al tratamiento de datos personales el principio de exactitud?

Que los datos personales tratados deben ser exactos y, si fuera necesario, actualizados; se adoptarán todas las medidas razonables para que se supriman o rectifiquen sin dilación los datos personales que sean inexactos con respecto a los fines para los que se tratan.

No será imputable al responsable del tratamiento, siempre que este haya adoptado todas las medidas razonables para que se supriman o rectifiquen sin dilación, la inexactitud de los datos personales, con respecto a los fines para los que se tratan, cuando los datos inexactos:

a) Hubiesen sido obtenidos por el responsable directamente del afectado.

b) Hubiesen sido obtenidos por el responsable de un mediador o intermediario en caso de que las normas aplicables al sector de actividad al que pertenezca el responsable del tratamiento establecieran la posibilidad de intervención de un intermediario o mediador que recoja en nombre propio los datos de los afectados para su transmisión al responsable. El mediador o intermediario asumirá las responsabilidades que pudieran derivarse en el supuesto de comunicación al responsable de datos que no se correspondan con los facilitados por el afectado.

c) Fuesen sometidos a tratamiento por el responsable por haberlos recibido de otro responsable en virtud del ejercicio por el afectado del derecho a la portabilidad conforme al art. 20 RGPD y lo previsto en la LOPDGDD.

d) Fuesen obtenidos de un registro público por el responsable.

43. ¿Qué exige respecto al tratamiento de datos personales el principio de limitación del plazo de conservación?

Que los datos personales se deben conservar de forma que se permita la identificación de los interesados durante no más tiempo del necesario para los fines del tratamiento para los que fueron recabados; podrán conservarse durante períodos más largos siempre que se traten exclusivamente con fines de archivo en interés público, fines de investigación científica o histórica o fines estadísticos, sin perjuicio de la aplicación de las medidas técnicas y organizativas apropiadas que impone el RGPD a fin de proteger los derechos y libertades del interesado.

Se debe garantizar que se limite a un mínimo estricto su plazo de conservación. Para garantizar que no se conservan más tiempo del necesario, el responsable del tratamiento ha de establecer plazos para su supresión o revisión periódica.

44. ¿Qué exige respecto al tratamiento de datos personales el principio de integridad y confidencialidad?

Que los datos personales deben ser tratados de tal manera que se garantice una seguridad adecuada de los mismos, incluida la protección contra el tratamiento no autorizado o ilícito y contra su pérdida, destrucción o daño accidental, mediante la aplicación de medidas técnicas u organizativas apropiadas. Incluso impidiendo el acceso o uso no autorizados de dichos datos y del equipo utilizado en el tratamiento.

Los responsables y encargados del tratamiento de datos, así como todas las personas que intervengan en cualquier fase de este estarán sujetas al deber de confidencialidad, que además será complementario de los deberes de secreto profesional de conformidad con su normativa aplicable y estos deberes se mantendrán aun cuando hubiese finalizado la relación del obligado con el responsable o encargado del tratamiento.

Para la adopción de esas medidas apropiadas, que además se deben revisar y actualizar cuando sea necesario, será preciso analizar y evaluar los riesgos que el tratamiento de esos datos personales suponga para el interesado y la adhesión a códigos de conducta o a mecanismos de certificación podrán ser utilizados como elementos para demostrar el cumplimiento de estas obligaciones.

Cuando el tratamiento suponga un alto riesgo para el interesado, se deberá llevar a cabo de manera previa al inicio del mismo una evaluación de impacto (EIPD); si tras la EIPD el riesgo continúa siendo alto y no se dispone de medidas para reducirlo, se deberá consultar a la autoridad de control (AC) antes de iniciar el tratamiento.

Cuando se produzca una brecha de seguridad a pesar de las medidas implantadas, además de notificarla a la AC si supone un riesgo para los interesados afectados y comunicarla a los propios afectados si este riesgo es alto, se deben adoptar nuevas medidas para poner remedio a la brecha y para mitigar los posibles efectos negativos que suponga la misma.

Se deben adoptar no solo medidas técnicas, sino también organizativas, y dentro de estas, son obligatorias:

• Cuando dos o más responsables determinen conjuntamente los fines y los medios del tratamiento (corresponsables) determinarán de modo transparente y de mutuo acuerdo sus responsabilidades respectivas en el cumplimiento de las obligaciones impuestas por el RGPD.

• Cuando la organización esté establecida fuera de la UE, pero le sea de aplicación el RGPD, designará por escrito un representante en la UE.

• Se deben elegir solo encargados de tratamiento que ofrezcan suficientes garantías para aplicar medidas de manera que el tratamiento sea conforme al RGPD, encargo que debe regularse a través de un contrato.

• Se suscribirán acuerdos de confidencialidad y se darán indicaciones a través de políticas y/o protocolos a cualquier persona que actúe bajo la autoridad de la organización y tenga acceso a datos personales, para que solo traten dichos datos siguiendo instrucciones de la organización.

• Cada organización debe llevar un registro de las actividades de tratamiento efectuadas bajo su responsabilidad y otro de las efectuadas por cuenta de otra entidad.

• Cooperar con la AC cuando lo solicite en el desempeño de sus funciones.

• Designar un DPD siempre que se den las circunstancias en las que la normativa obligue a ello.

45. ¿En qué consiste el principio de responsabilidad proactiva?

En que no solo debemos cumplir con los principios relativos al tratamiento (licitud, lealtad y transparencia; limitación de la finalidad; minimización de datos; exactitud; limitación del plazo de conservación; integridad y confidencialidad), sino que además debemos ser capaces de demostrar que los cumplimos.

2.2. LICITUD DEL TRATAMIENTO (art. 6 RGPD y 19 a 27 LOPDGDD)

46. ¿Cuáles son las bases jurídicas en las que se puede basar un tratamiento de datos personales?

Son únicamente estas seis:

a) Consentimiento: el interesado dio su consentimiento para el tratamiento de sus datos personales para uno o varios fines específicos.

b) Contrato: el tratamiento es necesario para la ejecución de un contrato en el que el interesado es parte o para la aplicación a petición de este de medidas precontractuales.

c) Obligación legal: el tratamiento es necesario para el cumplimiento de una obligación legal aplicable al responsable del tratamiento.

d) Interés vital: el tratamiento es necesario para proteger intereses vitales del interesado o de otra persona física.

e) Interés público: el tratamiento es necesario para el cumplimiento de una misión realizada en interés público o en el ejercicio de poderes públicos conferidos al responsable del tratamiento.

f) Interés legítimo: el tratamiento es necesario para la satisfacción de intereses legítimos perseguidos por el responsable del tratamiento o por un tercero, siempre que sobre dichos intereses no prevalezcan los intereses o los derechos y libertades fundamentales del interesado que requieran la protección de datos personales, en particular cuando el interesado sea un niño.

2.2.1. Consentimiento (arts. 6.1.a, 7, 8 RGPD y 6, 7 LOPDGDD)

47. ¿Qué entendemos por consentimiento del interesado?

Es una de las bases jurídicas en las que puede basarse el tratamiento de datos personales en virtud del art. 6 RGPD y una de las excepciones parar poder tratar datos de categoría especial en virtud del art. 9.2 RGPD.

Lo podríamos definir como toda manifestación de voluntad libre, específica, informada e inequívoca por la que el interesado acepta, ya sea mediante una declaración o una clara acción afirmativa, el tratamiento de sus datos personales.

Puede otorgarse mediante una declaración por escrito, inclusive por medios electrónicos, o una declaración verbal. Esto podría incluir marcar una casilla de un sitio web en Internet, escoger parámetros técnicos para la utilización de servicios de la sociedad de la información, o cualquier otra declaración o conducta que indique claramente en este contexto que el interesado acepta la propuesta de tratamiento de sus datos personales. Por tanto, el silencio, las casillas ya marcadas o la inacción no deben constituir consentimiento.

48. ¿Qué requisitos debe cumplir un consentimiento para que se considere válido?

Para que sea válido debería solicitarse antes del inicio del tratamiento que va a legitimar, además de ser debería ser:

- **Libre**

  – Libre implica elección y control reales por parte de los interesados, por tanto, como norma general, si el interesado no es realmente libre para elegir, se siente obligado a dar su consentimiento o puede sufrir consecuencias negativas si no lo da, el consentimiento no puede considerarse válido.

  – Al evaluar si el consentimiento se ha dado libremente, se tendrá en cuenta:

  · **La condicionalidad del consentimiento**, en la mayor medida posible el hecho de si, entre otras cosas, la ejecución de un contrato, incluida la prestación de un servicio, se supedita al consentimiento al tratamiento de datos personales que no son necesarios para la ejecución de dicho contrato o servicio (art. 7.4 RGPD).

  · **El posible desequilibrio** de poder entre el responsable y el interesado, en particular cuando el responsable sea una autoridad pública (ej.: empleador-empleado) (Cdo. 43).

  · **La granularidad del consentimiento,** cuando el tratamiento de los datos se realice con fines diversos, y la base jurídica que los ampare sea el consentimiento, la solución para cumplir la condición del consentimiento válido estará en la granularidad, es decir, en la disociación de dichos fines y la obtención del consentimiento para cada uno de ellos (Cdos. 32, 43 RGPD).

· **El posible perjuicio para el interesado,** el consentimiento no debe considerarse libremente prestado cuando el interesado no puede denegar o retirar su consentimiento sin sufrir perjuicio alguno. Corresponde al responsable demostrar que es posible negar o retirar el consentimiento sin sufrir perjuicio alguno (Cdo. 42 RGPD). Por ejemplo, el responsable del tratamiento debe demostrar que la retirada del consentimiento no conllevará ningún coste para el interesado y, por tanto, ninguna clara desventaja para quienes retiren el consentimiento.

- **Específico**

– El tratamiento de datos personales basado en el consentimiento del interesado solo será lícito si éste lo dio para uno o varios fines específicos, es decir, para cumplir con el carácter de específico un interesado puede elegir con respecto a cada uno de dichos fines (art. 6.1.a RGPD), este requisito está en línea con el requisito de granularidad para obtener el consentimiento libre.

- **Informado**

– Se debe proporcionar a los interesados toda la información que exige el art. 13 RGPD, así como en este caso el derecho a retirar su consentimiento en cualquier momento.

– Información por capas. Se puede informar facilitando al afectado la información básica del tratamiento e indicándole una dirección electrónica u otro medio que permita acceder de forma sencilla e inmediata a la restante información (art. 11.1 LOPDGDD). En cualquier caso, el consentimiento siempre debe estar en la primera capa.

- **Inequívoco**

– El consentimiento requiere una declaración del interesado o una clara acción afirmativa, lo que significa que siempre debe darse el consentimiento mediante una acción o declaración. Debe resultar evidente que el interesado ha dado su consentimiento a una operación concreta de tratamiento de datos.

– Una "clara acción afirmativa" significa que el interesado debe haber actuado de forma deliberada para dar su consentimiento a ese tratamiento en particular, con una declaración por escrito, por medios electrónicos, o una declaración verbal. Esto podría incluir marcar una casilla de un sitio web en internet, escoger parámetros técnicos para la utilización de servicios de la sociedad de la información, o cualquier otra declaración o conducta que indique claramente en este contexto que el interesado acepta la propuesta de tratamiento de sus datos personales (Cdo. 32 RGPD).

Adicionalmente debería ser:

- **Acreditable**

  – Corresponde al responsable del tratamiento demostrar que el interesado ha dado su consentimiento a la operación de tratamiento (art. 7.1. y Cdo. 42 RGPD)

  – Según sea el formato en que se ha obtenido el consentimiento, el responsable del tratamiento guardará las pruebas o evidencias necesarias para poder demostrar que lo obtuvo.

- **Revocable**

  – El responsable del tratamiento debe garantizar:

    · Que el interesado pueda retirar su consentimiento en cualquier momento y deberá informarle de ello.

    · Que será tan fácil retirarlo como lo fue darlo.

    · Que la revocación del consentimiento no afectará a la licitud del tratamiento basada en el consentimiento previo a su retirada (art. 7.3 RGPD).

49. ¿Qué entendemos por consentimiento explícito?

En determinadas situaciones en las que existe un grave riesgo en relación con la protección de los datos y en las que se considera adecuado que exista un elevado nivel de control sobre los mismos, se requiere que además de los requisitos para que el consentimiento sea válido, el consentimiento sea explícito:

- Para levantar la prohibición de tratar datos de categoría especial (art. 9.2.a RGPD)

• Para poder llevar a cabo una decisión automatizada, incluida la elaboración de perfiles, que produzca efectos jurídicos en el interesado o le afecte significativamente de modo similar (art. 22.2.c RGPD).

• Cuando en ausencia de una decisión de adecuación o de garantías adecuadas se pretenda realizar una transferencia internacional solicitando previamente al interesado su consentimiento explícito, tras haber sido informado de los posibles riesgos para él (art. 49.1.a RGPD)

El término explícito significa que el interesado debe realizar una declaración expresa de consentimiento. Una manera evidente de garantizar que el consentimiento es explícito sería confirmar de manera expresa dicho consentimiento en una declaración escrita, con el fin de eliminar cualquier posible duda o falta de prueba en el futuro.

No obstante, dicha declaración firmada no es el único modo de obtener el consentimiento explícito y no puede decirse que el RGPD prescriba declaraciones escritas y firmadas en todas las circunstancias que requieran un consentimiento explícito válido. Algún ejemplo de otras fórmulas:

• En el contexto digital u online, un interesado puede emitir la declaración requerida cumplimentando un impreso electrónico, enviando un correo electrónico, cargando un documento escaneado con su firma o utilizando una firma electrónica.

• La verificación del consentimiento en dos fases también puede ser una forma de garantizar que el consentimiento explícito sea válido.

50. ¿Puede un menor de 14 años otorgar el consentimiento para el tratamiento de sus datos?

Como regla general no. Cuando se pretenda basar un tratamiento de datos personales en el consentimiento del interesado, especialmente en relación con la oferta directa a niños de servicios de la sociedad de la información, el tratamiento en España se considerará lícito cuando sea mayor de 14 años (UE 13-16 años). Se exceptúan los supuestos en que la ley exija la asistencia de los titulares de la patria potestad o tutela para la celebración del acto o negocio jurídico en cuyo contexto se recaba el consentimiento para el tratamiento.

Si el niño es menor de 14 años, tal tratamiento únicamente se considerará lícito si el consentimiento lo dio o autorizó el titular de la patria potestad o tutela sobre el niño, y solo en la medida en que se dio o autorizó. El responsable del tratamiento hará esfuerzos razonables para verificar en tales casos que el consentimiento fue dado o autorizado por el titular de la patria potestad o tutela sobre el niño, teniendo en cuenta la tecnología disponible.

El consentimiento del titular de la patria potestad o tutela no debe ser necesario en el contexto de los servicios preventivos o de asesoramiento ofrecidos directamente a los niños.

51. ¿Es una base jurídica adecuada el consentimiento en el ámbito laboral?

El consentimiento en el ámbito laboral debe ser una base jurídica residual, es decir solo debe basarse el tratamiento de datos personales de una persona trabajadora en esta base jurídica, cuando no contemos con la posibilidad de basarlo en ninguna otra, y nos encontremos en disposición de acreditar que se dan todas las condiciones para que este consentimiento se considere válido, muy especialmente debemos ser capaces de acreditar que se ha prestado libremente, dada la situación de desequilibrio existente entre la persona trabajadora y la organización donde presta sus servicios.

2.2.2. Relación contractual (art. 6.1.b RGPD)

52. Para basar un tratamiento de datos personales en que es necesario para la ejecución de un contrato en el que el interesado es parte o para la aplicación a petición de este de medidas precontractuales, ¿se precisa que el contrato o medidas precontractuales consten por escrito?

No ya que civilmente, un contrato existe desde que una o varias personas consienten en obligarse respecto a dar alguna cosa o prestar algún servicio (artículo 1254 Código Civil), entendiéndose de manera genérica, cuando alguien oferta un bien o servicio con unas condiciones esenciales, y otros lo aceptan.

Por tanto, en el caso de cualquier venta de producto o prestación de servicio, se puede apreciar la existencia de una relación contractual, aunque no conste por escrito, desde el momento en que un responsable del tratamiento ofrezca un producto o servicio, la forma de venderlo o realizarlo y un precio determinado y sea aceptado por el usuario.

Además, el tratamiento es lícito cuando sea necesario en el contexto de un contrato o de la intención de concluir un contrato.

53. ¿Puede una organización grabar a sus personas trabajadoras con un sistema de videovigilancia?

Sí, es necesario para la ejecución del contrato de trabajo (art. 6.1.b RGPD) en base a las facultades legales de control concedidas al responsable del tratamiento (art. 20.3 del Estatuto de los Trabajadores y 89 de la LOPDGDD.

El Estatuto de los Trabajadores faculta al empresario para adoptar las medidas que estime más oportunas para verificar el cumplimiento por el trabajador de sus obligaciones y deberes laborales, que deberán guardar la consideración debida a la dignidad humana y tener en cuenta la capacidad real de los trabajadores con discapacidad.

Los sistemas de videovigilancia para control empresarial sólo se adoptarán cuando exista una relación de proporcionalidad entre la finalidad perseguida y el modo en que se traten las imágenes y no haya otra medida más idónea.

Se tendrá en cuenta el derecho a la intimidad y a la propia imagen de los trabajadores.

En todos los casos se deberá informar de la existencia de un sistema de videovigilancia. A este fin se colocará un cartel suficientemente visible en los accesos a las zonas vigiladas, que indicará de forma clara la identidad del responsable de la instalación, ante quién y dónde dirigirse para ejercer los derechos que prevé la normativa de protección de datos, y dónde obtener más información sobre el tratamiento de los datos personales.

Igualmente, se pondrá a disposición de los afectados el resto de la información a la que se refiere el artículo 13 del Reglamento General de Protección de Datos.

También habrá de informarse personalmente a los trabajadores y a la representación sindical, por cualquier medio que garantice la recepción de la información.

Nunca deberá efectuarse a direcciones particulares de los trabajadores ni a través de llamadas a sus móviles privados.

Así mismo, se pondrá a disposición de los afectados la restante información que exige artículo 13 del Reglamento General de Protección de Datos.

Las cámaras sólo captarán imágenes de los espacios indispensables para el control laboral. En ningún caso se ubicarán en zonas de vestuarios, baños y espacios de descanso de los trabajadores.

Si se utilizan cámaras orientables y/o con *zoom* será necesaria la instalación de máscaras de privacidad para evitar captar imágenes de la vía pública, terrenos, viviendas o cualquier otro espacio ajeno.

No se registrarán conversaciones privadas.

El sistema de grabación se ubicará en un lugar vigilado o de acceso restringido.

A las imágenes grabadas accederá sólo el personal autorizado.

Si el acceso se realiza con conexión a Internet se restringirá con un código de usuario y una contraseña (o cualquier otro medio que garantice la identificación y autenticación unívoca), que sólo serán conocidos por las personas autorizadas a acceder a dichas imágenes.

Una vez instalado el sistema, se recomienda el cambio de la contraseña, evitando las fácilmente deducibles.

Las imágenes serán conservadas durante un plazo máximo de un mes desde su captación.

Las imágenes que se utilicen para denunciar delitos o infracciones se acompañarán a la denuncia y deberán conservarse para ser entregadas a las Fuerzas y Cuerpos de Seguridad o a los Juzgados y Tribunales que las requieran. No podrán utilizarse para otro fin.

La petición de imágenes por las Fuerzas y Cuerpos de Seguridad se realizará en el marco de actuaciones judiciales o policiales. El requerimiento al titular del tratamiento será el documento que ampare a éste para ceder datos a las mismas o a los Juzgados y Tribunales que los requieran.

2.2.3. Obligación legal (art. 6.1.c RGPD y 8 LOPDGDD)

54. ¿Cuándo podremos basar un tratamiento de datos personales en el cumplimiento de una obligación legal exigible al responsable?

Solo cuando así lo prevea una norma de Derecho de la Unión Europea o una norma con rango de ley, que podrá determinar las condiciones generales del tratamiento y los tipos de datos objeto del mismo, así como las cesiones que procedan como consecuencia del cumplimiento de la obligación legal. Dicha norma podrá igualmente imponer condiciones especiales al tratamiento, tales como la adopción de medidas adicionales de seguridad u otras establecidas en el capítulo IV del RGPD.

El RGPD no requiere que cada tratamiento individual se rija por una norma específica. Una norma puede ser suficiente como base para varias operaciones de tratamiento de datos basadas en una obligación legal aplicable al responsable del tratamiento.

La finalidad del tratamiento también debe determinase en virtud del Derecho de la Unión o de los Estados miembros. Además, dicha norma podría especificar las condiciones generales del RGPD por las que se rige la licitud del tratamiento de datos personales, establecer especificaciones para la determinación del responsable del tratamiento, el tipo de datos personales objeto de tratamiento, los interesados afectados, las entidades a las que se pueden comunicar los datos personales, las limitaciones de la finalidad, el plazo de conservación de los datos y otras medidas para garantizar un tratamiento lícito y leal.

55. ¿Qué base jurídica legitima el tratamiento de los datos de contacto y los relativos a la función o puesto desempeñado de cualquier persona física que preste sus servicios en una organización por parte de una administración pública?

Este tratamiento de datos personales se presumirá amparado en lo dispuesto en el artículo 6.1.c) RGPD, es decir cuando ello se derive de una obligación legal (art. 19.3 LOPDGDD).

56. ¿Qué base jurídica legitima el tratamiento de los datos relativos a los empresarios individuales y a los profesionales liberales por parte de una administración pública?

Este tratamiento de datos personales se presumirá amparado en lo dispuesto en el artículo 6.1.c) RGPD es decir cuando ello se derive de una obligación legal (art. 19.3 LOPDGDD).

2.2.4. Interés vital (art. 6.1.d RGPD)

57. ¿Cuándo podremos basar un tratamiento de datos personales en que es necesario para proteger intereses vitales del interesado o de otra persona física?

Cuando sea necesario para proteger un interés esencial para la vida del interesado o la de otra persona física. En principio, los datos personales únicamente deben tratarse sobre la base del interés vital de otra persona física cuando el tratamiento no pueda basarse manifiestamente en una base jurídica diferente. Ciertos tipos de tratamiento pueden responder a los intereses vitales del interesado, como por ejemplo cuando el tratamiento es necesario para fines humanitarios, incluido el control de epidemias y su propagación, o en situaciones de emergencia humanitaria, sobre todo en caso de catástrofes naturales o de origen humano.

2.2.5. Interés público (art. 6.1.e RGPD y 8, 19, 22, 23, 25, 26, 27 LOPDGDD)

58. ¿Cuándo podremos basar un tratamiento de datos personales en el cumplimiento de una misión realizada en interés público o en el ejercicio de poderes públicos conferidos al responsable del tratamiento?

El tratamiento de datos personales solo podrá considerarse fundado en el cumplimiento de una misión realizada en interés público o en el ejercicio de poderes públicos conferidos al responsable, cuando derive de una competencia atribuida por una norma con rango de ley.

Una norma puede ser suficiente como base si el tratamiento es necesario para el cumplimiento de una misión realizada en interés público o en el ejercicio de poderes públicos. La finalidad del tratamiento también debe determinase en virtud del Derecho de la Unión o de los Estados miembros. Además, dicha norma podría especificar las condiciones generales del RGPD por las que se rige la licitud del tratamiento de datos personales, establecer especificaciones para la determinación del responsable del tratamiento, el tipo de datos personales objeto de tratamiento, los interesados afectados, las entidades a las que se pueden comunicar los datos personales, las limitaciones de la finalidad, el plazo de conservación de los datos y otras medidas para garantizar un tratamiento lícito y leal. Debe determinarse también en virtud del Derecho de la Unión o de los Estados miembros si el responsable del tratamiento que realiza una misión en interés público o en el ejercicio de poderes públicos debe ser una autoridad pública u otra persona física o jurídica de Derecho público, o, cuando se haga en interés público, incluidos fines sanitarios como la salud pública, la protección social y la gestión de los servicios de sanidad, de Derecho privado, como una asociación profesional.

Ciertos tipos de tratamiento pueden responder a motivos importantes de interés público como por ejemplo cuando el tratamiento es necesario para fines humanitarios, incluido el control de epidemias y su propagación, o en situaciones de emergencia humanitaria, sobre todo en caso de catástrofes naturales o de origen humano.

59. ¿Qué base jurídica legitima el tratamiento de los datos de contacto y los relativos a la función o puesto desempeñado de cualquier persona física que preste sus servicios en una organización por parte de una administración pública?

Este tratamiento de datos personales se presumirá amparado en lo dispuesto en el artículo 6.1. e) RGPD, es decir cuando sea necesario para el ejercicio de sus competencias (art. 19 LOPDGDD).

60. ¿Qué base jurídica legitima el tratamiento de los datos relativos a los empresarios individuales y a los profesionales liberales por parte de una administración pública?

Este tratamiento de datos personales se presumirá amparado en lo dispuesto en el artículo 6.1. e) RGPD, es decir cuando sea necesario para el ejercicio de sus competencias (art. 19 LOPDGDD).

61. ¿Qué es la "Lista Robinson"?

Es un sistema de exclusión publicitaria creado con el objeto de evitar el envío de comunicaciones comerciales a quienes hubiesen manifestado su negativa u oposición a recibirlas.

Solo debe incluir los datos imprescindibles para identificar a los afectados. También incluyen servicios de preferencia, mediante los cuales los afectados limitan la recepción de comunicaciones comerciales a las procedentes de determinadas empresas.

Las entidades responsables de este tipo de sistemas comunicarán a la autoridad de control competente su creación, su carácter general o sectorial, así como el modo en que los afectados pueden incorporarse a los mismos y, en su caso, hacer valer sus preferencias.

Y la autoridad de control competente hará pública en su sede electrónica una relación de los sistemas de esta naturaleza que le fueran comunicados, incorporando la información mencionada en el párrafo anterior. A tal efecto, la autoridad de control competente a la que se haya comunicado la creación del sistema lo pondrá en conocimiento de las restantes autoridades de control para su publicación por todas ellas.

Cuando una persona manifieste a un responsable su deseo de que sus datos no sean tratados para la remisión de comunicaciones comerciales, este deberá informarle de los sistemas de exclusión publicitaria existentes, pudiendo remitirse a la información publicada por la autoridad de control competente.

Quienes pretendan realizar comunicaciones de mercadotecnia directa, deberán previamente consultar los sistemas de exclusión publicitaria que pudieran afectar a su actuación, excluyendo del tratamiento los datos de las personas que hubieran manifestado su oposición o negativa al mismo. A estos efectos, para considerar cumplida la obligación anterior será suficiente la consulta de los sistemas de exclusión incluidos en la relación publicada por la autoridad de control competente.

No será necesario realizar la consulta a la que se refiere el párrafo anterior cuando la persona hubiera prestado, su consentimiento para recibir la comunicación a quien pretenda realizarla.

62. ¿Qué base jurídica legitima el tratamiento de datos de la "Lista Robinson"?

Cuando nos inscribimos a uno de estos sistemas de exclusión publicitaria, ya sea en nuestro nombre o como representante de una organización, tratan nuestros datos para prestarnos ese servicio en base a la existencia de un interés público (art. 23 LOPDGDD).

63. ¿El único sistema de exclusión publicitaria publicado en la sede de la AEPD es la "Lista Robinson"?

No, la Agencia Española de Protección de Datos (AEPD) en enero de 2025 ha autorizado la publicación del sistema de exclusión publicitaria "Lista STOP Publicidad" en su sede electrónica realizada por la Asociación Española para la Privacidad Digital, que pretende ofrecer a los ciudadanos una nueva herramienta para evitar la recepción de publicidad no deseada.

Por tanto, a partir de ahora, y para considerar cumplida la obligación establecida en el art. 23.4 LOPDGDD quienes pretendan realizar comunicaciones de mercadotecnia directa, deberán previamente consultar en la relación publicada por la autoridad de control competente, no solo la "Lista Robinson", sino también la "Lista STOP Publicidad", para excluir de dichas comunicaciones los datos de las personas que hubieran manifestado su oposición o negativa al mismo.

No obstante, la AEPD resuelve que una vez que el sistema de exclusión publicitario sea operativo, la continuidad de la publicación de dicho sistema en su sede electrónica queda supeditada a que cumpla efectivamente con la finalidad de ejercer el derecho de oposición, cuya observancia constituye el interés público que legitima el tratamiento de los datos personales por los responsables de estos sistemas. En caso contrario, la AEPD podría iniciar un procedimiento para la revocación, la declaración de caducidad o, en general, la privación de efectos de la resolución de publicación, si se incumpliesen las condiciones, requisitos o circunstancias que justifican la publicación del sistema en su sede electrónica.

La resolución sobre la solicitud de publicación de sistema de exclusión publicitaria "Lista STOP publicidad" es accesible desde este enlace:

- https://www.aepd.es/documento/sep2024-003.pdf

La relación de sistemas de exclusión publicitaria de la AEPD es accesible desde este enlace:

- https://www.aepd.es/areas-de-actuacion/publicidad-no-deseada

La inscripción en la "Lista STOP Publicidad" se puede hacer a través de este enlace:

- https://listastoppublicidad.com/es/home

64. ¿Qué base jurídica legitima el tratamiento de datos personales con fines de seguridad?

El interés público (artículo 6.1.e RGPD) legitima los tratamientos de datos personales con fines de seguridad (personas, bienes e instalaciones) y cuando el tratamiento es necesario para el cumplimiento de una misión realizada en interés público, este tratamiento debe tener una base en el Derecho de la Unión o de los Estados miembros.

A este respecto, en España cabe citar la normativa aplicable a sectores específicos, como es la Ley Orgánica 4/1997, de 4 de agosto, por la que se regula la utilización de videocámaras por las Fuerzas y Cuerpos de Seguridad del Estado, y su Reglamento de desarrollo aprobado mediante Real Decreto 596/1999, de 16 de abril, la Ley 5/2014, de 4 de abril, de Seguridad Privada, o la Ley 19/2007, de 11 de julio, contra la violencia, el racismo, la xenofobia y la intolerancia en el deporte así como su reglamento de desarrollo aprobado mediante Real Decreto 203/2010, de 26 de febrero.

65. ¿Qué base jurídica legitima la grabación de imágenes con un sistema de videovigilancia, con fines de seguridad?

Las personas físicas o jurídicas, públicas o privadas, podrán llevar a cabo el tratamiento de imágenes a través de sistemas de cámaras o videocámaras con la finalidad de preservar la seguridad de las personas y bienes, así como de sus instalaciones, en base al interés público.

Al amparo del artículo 2.2.c RGPD, se considera excluido de su ámbito de aplicación el tratamiento por una persona física de imágenes que solamente capten el interior de su propio domicilio. Esta exclusión no abarca el tratamiento realizado por una entidad de seguridad privada que hubiera sido contratada para la vigilancia de un domicilio y tuviese acceso a las imágenes.

El tratamiento de los datos personales procedentes de las imágenes y sonidos obtenidos mediante la utilización de cámaras y videocámaras por las Fuerzas y Cuerpos de Seguridad y por los órganos competentes para la vigilancia y control en los centros penitenciarios y para el control, regulación, vigilancia y disciplina del tráfico, se regirá por la Ley Orgánica 7/2021, de 26 de mayo, de protección de datos personales tratados para fines de prevención, detección, investigación y enjuiciamiento de infracciones penales y de ejecución de sanciones penales, cuando el tratamiento tenga estos, incluidas la protección y la prevención frente a las amenazas contra la seguridad pública. Fuera de estos supuestos, dicho tratamiento se regirá por su legislación específica y supletoriamente por el Reglamento (UE) 2016/679 y la presente ley orgánica.

Todo lo expuesto se entiende sin perjuicio de lo previsto en la Ley 5/2014, de 4 de abril, de Seguridad Privada y sus disposiciones de desarrollo (art. 22 LOPDGDD).

66. ¿Cuánto tiempo se pueden conservar las imágenes grabadas por un sistema de videovigilancia?

Las imágenes deben ser suprimidas en el plazo máximo de un mes desde su captación, salvo cuando hubieran de ser conservados para acreditar la comisión de actos que atenten contra la integridad de personas, bienes o instalaciones. En tal caso, las imágenes deberán ser puestas a disposición de la autoridad competente en un plazo máximo de setenta y dos horas desde que se tuviera conocimiento de la existencia de la grabación.

No se aplicará a estos tratamientos la obligación de bloqueo prevista en el art. 32 LOPDGDD de esta ley orgánica (art. 22.3 LOPDGDD).

67. ¿De qué manera se debe informar sobre el tratamiento de datos que supone la captación y/o grabación de imágenes por un sistema de videovigilancia?

El deber de información previsto en los arts. 12, 13 RGPD se entenderá cumplido mediante la colocación de un dispositivo informativo en lugar suficientemente visible identificando, al menos, la existencia del tratamiento, la identidad del responsable y la posibilidad de ejercitar los derechos previstos en los arts. 15 a 22 RGPD. También podrá incluirse en el dispositivo informativo un código de conexión o dirección de internet a esta información. En todo caso, el responsable del tratamiento deberá mantener a disposición de los afectados la información a la que se refiere el art. 13 RGPD (art. 22.4 LOPDGDD).

68. ¿Se puede grabar la vía pública con una cámara de videovigilancia?

Como regla general, la captación de imágenes con fines de seguridad de la vía pública debe realizarse por las Fuerzas y Cuerpos de Seguridad.

Ya que les corresponde la prevención de hechos delictivos y la garantía de la seguridad en la citada vía pública, de conformidad con lo regulado por Ley Orgánica 4/1997, de 4 de agosto, y su Reglamento de desarrollo.

Sin embargo, sobre esta regla general es posible aplicar alguna excepción:

• En algunas ocasiones para la protección de espacios privados, donde se hayan instalado cámaras en fachadas o en el interior, puede ser necesario para garantizar la finalidad de seguridad la grabación de una porción de la vía pública, es decir, las cámaras instaladas con fines de seguridad no podrán obtener imágenes de la vía pública salvo que resulte imprescindible para dicho fin, o resulte imposible evitarlo por razón de la ubicación de aquéllas. Por lo tanto, las cámaras podrían captar la porción mínimamente necesaria para la finalidad de seguridad que se pretende.

• Será posible la captación de la vía pública en una extensión superior cuando fuese necesario para garantizar la seguridad de bienes o instalaciones estratégicas o de infraestructuras vinculadas al transporte.

• Gran parte de la actividad de los ciudadanos se desarrolla en espacios que admiten el acceso al público en general, como centros comerciales, restaurantes, lugares de ocio o aparcamientos. Nos referimos a lugares a los que los ciudadanos pueden tener libre acceso, aunque sean de propiedad privada, en los que sus titulares utilizan los sistemas de videovigilancia para garantizar la seguridad de las personas e instalaciones.

69. ¿Qué base jurídica legitima el tratamiento de datos personales por parte de los órganos competentes en materia estadística?

El artículo 6.1 e) RGPD, ya que el tratamiento es necesario para el cumplimiento de una misión realizada en interés público o en el ejercicio de poderes públicos conferidos al órgano que tengan atribuidas las competencias relacionadas con el ejercicio de la función estadística y en los casos en que la estadística para la que se requiera la información venga exigida por una norma de Derecho de la Unión Europea o se encuentre incluida en los instrumentos de programación estadística legalmente previstos (art. 25 LOPDGDD).

70. En España, ¿de qué leyes puede derivar la competencia atribuida a una Administración Pública para llevar a cabo tratamientos de datos personales con fines de archivo en interés público?

Conforme a lo establecido en el art. 26 LOPDGDD será lícito el tratamiento por las Administraciones Públicas de datos con fines de archivo en interés público (art. 6.1.e RGPD) con las especialidades que se deriven de lo previsto en:

- La Ley 16/1985, de 25 de junio, del Patrimonio Histórico Español.

- El Real Decreto 1708/2011, de 18 de noviembre, por el que se establece el Sistema Español de Archivos y se regula el Sistema de Archivos de la Administración General del Estado y de sus Organismos Públicos y su régimen de acceso.

- La legislación autonómica que resulte de aplicación.

71. ¿Qué base jurídica legitima el tratamiento de datos personales relativos a infracciones y sanciones administrativas?

Conforme a lo establecido en el art. 27 LOPDGDD, el interés público, siempre:

• Que los responsables de dichos tratamientos sean los órganos competentes para la instrucción del procedimiento sancionador, para la declaración de las infracciones o la imposición de las sanciones.

• Que el tratamiento se limite a los datos estrictamente necesarios para la finalidad perseguida por aquel.

Cuando no se cumpla alguna de estas dos condiciones, los tratamientos de datos referidos a infracciones y sanciones administrativas habrán de contar:

• Con el consentimiento del interesado o

• Estar autorizados por una norma con rango de ley, en la que se regularán, en su caso, garantías adicionales para los derechos y libertades de los afectados.

En los casos que no se cumpla alguna de las dos primeras condiciones, ni se cuente con el consentimiento, ni el tratamiento esté autorizado por una ley, los tratamientos de datos referidos a infracciones y sanciones administrativas:

• Solo serán posibles cuando sean llevados a cabo por abogados y procuradores y tengan por objeto recoger la información facilitada por sus clientes para el ejercicio de sus funciones.

2.2.6. Interés legítimo (art. 6.1.f RGPD y 19, 20, 21 LOPDGDD)

72. ¿Cuándo podremos basar un tratamiento de datos personales en los intereses legítimos perseguidos por el responsable del tratamiento o por un tercero, incluso el de un responsable al que se puedan comunicar datos personales?

Siempre que sobre dichos intereses no prevalezcan los intereses o los derechos y libertades fundamentales del interesado que requieran la protección de datos personales, en particular cuando el interesado sea un niño, teniendo en cuenta las expectativas razonables de los interesados basadas en su relación con el responsable.

En cualquier caso, la existencia de un interés legítimo requeriría una evaluación meticulosa (ponderación), inclusive si un interesado puede prever de forma razonable, en el momento y en el contexto de la recogida de datos personales, que pueda producirse el tratamiento con tal fin. En particular, los intereses y los derechos fundamentales del interesado podrían prevalecer sobre los intereses del responsable del tratamiento cuando se proceda al tratamiento de los datos personales en circunstancias en las que el interesado no espere razonablemente que se realice un tratamiento ulterior.

Situaciones en las que ya se presupone la existencia de ese interés legítimo del responsable o de un tercero:

• Cuando existe una relación pertinente y apropiada entre el interesado y el responsable, como en situaciones en las que el interesado es cliente o está al servicio del responsable.

• Cuando el tratamiento es necesario para la prevención del fraude.

• Cuando el tratamiento se lleva a cabo con fines de mercadotecnia directa.

• Cuando se transmiten datos personales dentro de un grupo empresarial para fines administrativos internos, incluido el tratamiento de datos personales de clientes o personas trabajadoras. Los principios generales aplicables a la transmisión de datos personales, dentro de un grupo empresarial, a una empresa situada en un país tercero no se ven afectados.

• Cuando el tratamiento de datos personales se lleva a cabo en la medida estrictamente necesaria y proporcionada para garantizar la seguridad de una red y de la información, es decir la capacidad de una red o de un sistema información de resistir, en un nivel determinado de confianza, a acontecimientos accidentales o acciones ilícitas o malintencionadas que comprometan la disponibilidad, autenticidad, integridad y confidencialidad de los datos personales conservados o transmitidos, y la seguridad de los servicios conexos ofrecidos por, o accesibles a través de, estos sistemas y redes, por parte de autoridades públicas, equipos de respuesta a emergencias informáticas (CERT), equipos de respuesta a incidentes de seguridad informática (CSIRT), proveedores de redes y servicios de comunicaciones electrónicas y proveedores de tecnologías y servicios de seguridad. En lo anterior cabría incluir, por ejemplo, impedir el acceso no autorizado a las redes de comunicaciones electrónicas y la distribución malintencionada de códigos, y frenar ataques de "denegación de servicio" y daños a los sistemas informáticos y de comunicaciones electrónicas.

Dado que corresponde al legislador establecer por ley la base jurídica para el tratamiento de datos personales por parte de las autoridades públicas, esta base jurídica no debe aplicarse al tratamiento efectuado por las autoridades públicas en el ejercicio de sus funciones.

73. ¿Qué base jurídica legitima el tratamiento de los datos de contacto y los relativos a la función o puesto desempeñado de cualquier persona física que preste sus servicios en una organización?

Conforme a lo establecido en el art. 19 LOPDGDD, este tratamiento de datos personales se presumirá amparado en lo dispuesto en el art. 6.1.f RGPD, pero solo si se cumplan los siguientes requisitos:

a) Que el tratamiento se refiera únicamente a los datos necesarios para su localización profesional.

b) Que la finalidad del tratamiento sea únicamente mantener relaciones de cualquier índole con la organización en la que el afectado preste sus servicios.

74. ¿Qué base jurídica legitima el tratamiento de los datos relativos a los empresarios individuales y a los profesionales liberales?

Conforme a lo establecido en el art. 19 LOPDGDD, este tratamiento de datos personales se presumirá amparado en lo dispuesto en el artículo 6.1.f) RGPD, pero solo si se refieren a ellos únicamente en dicha condición y no se traten para entablar una relación con los mismos como personas físicas.

75. ¿Qué base jurídica legitima el tratamiento de datos personales relativos al incumplimiento de obligaciones dinerarias, financieras o de crédito por sistemas comunes de información crediticia (fichero de morosos)?

Conforme a lo establecido en el art. 20 LOPDGDD, este tratamiento de datos personales se presumirá amparado en lo dispuesto en el artículo 6.1.f RGPD, pero solo si se cumplen los siguientes requisitos:

a) Que los datos hayan sido facilitados por el acreedor o por quien actúe por su cuenta o interés.

b) Que los datos se refieran a deudas ciertas, vencidas y exigibles, cuya existencia o cuantía no hubiese sido objeto de reclamación administrativa o judicial por el deudor o mediante un procedimiento alternativo de resolución de disputas vinculante entre las partes.

c) Que el acreedor haya informado al afectado en el contrato o en el momento de requerir el pago acerca de la posibilidad de inclusión en dichos sistemas, con indicación de aquéllos en los que participe.

La entidad que mantenga el sistema de información crediticia con datos relativos al incumplimiento de obligaciones dinerarias, financieras o de crédito deberá notificar al afectado la inclusión de tales datos y le informará sobre la posibilidad de ejercitar los derechos establecidos en los arts. 15 a 22 del RGPD dentro de los treinta días siguientes a la notificación de la deuda al sistema, permaneciendo bloqueados los datos durante ese plazo.

d) Que los datos únicamente se mantengan en el sistema mientras persista el incumplimiento, con el límite máximo de cinco años desde la fecha de vencimiento de la obligación dineraria, financiera o de crédito.

e) Que los datos referidos a un deudor determinado solamente puedan ser consultados cuando quien consulte el sistema mantuviese una relación contractual con el afectado que implique el abono de una cuantía pecuniaria o este le hubiera solicitado la celebración de un contrato que suponga financiación, pago aplazado o facturación periódica, como sucede, entre otros supuestos, en los previstos en la legislación de contratos de crédito al consumo y de contratos de crédito inmobiliario.

Cuando se hubiera ejercitado ante el sistema el derecho a la limitación del tratamiento de los datos impugnando su exactitud conforme a lo previsto en el artículo 18.1.a) del Reglamento (UE) 2016/679, el sistema informará a quienes pudieran consultarlo con arreglo al párrafo anterior acerca de la mera existencia de dicha circunstancia, sin facilitar los datos concretos respecto de los que se hubiera ejercitado el derecho, en tanto se resuelve sobre la solicitud del afectado.

f) Que, en el caso de que se denegase la solicitud de celebración del contrato, o éste no llegara a celebrarse, como consecuencia de la consulta efectuada, quien haya consultado el sistema informe al afectado del resultado de dicha consulta.

No se podría basar en el art. 6.1.f RGPD el tratamiento de la información crediticia asociada a informaciones adicionales, relacionadas con el deudor y obtenidas de otras fuentes, a fin de llevar a cabo un perfilado del mismo, en particular mediante la aplicación de técnicas de calificación crediticia.

76. ¿Qué responsabilidad respecto al tratamiento de datos adquieren las entidades que creen y mantengan los sistemas de información crediticia?

Todas las entidades que creen el sistema (fichero de morosos) junto a las entidades acreedoras se consideran corresponsables del tratamiento.

77. ¿A quién corresponde acreditar o garantizar que concurren los requisitos para la inclusión de la deuda en el sistema?

A la entidad acreedora.

78. ¿Qué base jurídica legitima los tratamientos que se puedan producir debido a transformaciones societarias como son las transmisiones o traspasos de negocio o de actividad?

Conforme a lo establecido en el art. 21 LOPDGDD, las transmisiones o traspasos de negocio o de actividad, suponen una comunicación de datos de un responsable de tratamiento a otro y la base jurídica que legitimaría ese tratamiento (cesión) sería el interés legítimo (art. 6.1.f RGPD) de las entidades intervinientes, se presume la prevalencia de ese interés legítimo de ambas entidades y no es necesario ponderación, siempre que:

- La cesión sea necesaria para el buen fin de la operación, y

- Se garantice la continuidad en la prestación de los servicios.

79. Quién debe informar de la cesión de datos que suponen las transformaciones societarias como son las transmisiones o traspasos de negocio o de actividad?

Tienen que informar a los interesados tanto la empresa cedente (conforme al art. 13 RGPD), como la empresa cesionaria (conforme al art. 14 RGPD), dando siempre la posibilidad de oponerse a la cesión.

El responsable del tratamiento cedente, conforme al art. 13 RGPD, facilitará de manera previa a la cesión la siguiente información:

- En cualquier caso:

  - Identificación del responsable cedente: su identidad y datos de contacto.

  - Fines y legitimación: al tratarse del interés legítimo, cuáles y de quiénes son esos intereses legítimos. Ej.: comunicación de sus datos personales a otro responsable del tratamiento (responsable cesionario) debido al proceso de transformación que fuese el caso, para poder seguir prestando los servicios que se venían prestando hasta ahora con nuestra entidad, en base al interés legítimo de las sociedades intervinientes junto con el suyo propio (art. 6.1.f RGPD).

  - Comunicaciones: los destinatarios o las categorías de destinatarios de los datos personales, en este caso el responsable cesionario.

  - Conservación: al tratarse de una cesión no se conservarán datos al transmitirse todos al responsable cesionario.

  - Derechos: al tratase de interés legítimo el derecho de oposición.

- Sólo si es el caso:

  - Representante en la UE: datos de contacto.

  - DPD: datos de contacto.

  - Transferencias internacionales: si el responsable cesionario está establecido fuera del EEE información sobre la transferencia internacional que supone la cesión a dicho tercer país y la existencia o ausencia de una decisión de adecuación de la Comisión, o, en el caso de las transferencias indicadas en los artículos 46 o 47 o el artículo 49, apartado 1, párrafo segundo, referencia a las garantías adecuadas o apropiadas y a los medios para obtener una copia de estas o al lugar en que se hayan puesto a disposición.

El responsable del tratamiento cesionario, conforme al art. 14 RGPD, facilitará la siguiente información dentro de un plazo razonable, una vez obtenidos los datos personales del responsable cedente y, a más tardar:

– dentro de un mes, habida cuenta de las circunstancias específicas en las que se traten dichos datos, o

– en el momento de la primera comunicación al interesado, si los datos personales han de utilizarse para comunicarse con él, o

– en el momento en que los datos personales sean comunicados por primera vez, si está previsto comunicarlos a otro destinatario.

• En cualquier caso:

– Identificación del responsable cesionario: su identidad y datos de contacto.

– Fines y legitimación: los mismos fines y legitimación para los que el responsable cedente venía tratando los datos, que dependiendo de los colectivos de interesados variarán:

· Clientes: para la prestación de servicios en base a la relación contractual y cumplimiento de obligaciones legales (art. 6.1.b y 6.1.c RGPD).

· Personas trabajadoras para la gestión de la relación laboral y cumplimiento de obligaciones legales (art. 6.1.b y 6.1.c RGPD).

· Etc.

• Sólo si es el caso:

– Representante en la UE: datos de contacto.

– DPD: datos de contacto.

– Transferencias internacionales: la intención del responsable de transferir datos personales a un tercer país u organización internacional y la existencia o ausencia de una decisión de adecuación de la Comisión, o, en el caso de las transferencias indicadas en los artículos 46 o 47 o el artículo 49, apartado 1, párrafo segundo, referencia a las garantías adecuadas o apropiadas y a los medios para obtener una copia de estas o al lugar en que se hayan puesto a disposición.

80. ¿En los casos de los artículos 19, 20 y 21 de la LOPDGDD no hay que ponderar el interés legítimo?

No, siempre que se den las condiciones establecidas en dichos artículos, ya que se presume la prevalencia del interés legítimo del responsable cuando se lleven a cabo con la serie de requisitos relacionados en cada uno de ellos, lo que no excluye la licitud de este tipo de tratamientos cuando no se cumplen estrictamente dichos requisitos, si bien en este caso el responsable deberá llevar a cabo la ponderación legalmente exigible, al no presumirse la prevalencia de su interés legítimo.

2.3. DATOS DE CATEGORÍA ESPECIAL[1] (art. 9 RGPD y 9 LOPDGDD)

81. ¿Cuáles son los datos de categoría especial según el RGPD?

Los datos personales que, por su naturaleza, son particularmente sensibles en relación con los derechos y las libertades fundamentales, ya que el contexto de su tratamiento podría entrañar importantes riesgos para los derechos y las libertades fundamentales de sus titulares y entre los que deben incluirse los que revelen el origen étnico o racial, las opiniones políticas, las convicciones religiosas o filosóficas, o la afiliación sindical, los datos genéticos, los datos biométricos dirigidos a identificar de manera unívoca a una persona física, los datos relativos a la salud o los datos relativos a la vida sexual o las orientación sexuales de una persona física.

82. ¿Es una fotografía un dato biométrico?

El tratamiento de fotografías no debe considerarse sistemáticamente tratamiento de categorías especiales de datos personales, pues únicamente se encuentran comprendidas en la definición de datos biométri-

1. Ver preguntas 11, 12 y 13

cos cuando el hecho de ser tratadas con medios técnicos específicos permita la identificación o la autenticación unívocas de una persona física.

83. ¿Puede una organización tratar datos de categoría especial?

Única y exclusivamente cuando además de contar con alguna de las bases jurídicas necesarias para llevar a cabo el tratamiento (consentimiento, contrato, obligación legal, interés vital, interés público o interés legítimo) concurran alguna de las siguientes circunstancias:

• El interesado dio su consentimiento explícito para el tratamiento de dichos datos personales con uno o más de los fines especificados, excepto cuando el Derecho de la Unión o de los Estados miembros establezca que la prohibición del tratamiento de esos datos no puede ser levantada por el interesado.

• El tratamiento es necesario para el cumplimiento de obligaciones y el ejercicio de derechos específicos del responsable del tratamiento o del interesado en el ámbito del Derecho laboral y de la seguridad y protección social, en la medida en que así lo autorice el Derecho de la Unión de los Estados miembros o un convenio colectivo con arreglo al Derecho de los Estados miembros que establezca garantías adecuadas del respeto de los derechos fundamentales y de los intereses del interesado.

• El tratamiento es necesario para proteger intereses vitales del interesado o de otra persona física, en el supuesto de que el interesado no esté capacitado, física o jurídicamente, para dar su consentimiento.

• El tratamiento es efectuado, en el ámbito de sus actividades legítimas y con las debidas garantías, por una fundación, una asociación o cualquier otro organismo sin ánimo de lucro, cuya finalidad sea política, filosófica, religiosa o sindical, siempre que el tratamiento se refiera exclusivamente a los miembros actuales o antiguos de tales organismos o a personas que mantengan contactos regulares con ellos en relación con sus fines y siempre que los datos personales no se comuniquen fuera de ellos sin el consentimiento de los interesados.

• El tratamiento se refiere a datos personales que el interesado ha hecho manifiestamente públicos.

• El tratamiento es necesario para la formulación, el ejercicio o la defensa de reclamaciones o cuando los tribunales actúen en ejercicio de su función judicial.

• El tratamiento es necesario por razones de un interés público esencial, sobre la base del Derecho de la Unión o de los Estados miembros, que debe ser proporcional al objetivo perseguido, respetar en lo esencial el derecho a la protección de datos y establecer medidas adecuadas y específicas para proteger los intereses y derechos fundamentales del interesado.

• El tratamiento es necesario para fines de medicina preventiva o laboral, evaluación de la capacidad laboral del trabajador, diagnóstico médico, prestación de asistencia o tratamiento de tipo sanitario o social, o gestión de los sistemas y servicios de asistencia sanitaria y social, sobre la base del Derecho de la Unión o de los Estados miembros o en virtud de un contrato con un profesional sanitario y sin perjuicio de las condiciones y garantías contempladas en el RGPD.

• El tratamiento es necesario por razones de interés público en el ámbito de la salud pública, como la protección frente a amenazas transfronterizas graves para la salud, o para garantizar elevados niveles de calidad y de seguridad de la asistencia sanitaria y de los medicamentos o productos sanitarios, sobre la base del Derecho de la Unión o de los Estados miembros que establezca medidas adecuadas y específicas para proteger los derechos y libertades del interesado, en particular el secreto profesional.

• El tratamiento es necesario con fines de archivo en interés público, fines de investigación científica o histórica o fines estadísticos, de conformidad con el artículo 89, apartado 1, sobre la base del Derecho de la Unión o de los Estados miembros, que debe ser proporcional al objetivo perseguido, respetar en lo esencial el derecho a la protección de datos y establecer medidas adecuadas y específicas para proteger los intereses y derechos fundamentales del interesado.

84. ¿Se puede utilizar el consentimiento del interesado para el tratamiento de cualquier dato de categoría especial?

No, en España y a fin de evitar situaciones discriminatorias, el solo consentimiento del interesado no bastará para levantar la prohibición del tratamiento de datos cuya finalidad principal sea identificar su ideología, afiliación sindical, religión, orientación sexual, creencias u origen racial o étnico. Para levantar la prohibición de los datos de categoría especial antes relacionados se deberá hacer al amparo de los restantes supuestos contemplados en el art. 9.2 RGPD (art. 9.1 LOPDGDD).

85. ¿Son los datos sobre bajas médicas, grado de discapacidad o pago de servicios sanitarios de categoría especial?

Sí, en los tres casos se consideran siempre datos de categoría especial, el RGPD los define en el apartado 15 de su artículo 4 como datos personales relativos a la salud física o mental de una persona física, incluida la prestación de servicios de atención sanitaria, que revelen información sobre su estado de salud. Considera como dato de salud de la información referida a la "prestación de servicios de atención sanitaria", como puede ser, por ejemplo, el pago de la prestación sanitaria, aunque ésta no contenga referencia a ninguna enfermedad o la gestión administrativa de la asistencia prestada, siempre que revelen información sobre su estado de salud.

El Considerando 35 del RGPD precisa más esta cuestión, y establece que se incluye la información sobre la persona física recogida con ocasión de su inscripción a efectos de asistencia sanitaria, o con ocasión de la prestación de tal asistencia y considera dato relativo a la salud todo número, símbolo o dato asignado a una persona física que la identifique de manera unívoca a efectos sanitarios; la información obtenida de pruebas o exámenes de una parte del cuerpo o de una sustancia corporal, incluida la procedente de datos genéticos y muestras biológicas, y cualquier información relativa, a título de ejemplo, a una enfermedad, una discapacidad, el riesgo de padecer enfermedades, el historial médico, el tratamiento clínico o el estado fisiológico o biomédico del interesado, independientemente de su fuente, por ejemplo un médico u otro profesional sanitario, un hospital, un dispositivo médico, o una prueba diagnóstica in vitro.

86. ¿Se considera dato de categoría especial la afiliación sindical cuando se trata solo a efectos de cobro de la cuota sindical?

El RGPD en su artículo 9.1 califica como categorías especiales de datos personales aquellas que revelen el (…), o la afiliación sindical, (…) de una persona física.

Podemos pues determinar de esta definición, que se considera como dato de categoría especial cualquiera que revele la afiliación sindical de una persona, aunque solo sea a efectos de pago de la cuota sindical, ya que esto revelará su pertenencia o afiliación a alguna organización sindical.

87. ¿Está permitido el tratamiento de datos personales de categoría especial por parte de los órganos competentes en materia estadística?

De conformidad con lo dispuesto en el artículo 11.2 de la Ley 12/1989, de 9 de mayo, de la Función Estadística Pública, serán de aportación estrictamente voluntaria y, en consecuencia, solo podrán recogerse previo consentimiento expreso de los interesados (art. 25 LOPDGDD).

88. En España, ¿sobre la base de qué leyes o sus disposiciones de desarrollo se pueden tratar datos relativos a la salud o datos genéticos conforme a alguna de las excepciones del art. 9.2.g, h, i, j RGPD?

Conforme a la DA 17ª LOPDGDD, sobre la base de:

- La Ley 14/1986, de 25 de abril, General de Sanidad.

- La Ley 31/1995, de 8 de noviembre, de Prevención de Riesgos Laborales.

- La Ley 41/2002, de 14 de noviembre, básica reguladora de la autonomía del paciente y de derechos y obligaciones en materia de información y documentación clínica.

- La Ley 16/2003, de 28 de mayo, de cohesión y calidad del Sistema Nacional de Salud.

- La Ley 44/2003, dc 21 de noviembre, de ordenación de las profesiones sanitarias.

- La Ley 14/2007, de 3 de julio, de Investigación biomédica.

- La Ley 33/2011, de 4 de octubre, General de Salud Pública.

- La Ley 20/2015, de 14 de julio, de ordenación, supervisión y solvencia de las entidades aseguradoras y reaseguradoras.

- El texto refundido de la Ley de garantías y uso racional de los medicamentos y productos sanitarios, aprobado por Real Decreto Legislativo 1/2015, de 24 de julio.

• El texto refundido de la Ley General de derechos de las personas con discapacidad y de su inclusión social, aprobado por Real Decreto Legislativo 1/2013 de 29 de noviembre.

89. ¿Se precisa siempre el consentimiento para el tratamiento de datos con finalidades de investigación en salud en España?

Conforme a la DA 17ª LOPDGDD:

• Sí, el del interesado o, en su caso, de su representante legal, en particular, para la investigación biomédica. Tales finalidades podrán abarcar categorías relacionadas con áreas generales vinculadas a una especialidad médica o investigadora.

• Las autoridades sanitarias e instituciones públicas con competencias en vigilancia de la salud pública podrán llevar a cabo estudios científicos sin el consentimiento de los afectados en situaciones de excepcional relevancia y gravedad para la salud pública.

• Se considerará lícita y compatible la reutilización de datos personales con fines de investigación en materia de salud y biomédica cuando, habiéndose obtenido el consentimiento para una finalidad concreta, se utilicen los datos para finalidades o áreas de investigación relacionadas con el área en la que se integrase científicamente el estudio inicial. En tales casos, los responsables deberán publicar la información establecida por el artículo 13 RGPD, en un lugar fácilmente accesible de la página web corporativa del centro donde se realice la investigación o estudio clínico, y, en su caso, en la del promotor, y notificar la existencia de esta información por medios electrónicos a los afectados. Cuando estos carezcan de medios para acceder a tal información, podrán solicitar su remisión en otro formato. Para estos tratamientos, se requerirá informe previo favorable del comité de ética de la investigación.

90. ¿Se considera lícito el uso de datos personales seudonimizados con fines de investigación en salud y, en particular, biomédica?

Conforme a la DA 17ª LOPDGDD, sí, pero requiriendo:

• Una separación técnica y funcional entre el equipo investigador y quienes realicen la seudonimización y conserven la información que posibilite la reidentificación.

• Que los datos seudonimizados únicamente sean accesibles al equipo de investigación cuando:

- Exista un compromiso expreso de confidencialidad y de no realizar ninguna actividad de reidentificación.
- Se adopten medidas de seguridad específicas para evitar la reidentificación y el acceso de terceros no autorizados.

Podrá procederse a la reidentificación de los datos en su origen, cuando se aprecie la existencia de un peligro real y concreto para la seguridad o salud de una persona o grupo de personas, o una amenaza grave para sus derechos o sea necesaria para garantizar una adecuada asistencia sanitaria.

91. ¿Cuándo se lleve a cabo un tratamiento con fines de investigación en salud pública y, en particular, biomédica que medidas de seguridad específicas se deben contemplar?

Conforme al artículo 89.1 RGPD, el tratamiento estará sujeto a las garantías adecuadas, con arreglo al RGPD, para los derechos y las libertades de los interesados. Dichas garantías harán que se disponga de medidas técnicas y organizativas, en particular para garantizar el respeto del principio de minimización de los datos personales. Tales medidas podrán incluir la seudonimización, siempre que de esa forma puedan alcanzarse dichos fines. Siempre que esos fines pueden alcanzarse mediante un tratamiento ulterior que no permita o ya no permita la identificación de los interesados, esos fines se alcanzarán de ese modo. Entre las medidas técnicas y organizativas se debe incluir:

• Realizar una EIPD que determine los riesgos derivados del tratamiento en los supuestos previstos en el artículo 35 RGPD o en los establecidos por la autoridad de control. Esta evaluación incluirá de modo específico los riesgos de reidentificación vinculados a la anonimización o seudonimización de los datos.

• Someter la investigación científica a las normas de calidad y, en su caso, a las directrices internacionales sobre buena práctica clínica.

• Adoptar, en su caso, medidas dirigidas a garantizar que los investigadores no acceden a datos de identificación de los interesados.

• Designar un representante legal establecido en la Unión Europea, conforme al artículo 74 del Reglamento (UE) 536/2014, si el promotor de un ensayo clínico no está establecido en la Unión Europea. Dicho representante legal podrá coincidir con el previsto en el art. 27.1 RGPD.

92. ¿Exige la normativa de protección de datos personales algún requisito adicional para el tratamiento de datos personales seudonimizados con fines de investigación en salud pública y, en particular, biomédica?

Sí, este tipo de tratamientos deberá ser sometido al informe previo del comité de ética de la investigación previsto en la normativa sectorial. Además, desde el 7 de diciembre de 2019, estos comités deberán integrar entre sus miembros un delegado de protección de datos o, en su defecto, un experto con conocimientos suficientes del RGPD cuando se ocupen de actividades de investigación que comporten el tratamiento de datos personales o de datos seudonimizados o anonimizados (DA 17ª LOPDGDD).

93. ¿Qué ocurre cuando se va a llevar a cabo un tratamiento de datos personales seudonimizados con fines de investigación en salud pública y, en particular, biomédica, y no existe el comité de ética de la investigación previsto en la normativa sectorial?

En defecto de la existencia del Comité, la entidad responsable de la investigación requerirá informe previo del DPD o, en su defecto, de un experto con los conocimientos previos en el art. 37.5 RGPD (DA 17ª LOPDGDD).

2.4. DATOS RELATIVOS A CONDENAS E INFRACCIONES PENALES (art. 10 RGPD y 10 LOPDGDD)

94. ¿Puede cualquier organización tratar datos personales relativos a condenas e infracciones penales, así como a procedimientos y medidas cautelares y de seguridad conexas amparándose en alguna de las bases jurídicas que contempla el RGPD, para fines distintos de los de prevención, investigación, detección o enjuiciamiento de infracciones penales o de ejecución de sanciones penales?

No, sólo podrá llevarse a cabo:

• Bajo la supervisión de las autoridades públicas o

• Cuando lo autorice el Derecho de la Unión o de los Estados miembros que establezca garantías adecuadas para los derechos y libertades de los interesados, o

• Por abogados y procuradores y tengan por objeto recoger la información facilitada por sus clientes para el ejercicio de sus funciones.

95. ¿Puede una entidad llevar un registro completo de condenas e infracciones penales, así como a procedimientos y medidas cautelares y de seguridad conexas?

Solo bajo el control de las autoridades públicas; en España conforme con lo establecido en la regulación del Sistema de registros administrativos de apoyo a la Administración de Justicia.

96. ¿Puede una empresa solicitar un certificado de antecedentes penales a una de sus personas trabajadoras o candidatas a un puesto de trabajo?

Sólo cuando lo autorice una Ley que establezca garantías adecuadas para los derechos y libertades de las personas trabajadoras o candidatas.

Por consiguiente, no es legalmente posible exigir a personas trabajadoras o candidatas a un puesto de trabajo un certificado de antecedentes penales, que no puede ser objeto de tratamiento salvo en aquellos supuestos excepcionales en que, autorizados por una Ley y con las debidas garantías se contemple dicha medida.

En este sentido existen específicas normativas que lo contemplan, por ejemplo, en lo relativo a seguridad de aeropuertos en que una norma europea de directa aplicación como es el Reglamento europeo sobre normas comunes para la seguridad de la aviación civil impone la medida relativa a la comprobación de los antecedentes personales del personal que accede a zonas restringidas de seguridad.

Otras actividades donde existe obligación legal de solicitar el certificado de antecedentes penales:

• Administración Pública, la Policía o el ejército.

• Miembros directivos de entidades financieras.

• Profesionales que trabajen con menores de edad: en este caso el certificado estará limitado a la comprobación de delitos de carácter sexual.

En consecuencia, solamente resultará conforme a lo establecido en la normativa la solicitud de un certificado de antecedentes penales a las personas trabajadoras o que se contraten por una entidad en el supuesto de que una Ley nacional, o una norma europea de directa aplicación, contemplen dicha medida, en otro caso, la misma resultaría contraria a lo regulado en la normativa de protección de datos.

97. ¿Está permitido el tratamiento de datos personales de naturaleza penal por parte de los órganos competentes en materia estadística?

De conformidad con lo dispuesto en el artículo 11.2 de la Ley 12/1989, de 9 de mayo, de la Función Estadística Pública, serán de aportación estrictamente voluntaria y, en consecuencia, solo podrán recogerse previo consentimiento expreso de los interesados (art. 25 LOPDGDD).

2.5. TRATAMIENTO QUE NO REQUIERE IDENTIFICACIÓN (art. 11 RGPD)

98. ¿Está obligada una entidad a mantener, obtener o tratar información adicional con vistas a identificar a una persona, si los fines para los cuales va a tratar sus datos personales no requieren o ya no requieren la identificación del interesado?

Si los datos personales tratados por una entidad no le permiten identificar a una persona física, la entidad no está obligada a obtener información adicional para identificarla con la única finalidad de cumplir cualquier disposición del RGPD. No obstante, la entidad no debe negarse a recibir información adicional facilitada por dicha persona a fin de respaldarle en el ejercicio de sus derechos. La identificación debe incluir su identificación digital, por ejemplo, mediante un mecanismo de autenticación, como las mismas credenciales, empleadas por el interesado para abrir una sesión en el servicio en línea ofrecido por el responsable. Debe utilizar todas las medidas razonables para verificar la identidad de los interesados que soliciten acceso, en particular en el contexto de los servicios en línea y los identificadores en línea. No se deben conservar datos personales con el único fin de poder responder a posibles solicitudes.

Cuando, en los casos mencionados, el responsable sea capaz de demostrar que no está en condiciones de identificar al interesado, le informará en consecuencia, de ser posible. En tales casos no se aplicarán los artículos 15 a 20, excepto cuando el interesado, a efectos del ejercicio de sus derechos en virtud de dichos artículos, facilite información adicional que permita su identificación.

2.6. DISPOSICIONES RELATIVAS A SITUACIONES ESPECÍFICAS DE TRATAMIENTO (arts. 85 a 91 RGPD)

2.6.1. Tratamiento y libertad de expresión y de información (art. 85 RGPD)

99. ¿Cómo se concilia el equilibrio entre el derecho a la protección de datos personales y las libertades de expresión e información?

El RGPD deja en manos de los Estados miembros de la UE la tarea de establecer los límites entre el derecho a la protección de datos personales y las libertades de expresión e información, obligándoles a conciliar por ley el equilibrio entre ambos.

Por lo tanto, sería fundamental que, en base a lo expuesto, las autoridades de cada Estado implementen esta obligación en el derecho nacional para proteger las fuentes periodísticas de tal forma que no se utilice la protección de datos como argumento para forzar a los periodistas a no realizar sus cometidos bajo la libertad de expresión e información y protección de las Fuentes.

Sin embargo, el ordenamiento jurídico español, en este caso la Ley Orgánica 3/2018, de 5 de diciembre, de Protección de Datos Personales y garantía de los derechos digitales (en adelante LOPDGDD), sólo menciona la libertad de expresión en el artículo 85 estableciendo que "Todos tienen derecho a la libertad de expresión en Internet", pero sin indicar medidas para conciliarlo con el derecho a la protección de datos personales. Por tanto, serán las Autoridades de control y/o los Tribunales quienes en cada caso concreto determinen los criterios para la conciliación entre los mencionados derechos.

Las únicas referencias de la LOPDGDD que impliquen alguna previsión que involucre ambos derechos son los artículos 85, 86, 93, 94 y 95, relativos al derecho de rectificación, al derecho de supresión u olvido y al derecho de portabilidad de datos. Más aún, dicho artículo 85 remite a la Ley Orgánica 2/1984, la cual establece un período de 7 días para ejercer el derecho de rectificación, innecesario, puesto que el ejercicio del derecho de rectificación previsto en el artículo 16 del RGPD y en el artículo 14 de la LOPDGDD procedería en todos los casos en los que la rectificación de la Ley Orgánica 2/1984 fuese posible, sin la limitación temporal que la misma establece.

Por tanto, al no estar regulada aun esta conciliación entre ambos derechos en nuestro ordenamiento jurídico, tendremos que acudir a la Jurisprudencia, en concreto a la del Tribunal Europeo de Derechos Humanos, que ya estableció en 2019 unos criterios a tener en cuenta para equilibrarlos cuando entran en conflicto:

• La persona o personas involucradas en la información: si se trata de personas actuando en un contexto público como políticos o figuras públicas o no.

• El interés público de la información: debe valorarse en cada caso concreto si los hechos objeto de la información pueden contribuir al debate en una sociedad democrática y son de interés público o si bien aun siendo relativos a una figura pública son parte de su vida privada. Aun así, ha sido admitido que en algunas circunstancias que el derecho a ser informado podrá extenderse a aspectos de la vida privada de las figuras públicas.

• La veracidad de la información: no se requiere que la información sea absolutamente veraz, sino que pueda verificarse su contenido y que el autor haya sido lo suficientemente diligente para comprobar la realidad del contenido.

• El contenido, la manera en que se obtiene la información y la forma y consecuencias de la difusión.

• La conducta del afectado antes de la publicación: si el afectado hizo públicos los hechos no podrá quejarse.

• La posibilidad de que el responsable del tratamiento adopte medidas que permitan mitigar el alcance de la injerencia en el derecho a la intimidad.

En España, el Tribunal Constitucional, en relación concretamente con el derecho a la información, ha dicho que prevalece sobre los derechos del art. 18.1 de la CE (honor, intimidad personal y familiar y la propia imagen), siempre y cuando se cumplan dos requisitos esenciales:

• Que la información sea veraz.

• Que tenga relevancia pública, es decir, que aporte información trascendente a la discusión democrática y social.

100. ¿Qué base jurídica legitimaría el tratamiento de datos personales con fines periodísticos y qué se debe tener en cuenta sobre la información a facilitar cuando los datos no se obtienen directamente del interesado?

La legitimación para el tratamiento de datos personales en el ámbito periodístico de personas que formen parte de la información divulgada (noticia) por ser de relevancia pública, por su notoriedad pública o por circunstancias sobrevenidas en hechos de interés público de los que son protagonistas, será la necesidad de dar cumplimiento a una misión realizada en interés público (art. 6.1.e RGPD).

Cuando se traten categorías especiales de datos (art. 9 RGPD) con fines de divulgación de información (noticias), se podrá basar en alguna de las siguientes excepciones, que:

• El interesado haya hecho manifiestamente públicos sus datos (art. 9.2.e RGPD)

• El tratamiento sea necesario por razones de un interés público esencial, sobre la base de alguna Ley (art 20.1.d CE), y sea proporcional al objetivo perseguido, respetando en lo esencial el derecho a la protección de datos y estableciendo medidas adecuadas y específicas para proteger los intereses y derechos fundamentales del interesado (art. 9.2.g RGPD).

Cuando se traten datos relativos a condenas e infracciones penales (arts. 10 RGPD y 10.1 LOPDGDD), sólo podrá llevarse a cabo bajo la supervisión de las autoridades públicas o cuando lo autorice una ley (art. 20.1.d CE); entonces habría que informar también en la legitimación que, cuando se traten esos tipos de datos, será autorizado también por una ley.

Los datos personales pueden ser obtenidos directamente del interesado o a través de la investigación y los recursos periodísticos a disposición del medio de comunicación en cuestión (responsable del tratamiento).

En los casos que los datos no se hayan obtenido del interesado, para dar cumplimiento al deber de información del art. 14 RGPD y conforme a su apartado 5.b), cuando resulte imposible o requiera un esfuerzo desproporcionado informar del tratamiento, se adoptarán medidas adecuadas para proteger sus derechos, libertades e intereses legítimos, inclusive haciendo publica la información, por ejemplo, a través de la política de privacidad de la web del responsable.

2.6.2. Tratamiento y acceso del público a documentos oficiales (art. 86 RGPD)

101. ¿Cómo se concilia el equilibrio entre el derecho a la protección de datos personales y el acceso del público a documentos oficiales con datos personales en posesión de alguna autoridad pública o u organismo público o una entidad privada?

Los datos personales de documentos oficiales en posesión de alguna autoridad pública o u organismo público o una entidad privada para la realización de una misión en interés público pueden ser comunicados por dicha autoridad, organismo o entidad de conformidad con el Derecho de la Unión o de los Estados miembros que se les aplique.

2.6.3. Tratamiento del número nacional de identificación (art. 87 RGPD)

102. ¿Los Estados miembros podrán determinar adicionalmente las condiciones específicas para el tratamiento de un número nacional de identificación o cualquier otro medio de identificación de carácter general?

Sí, y en ese caso, el número nacional de identificación o cualquier otro medio de identificación de carácter general se utilizará únicamente con las garantías adecuadas para los derechos y las libertades del interesado con arreglo al RGPD

En España, la disposición adicional séptima de la LOPDGDD establece que cuando sea necesaria la publicación de un acto administrativo que contuviese datos personales del afectado, se identificará al mismo mediante su nombre y apellidos, añadiendo cuatro cifras numéricas aleatorias del documento nacional de identidad, número de identidad de extranjero, pasaporte o documento equivalente. Cuando la publicación se refiera a una pluralidad de afectados estas cifras aleatorias deberán alternarse.

Cuando se trate de la notificación por medio de anuncios, particularmente en los supuestos a los que se refiere el artículo 44 de la Ley 39/2015, del Procedimiento Administrativo Común de las Administraciones Públicas, se identificará al afectado exclusivamente mediante el número completo de su documento nacional de identidad, número de identidad de extranjero, pasaporte o documento equivalente.

Cuando el afectado careciera de cualquiera de los documentos mencionados en los dos párrafos anteriores, se identificará al afectado únicamente mediante su nombre y apellidos. En ningún caso debe publicarse el nombre y apellidos de manera conjunta con el número completo del documento nacional de identidad, número de identidad de extranjero, pasaporte o documento equivalente.

A fin de prevenir riesgos para víctimas de violencia de género, el Gobierno impulsará la elaboración de un protocolo de colaboración que defina procedimientos seguros de publicación y notificación de actos administrativos, con la participación de los órganos con competencia en la materia.

Con el fin de facilitar un criterio práctico sobre la aplicación de lo establecido en el primer párrafo del apartado primero de la disposición adicional séptima, la AEPD, APDCAT, CTPDA y AVPD propusieron una orientación para la aplicación provisional de garantías de protección de la divulgación del documento nacional de identidad, número de identidad de extranjero, pasaporte o documento equivalente de los interesados.

Para ello, han seleccionado aleatoriamente el grupo de cuatro cifras numéricas que se van a publicar para la identificación de los interesados en las publicaciones de actos administrativos. El procedimiento para la determinación de forma aleatoria de las cuatro cifras numéricas a publicar del código de identificación de un interesado se realizó mediante el proceso de selección aleatoria en una bolsa opaca de una bola de entre cinco bolas numeradas del 1 al 5, realizado el 27 de febrero de 2019 en la AEPD.

La bola resultante fue la número 4, por lo tanto, la publicación de documento nacional de identidad, número de identidad de extranjero, pasaporte o documento equivalente podrá realizarse de la siguiente forma:

• Dado un DNI con formato 12345678X, se publicarán los dígitos que en el formato que ocupen las posiciones cuarta, quinta, sexta y séptima. En el ejemplo: ***4567**.

• Dado un NIE con formato L1234567X, se publicarán los dígitos que en el formato ocupen las posiciones, evitando el primer carácter alfabéticos, cuarta, quinta, sexta y séptima. En el ejemplo: ****4567*.

• Dado un pasaporte con formato ABC123456, al tener sólo seis cifras, se publicarán los dígitos que en el formato ocupen las posiciones, evitando los tres caracteres alfabéticos, tercera, cuarta, quinta y sexta. En el ejemplo: *****3456.

• Dado otro tipo de identificación, siempre que esa identificación contenga al menos 7 dígitos numéricos, se numerarán dichos dígitos de izquierda a derecha, evitando todos los caracteres alfabéticos, y se seguirá el procedimiento de publicar aquellos caracteres numéricos que ocupen las posiciones cuarta, quinta, sexta y séptima. Por ejemplo, en el caso de una identificación como: XY12345678AB, la publicación sería: *****4567***.

• Si ese tipo de identificación es distinto de un pasaporte y tiene menos de 7 dígitos numéricos, se numerarán todos los caracteres, alfabéticos incluidos, con el mismo procedimiento anterior y se seleccionarán aquellos que ocupen las cuatro últimas posiciones. Por ejemplo, en el caso de una identificación como: ABCD123XY, la publicación sería: *****23XY.

Los caracteres alfabéticos, y aquellos numéricos no seleccionados para su publicación, se sustituirán por un asterisco por cada posición.

Este criterio provisional propuesto pretende, así mismo, tratar de evitar que la adopción de fórmulas distintas en aplicación de la citada disposición pueda dar lugar a la publicación de cifras numéricas de los documentos identificativos en posiciones distintas en cada caso, posibilitando la recomposición íntegra de dichos documentos.

Por ello, recomiendan que la fórmula propuesta sea aplicada de forma generalizada.

Esta recomendación tiene carácter provisional hasta el momento en el que los órganos de gobierno y las administraciones públicas competentes aprueben disposiciones para la aplicación de la mencionada Disposición Adicional séptima.

2.6.4. Tratamiento en el ámbito laboral (art. 88 RGPD)

103. ¿Los Estados miembros pueden, establecer normas más específicas para garantizar la protección de los derechos y libertades en relación con el tratamiento de datos personales de las personas trabajadoras en el ámbito laboral?

Sí, a través de disposiciones legislativas o de convenios colectivos, en particular a efectos de contratación de personal, ejecución del contrato laboral, incluido el cumplimiento de las obligaciones establecidas por la ley o por el convenio colectivo, gestión, planificación y organización del trabajo, igualdad y diversidad en el lugar de trabajo, salud y seguridad en el trabajo, protección de los bienes de empleadores o clientes, así como a efectos del ejercicio y disfrute, individual o colectivo, de los derechos y prestaciones relacionados con el empleo y a efectos de la extinción de la relación laboral.

Dichas normas incluirán medidas adecuadas y específicas para preservar la dignidad humana de los interesados, así como sus intereses legítimos y sus derechos fundamentales, prestando especial atención a la transparencia del tratamiento, a la transferencia de los datos personales dentro de un grupo empresarial o de una unión de empresas dedicadas a una actividad económica conjunta y a los sistemas de supervisión en el lugar de trabajo.

Cada Estado miembro debió notificar a la Comisión las disposiciones legales que adoptó de conformidad con el art. 88.1 RGPD a más tardar el 25 de mayo de 2018 y, sin dilación, cualquier modificación posterior de las mismas.

2.6.5. Garantías y excepciones aplicables al tratamiento con fines de archivo en interés público, fines de investigación científica o histórica o fines estadísticos (art. 89 RGPD)

104. ¿Con respecto al tratamiento de datos personales con fines de archivo en interés público, fines de investigación científica o histórica o fines estadísticos que establece el RGPD?

El tratamiento con fines de archivo en interés público, fines de investigación científica o histórica o fines estadísticos estará sujeto a las garantías adecuadas, con arreglo al RGPD, para los derechos y las libertades de los interesados. Dichas garantías harán que se disponga de medidas técnicas y organizativas, en particular para garantizar el respeto del principio de minimización de los datos personales. Tales medidas podrán incluir la seudonimización, siempre que de esa forma puedan alcanzarse dichos fines. Siempre que esos fines pueden alcanzarse mediante un tratamiento ulterior que no permita o ya no permita la identificación de los interesados, esos fines se alcanzarán de ese modo.

Cuando se traten datos personales con fines de investigación científica o histórica o estadísticos, el Derecho de la Unión o de los Estados miembros podrá establecer excepciones a los derechos contemplados en los artículos 15, 16, 18 y 21, sujetas a las condiciones y garantías indicadas en el primer párrafo, siempre y cuando sea probable que esos derechos imposibiliten u obstaculicen gravemente el logro de los fines científicos y cuanto esas excepciones sean necesarias para alcanzar esos fines.

Cuando se traten datos personales con fines de archivo en interés público, el Derecho de le Unión o de los Estados miembros podrá prever excepciones a los derechos contemplados en los artículos 15, 16, 18, 19, 20 y 21, sujetas a las condiciones y garantías citadas en el primer párrafo, siempre que esos derechos puedan imposibilitar u obstaculizar gravemente el logro de los fines científicos y cuanto esas excepciones sean necesarias para alcanzar esos fines.

En caso de que el tratamiento a que hacen referencia los párrafos 2 y 3 sirva también al mismo tiempo a otro fin, las excepciones solo serán aplicables al tratamiento para los fines mencionados en dichos párrafos.

2.6.6. Obligaciones de secreto (art. 90 RGPD)

105. ¿Cómo se concilia el equilibrio entre el derecho a la protección de datos personales con la obligación de secreto?

Los Estados miembros pueden adoptar normas específicas para fijar los poderes de las autoridades de control establecidos en el artículo 58.1 e) y f), en relación con los responsables o encargados sujetos, con arreglo al Derecho de la Unión o de los Estados miembros o a las normas establecidas por los organismos nacionales competentes, a una obligación de secreto profesional o a otras obligaciones de secreto equivalentes, cuando sea necesario y proporcionado para conciliar el derecho a la protección de los datos personales con la obligación de secreto. Esas normas solo se aplicarán a los datos personales que el responsable o el encargado del tratamiento hayan recibido como resultado o con ocasión de una actividad cubierta por la citada obligación de secreto.

Cada Estado miembro debió notificar a la Comisión las normas adoptadas de conformidad con el art. 90.1 RGPD a más tardar el 25 de mayo de 2018 y, sin dilación, cualquier modificación posterior de las mismas.

2.6.7 Normas vigentes sobre protección de datos de las iglesias y asociaciones religiosas (art. 91 RGPD)

106. ¿Pueden las iglesias, asociaciones o comunidades religiosas aplicar un conjunto de normas relativas a la protección de las personas físicas en lo que respecta al tratamiento de sus datos personales?

Sí, siempre que sean conformes con el RGPD, estarán sujetas al control de una autoridad de control independiente, que podrá ser específica, siempre que cumpla las condiciones establecidas en el capítulo VI del RGPD.

En base a ello, en 2018 la Conferencia Episcopal Española aprobó y publicó en su Boletín Oficial, el DECRETO GENERAL PROT. N. 37/2018, que entró en vigor el 25 de mayo de ese mismo año, para adaptar la normativa canónica entonces vigente a la nueva normativa europea de protección de datos.

Capítulo 3

DERECHOS DEL INTERESADO

3.1. TRANSPARENCIA DE LA INFORMACIÓN (art. 12 RGPD y 12 LOPDGDD)

107. ¿Cuáles son los derechos que el RGPD confiere a los interesados?

Los derechos del interesado se describen en los artículos 12 al 22 del RGPD:

- Art. 12, 13 y 14: Derecho de información
- Art. 15: Derecho de acceso del interesado
- Art. 16: Derecho de rectificación
- Art. 17: Derecho de supresión («el derecho al olvido»)
- Art. 18: Derecho a la limitación del tratamiento
- Art. 19: Obligación de notificación relativa a la rectificación o supresión de datos personales o la limitación del tratamiento
- Art. 20: Derecho a la portabilidad de los datos
- Art. 21: Derecho de oposición
- Art. 22: Decisiones individuales automatizadas, incluida la elaboración de perfiles

108. ¿Qué obligaciones tiene el responsable del tratamiento en lo referente a los medios que debe ofrecer al interesado para ejercer sus derechos?

• Informar al interesado sobre los medios a su disposición para ejercer los derechos que le corresponden.

• Los medios deberán ser fácilmente accesibles para el afectado.

• El ejercicio del derecho no podrá ser denegado por el solo motivo de optar el interesado por otro medio.

109. ¿Existe algún derecho que el responsable del tratamiento deba comunicar a los destinatarios de datos ante una solicitud del interesado?

Sí, el responsable del tratamiento comunicará cualquier rectificación o supresión de datos personales o limitación del tratamiento a cada uno de los destinatarios a los que se hayan comunicado los datos personales, salvo que sea imposible o exija un esfuerzo desproporcionado. El responsable informará al interesado acerca de dichos destinatarios, si este así lo solicita (art. 19 RGPD).

110. ¿En qué plazo debe responder el responsable del tratamiento una solicitud de ejercicio de los derechos solicitado por una persona física?

En el plazo de un mes a partir de la recepción de la solicitud, podrá prorrogarse el plazo otros dos meses en caso necesario, teniendo en cuenta la complejidad y el número de solicitudes. El responsable informará al interesado de cualquiera de dichas prórrogas en el plazo de un mes a partir de la recepción de la solicitud, indicando los motivos de la demora. Cuando el interesado presente la solicitud por medios electrónicos, la información se facilitará por medios electrónicos cuando sea posible, a menos que el interesado solicite que se facilite de otro modo.

Si no se da curso a la solicitud, se informará sin demora, y a más tardar transcurrido un mes de la recepción de la misma, de las razones de su no actuación y de la posibilidad de presentar una reclamación ante una autoridad de control y de ejercitar acciones judiciales.

111. ¿Tiene algún coste para el interesado la emisión de información por parte del responsable del tratamiento ante una solicitud de ejercicio de derechos?

Como regla general no, la información facilitada en virtud de la solicitud de ejercicio de derechos será a título gratuito. Cuando las solicitudes sean manifiestamente infundadas o excesivas, especialmente debido a su carácter repetitivo (cuestión que corresponderá demostrar al responsable), el responsable del tratamiento podrá:

- Cobrar un canon razonable en función de los costes administrativos afrontados para facilitar la información o la comunicación o realizar la actuación solicitada, o

- Negarse a actuar respecto de la solicitud.

112. ¿Se pueden ejercer los derechos por medio de representante?

Sí, se pueden ejercer los derechos directamente o por medio de un representante legal o voluntario.

Los titulares de la patria potestad podrán ejercer en nombre y representación de los menores de catorce años los derechos.

113. ¿Puede el encargado del tratamiento tramitar por cuenta del responsable las solicitudes de ejercicio de derechos?

Sí, si así se estableciere en el contrato o acto jurídico que les vincule.

114. ¿Quién debe acreditar el cumplimiento del deber de responder a la solicitud de ejercicio de los derechos del interesado?

La prueba del cumplimiento del deber de responder a la solicitud de ejercicio de sus derechos formulado por el interesado recaerá sobre el responsable.

115. ¿Se debe solicitar el DNI para verificar la identidad del solicitante del ejercicio de derechos?

Cuando el responsable del tratamiento tenga dudas razonables en relación con la identidad de la persona física que solicita el ejercicio de alguno de sus derechos, podrá utilizar todas las medidas razonables para verificar dicha identidad y solicitar información adicional. Será por tanto el responsable quien, en cada caso, según las circunstancias y teniendo en cuenta, entre otros, el principio de minimización de datos determine qué medidas resultarán razonables y si necesita solicitar información adicional, y en tal caso que información solicitar para verificar la identidad de la persona solicitante.

Las autoridades de control recomiendan formas menos intrusivas, que la solicitud del DNI, para comprobar la identidad del solicitante, por ejemplo y entre otras:

• Si la dirección de correo electrónico de la persona solicitante consta ya en los sistemas del responsable del tratamiento y la solicitud se lleva a cabo desde la misma, sería suficiente para verificar la identidad de dicha persona.

• Si es el caso, enviar la solicitud a través de una cuenta de usuario junto con un factor de autenticación adicional remitido por otro canal diferente.

116. ¿Puede un interesado ejercer sus derechos cuando se traten sus datos personales con fines de investigación en salud, y en particular la biomédica?

Sí, aunque conforme al artículo 89.2 del RGPD, podrán excepcionarse los derechos de acceso (art. 15), rectificación (art. 16), limitación (art. 18) y oposición (art. 21), cuando:

• Los citados derechos se ejerzan directamente ante los investigadores o centros de investigación que utilicen datos anonimizados o seudonimizados.

• El ejercicio de tales derechos se refiera a los resultados de la investigación.

• La investigación tenga por objeto un interés público esencial relacionado con la seguridad del Estado, la defensa, la seguridad pública u otros objetivos importantes de interés público general, siempre que en este último caso la excepción esté expresamente recogida por una norma con rango de Ley.

3.2. DERECHO DE INFORMACIÓN (art. 12, 13, 14 RGPD y 11 LOPDGDD)

117. ¿En qué se diferencia el derecho de información sobre el tratamiento de los datos personales del resto de derechos?

El derecho de información sobre el tratamiento no necesita nunca ejercicio por parte del interesado, es una obligación para el responsable antes del inicio de cualquier tratamiento, el resto de derechos, en la mayoría de los casos, precisan su ejercicio por parte del interesado.

118. ¿Cómo debe ser la información relativa al tratamiento de datos que facilite una organización a los interesados?

Concisa, transparente, inteligible y de fácil acceso, con un lenguaje claro y sencillo, en particular cualquier información dirigida específicamente a un niño. Se puede facilitar por escrito o por otros medios, inclusive, si procede, por medios electrónicos. Cuando lo solicite el interesado, incluso podrá facilitarse verbalmente siempre que se demuestre la identidad del interesado por otros medios.

119. ¿Puede facilitarse la información relativa al tratamiento de sus datos al interesado a través de iconos?

Sólo con iconos no, pero sí en combinación con iconos normalizados que permitan proporcionar de forma fácilmente visible, inteligible y claramente legible una adecuada visión de conjunto del tratamiento previsto. Los iconos que se presenten en formato electrónico serán legibles mecánicamente.

La Comisión estará facultada para adoptar actos delegados de conformidad con el RGPD a fin de especificar la información que se ha de presentar a través de iconos y los procedimientos para proporcionar iconos normalizados.

120. Cuando los datos personales se obtengan directamente de su titular, es decir del interesado, ¿cuándo se le debe facilitar la información relativa al tratamiento de sus datos?

En el momento en que se obtengan los datos personales, salvo que ya dispongan de la misma.

121. Cuando los datos personales se obtengan directamente de su titular, es decir del interesado, ¿qué información se le debe facilitar relativa al tratamiento de sus datos?

Siempre:

• La identidad y los datos de contacto del responsable.

• Los fines y la base jurídica del tratamiento.

• El plazo durante el cual se conservarán los datos personales o, cuando no sea posible, los criterios utilizados para determinar este plazo.

• La existencia del derecho a solicitar al responsable del tratamiento el acceso a los datos personales relativos al interesado, y su rectificación o supresión, o la limitación de su tratamiento, o a oponerse al tratamiento, así como el derecho a la portabilidad de los datos.

• El derecho a presentar una reclamación ante una autoridad de control.

Cuando sea el caso:

• La identidad y los datos de contacto de su representante en la UE.

• Los datos de contacto del delegado de protección de datos.

• Los destinatarios o las categorías de destinatarios de los datos personales.

• Cuando el tratamiento se base en el artículo 6.1.f del RGPD, los intereses legítimos del responsable o de un tercero.

• Cuando el tratamiento esté basado en los artículos 6.1.a o 9.2.a del RGPD, la existencia del derecho a retirar el consentimiento en cualquier momento, sin que ello afecte a la licitud del tratamiento basado en el consentimiento previo a su retirada.

• Si la comunicación de datos personales es un requisito legal o contractual, o un requisito necesario para suscribir un contrato, y si el interesado está obligado a facilitar los datos personales y está informado de las posibles consecuencias de que no facilitar tales datos.

• La intención del responsable de transferir datos personales a un tercer país u organización internacional y la existencia o ausencia de una decisión de adecuación de la Comisión, o, en el caso de las transferencias indicadas en los artículos 46, 47 o 49.1 (párrafo 2º) del RGPD, referencia a las garantías adecuadas o apropiadas y a los medios para obtener una copia de estas o al lugar en que se hayan puesto a disposición.

• La existencia de decisiones automatizas, incluida la elaboración de perfiles, a que se refieren los artículos 22.1 y 22.4 del RGPD, y, al menos en tales casos, información significativa sobre la lógica aplicada, así como la importancia y las consecuencias previstas de dicho tratamiento para el interesado.

• Información sobre otro fin ulterior de datos personales que no sea aquel para el que se recogieron, con anterioridad a dicho tratamiento ulterior.

122. Cuando los datos personales no se obtengan directamente de su titular, es decir del interesado, ¿cuándo se le debe facilitar la información relativa al tratamiento de sus datos?

• Dentro de un plazo razonable, una vez obtenidos los datos personales, y a más tardar dentro de un mes, habida cuenta de las circunstancias específicas en las que se traten dichos datos.

• Si los datos personales han de utilizarse para comunicación con el interesado, a más tardar en el momento de la primera comunicación a dicho interesado, o

• Si está previsto comunicarlos a otro destinatario, a más tardar en el momento en que los datos personales sean comunicados por primera vez.

123. Cuando los datos personales no se obtengan directamente de su titular, es decir del interesado, ¿hay alguna excepción a la obligación de facilitar la información relativa al tratamiento de sus datos?

Sí, cuando y en la medida que:

• El interesado ya disponga de la misma.

• Resulte imposible o suponga un esfuerzo desproporcionado, en particular para el tratamiento con fines de archivo en interés público, fines de investigación científica o histórica o fines estadísticos, a reserva de las condiciones y garantías indicadas en el RGPD, o en la medida en que facilitar la información pueda imposibilitar u obstaculizar gravemente el logro de los objetivos de tal tratamiento. En tales casos, el responsable adoptará medidas adecuadas para proteger los derechos, libertades e intereses legítimos del interesado, inclusive haciendo pública la información.

• La obtención o la comunicación esté expresamente establecida por el Derecho de la Unión o de los Estados miembros que se aplique al responsable del tratamiento y que establezca medidas adecuadas para proteger los intereses legítimos del interesado, o

• Cuando los datos personales deban seguir teniendo carácter confidencial sobre la base de una obligación de secreto profesional regulada por el Derecho de la Unión o de los Estados miembros, incluida una obligación de secreto de naturaleza estatutaria.

124. Cuando los datos personales no se obtengan directamente de su titular, es decir del interesado, ¿qué información se le debe facilitar relativa al tratamiento de sus datos?

La misma que cuando se obtienen directamente del interesado, aunque nunca será el caso, al no obtenerse los datos directamente del interesado, que haya que informar sobre:

• Si la comunicación de datos personales es un requisito legal o contractual, o un requisito necesario para suscribir un contrato, y si el interesado está obligado a facilitar los datos personales y está informado de las posibles consecuencias de que no facilitar tales datos;

y, además, en estos casos se debe informar sobre:

• Las categorías de datos personales de que se trate.

• La fuente de la que proceden los datos personales y, en su caso, si proceden de fuentes de acceso público.

125. ¿Dónde o a través de qué medios se debe informar al interesado sobre el tratamiento de sus datos?

Algunas de las formas más habituales de recogida de datos y, en consecuencia, a través de los cuales hay que informar, pueden ser:

- Formularios en papel
- Entrevista telefónica
- Navegación o formularios Web
- Registro de aplicaciones móviles
- Datos de actividad personal
- Datos de sensores (IOT)

Por otra parte, las comunicaciones al interesado sobre datos ya disponibles, o tratamientos adicionales, pueden hacerse llegar, entre otros, por medio de:

- Correo postal
- Mensajería electrónica
- Notificaciones emergentes en servicios y aplicaciones

Las características de cada uno de los medios variaran en cuanto a extensión, disponibilidad de espacio, legibilidad, posibilidad de vincular informaciones, etc.

126. ¿En qué consiste facilitar la información por capas o multinivel?

En hacer compatible la exigencia de información de la normativa y la concisión y comprensión en la forma de presentarla. El enfoque de información multinivel consiste en lo siguiente:

- Presentar al interesado una información básica en un primer nivel, de forma resumida, en el mismo momento y en el mismo medio en que se recaben sus datos personales.

- Remitir al interesado a la información adicional en un segundo nivel, donde se presentarán detalladamente el resto de la información, en un medio más adecuado para su presentación, comprensión y, si se desea, archivo.

El conjunto de toda la información requerida por la normativa puede agruparse en unos determinados epígrafes, a los efectos de su organización y presentación, especialmente en cuanto a la información a presentar, de forma resumida, en la primera capa o nivel.

Por tanto, cuando los datos personales sean obtenidos del interesado el responsable del tratamiento podrá dar cumplimiento al deber de información establecido en el RGPD facilitando al interesado al menos la siguiente información básica en un primer nivel:

- La identidad del responsable del tratamiento y de su representante, en su caso.

- La finalidad del tratamiento.

- La posibilidad de ejercer los derechos conferidos por el RGPD al interesado.

- Una dirección electrónica u otro medio que permita acceder de forma sencilla e inmediata a la restante información.

Además, si fuese el caso, esta información básica debe incluir:

- Si se llevan a cabo decisiones individuales automatizadas que produzcan efectos jurídicos sobre el interesado o le afecten significativamente de modo similar y su derecho a oponerse, cuando concurra este derecho de acuerdo con lo previsto en el artículo 22 del RGPD

Cuando los datos personales no hubieran sido obtenidos del interesado, el responsable del tratamiento podrá dar cumplimiento al deber de información establecido en el RGPD facilitando a aquel la información básica señalada anteriormente, indicándole una dirección electrónica u otro medio que permita acceder de forma sencilla e inmediata a la restante información. En estos supuestos, la información básica incluirá también:

- Las categorías de datos objeto de tratamiento.

- Las fuentes de las que procedieran los datos.

3.3. DERECHO DE ACCESO (art. 15 RGPD y 13 LOPDGDD)

127. ¿En qué consiste el derecho de acceso del interesado?

En que el interesado tiene derecho a acceder a sus datos personales además le debe resultar fácil ejercer dicho derecho siempre que lo haga en intervalos razonables, con el fin de conocer y verificar la licitud del tratamiento. Ello incluye el derecho del interesado a acceder a sus datos relativos a la salud, por ejemplo, los datos de sus historias clínicas que contengan información como diagnósticos, resultados de exámenes, evaluaciones de facultativos y cualesquiera tratamientos o intervenciones practicadas.

El interesado tendrá derecho por tanto a obtener del responsable del tratamiento confirmación de si se están tratando o no sus datos personales y, en tal caso, derecho de acceso a los mismos y a la siguiente información (art. 15.1 RGPD):

- Los fines del tratamiento.

- Las categorías de datos personales de que se trate.

- Los destinatarios o las categorías de destinatarios a los que se comunicaron o serán comunicados sus datos personales, en particular destinatarios en terceros países u organizaciones internacionales, en este caso tendrá derecho a ser informado de las garantías adecuadas en virtud del artículo 46 del RGPD relativas a la transferencia.

- De ser posible, el plazo previsto de conservación de sus datos personales o, de no ser posible, los criterios utilizados para determinar este plazo.

- La existencia del derecho a solicitar del responsable la rectificación o supresión de sus datos personales o la limitación del tratamiento de sus datos personales, o a oponerse a dicho tratamiento.

- El derecho a presentar una reclamación ante una autoridad de control.

- Cuando los datos personales no se hayan obtenido del interesado, cualquier información disponible sobre su origen.

- Cuando sea el caso la existencia de decisiones automatizadas, incluida la elaboración de perfiles, a que se refieren los artículos 22.1 y 22.4 del

RGPD, y, al menos en tales casos, información significativa sobre la lógica aplicada, así como la importancia y las consecuencias previstas de dicho tratamiento para el interesado.

128. ¿Puede el responsable del tratamiento facilitar el acceso a sus datos al interesado a través de un acceso remoto?

Sí, y se entenderá otorgado si el responsable facilitara al interesado un sistema de acceso remoto, directo y seguro a los datos personales que garantice, de modo permanente, el acceso a su totalidad. A tales efectos, la comunicación por el responsable al interesado del modo en que este podrá acceder a dicho sistema bastará para tener por atendida la solicitud de ejercicio del derecho.

No obstante, el interesado podrá solicitar del responsable la información referida a los extremos previstos en el artículo 15.1 del RGPD que no se incluyese en el sistema de acceso remoto.

129. ¿Qué ocurre si se concede el derecho de acceso a una persona física y esto afecta negativamente a un tercero?

Este derecho, incluyendo el de obtener copia, no debe afectar negativamente a los derechos y libertades de terceros, incluidos los secretos comerciales o la propiedad intelectual y, en particular, los derechos de propiedad intelectual que protegen programas informáticos. No obstante, estas consideraciones no deben tener como resultado la negativa a prestar toda la información al interesado.

130. ¿Qué ocurre si el responsable trata una gran cantidad de datos relativos al interesado y este ejerce su derecho de acceso sin especificar si se refiere a todos o a una parte de los datos?

En este caso el responsable del tratamiento podrá solicitarle, antes de facilitar la información, que el interesado especifique los datos o actividades de tratamiento a los que se refiere la solicitud.

131. ¿Cuántas copias de sus datos personales debe facilitar el responsable al interesado cuando este lo solicite a través del derecho de acceso?

El responsable del tratamiento facilitará una copia de los datos personales objeto de tratamiento. Podrá percibir, por cualquier otra copia solicitada por el interesado, un canon razonable basado en los costes administrativos.

132. ¿Cuándo se considera repetitivo el ejercicio del derecho de acceso?

Cuando se ejerza en más de una ocasión durante el plazo de seis meses, a menos que exista causa legítima para ello, en estos casos el responsable del tratamiento podrá:

- Cobrar un canon razonable en función de los costes administrativos afrontados para facilitar la información o la comunicación o realizar la actuación solicitada, o
- Negarse a actuar respecto de la solicitud.
- El responsable del tratamiento soportará la carga de demostrar el carácter repetitivo de la solicitud.

133. ¿Cuándo se considera excesiva la solicitud del ejercicio del derecho de acceso por parte del interesado?

Cuando elija un medio distinto al que le ofrece el responsable para el ejercicio del derecho de acceso que suponga un coste desproporcionado, por lo que dicho interesado asumirá el exceso de costes que su elección comporte. En este caso, solo será exigible al responsable del tratamiento la satisfacción del derecho de acceso sin dilación indebida.

134. Cuando el interesado ejerza el derecho de acceso por medios electrónicos, ¿Cómo debe proceder el responsable?

A menos que el interesado solicite que se facilite de otro modo, la información se facilitará en un formato electrónico de uso común.

135. ¿Debe verificar el responsable la identidad de los interesados que soliciten el derecho de acceso?

El responsable del tratamiento debe utilizar todas las medidas razonables para verificar la identidad de los interesados que soliciten el derecho de acceso a sus datos, en particular en el contexto de los servicios en línea y los identificadores en línea. El responsable no debe conservar los datos personales con el único propósito de poder responder a posibles solicitudes de derechos.

3.4. DERECHO DE RECTIFICACIÓN[2] (art. 16 RGPD y 14 LOPDGDD)

136. ¿Puede un interesado solicitar el derecho de acceso a sus datos personales si están bloqueados conforme al art. 32 de la LOPDGDD?

Sí, el bloqueo de los datos no implica que no se puedan poner a disposición de los interesados si ejercen su derecho de acceso a los datos que el responsable dispuso y trató, por si de ello, puedan surgir responsabilidades derivadas de su tratamiento o por considerar que es más garantista poder facilitar los datos personales que se encuentran bloqueados para conocimiento de los interesados.

Los interesados para poder valorar una posible acción ante una autoridad o institución administrativa, judicial o simplemente conocer si se hizo o no un tratamiento conforme a la normativa en materia de protección de datos, deben poder conocer y valorar el tratamiento que se llevó a cabo. Facilitar los datos al interesado, no conlleva un tratamiento de los mismos.

Por ello, se debe atender la solicitud de acceso conforme a lo establecido en el art. 15 RGPD. (AEPD: R/00484/2020, R/00532/2020, TD/00129/2021; SAN 706/2025)

137. ¿En qué consiste el derecho de rectificación?

Es el derecho de cualquier interesado a obtener, sin dilación indebida, del responsable del tratamiento la rectificación de sus datos personales inexactos. Teniendo en cuenta los fines del tratamiento, el interesado tendrá derecho a que se completen los datos personales que sean incompletos, inclusive mediante una declaración adicional.

2. Ver capítulo 4 apartados 4.1.1. Derecho de rectificación en Internet y 4.1.2. Derecho a la actualización de informaciones en medios de comunicación digitales.

138. ¿En una solicitud del derecho de rectificación, el interesado deberá indicar a qué datos se refiere y la corrección que hay que realizar?

Sí, y, además, cuando sea necesario, deberá acompañar la solicitud de la documentación que justifique la inexactitud o el carácter incompleto de los datos.

139. ¿Si el responsable del tratamiento ha cedido datos, debe comunicar a estos destinatarios cualquier rectificación de los mismos?

Sí, salvo que sea imposible o exija un esfuerzo desproporcionado, además el responsable informará al interesado acerca de dichos destinatarios, si este así lo solicita.

3.5. DERECHO DE SUPRESIÓN (DERECHO AL OLVIDO)[3] (art. 17 RGPD y 15 LOPDGDD)

140. ¿En qué consiste el derecho de supresión?

En la supresión de los datos personales de un interesado por parte del responsable del tratamiento, siempre que concurra alguna de las siguientes circunstancias:

• Que los datos personales ya no sean necesarios en relación con los fines para los que fueron recogidos o tratados de otro modo.

• Que el tratamiento de los datos personales se haya basado en el consentimiento del interesado, y se retira el mismo, siempre que el citado tratamiento no se base en otra base jurídica que lo legitime.

• Que el interesado ejerza el derecho de oposición en las siguientes circunstancias:

  – El tratamiento se fundamentaba en el interés legítimo o en el cumplimiento de una misión de interés público, y no han prevalecido otros motivos para legitimar el tratamiento de los datos.

3. Ver capítulo 4 apartados 4.1.3. Derecho al olvido en búsquedas de Internet y 4.1.4. Derecho al olvido en servicios de RRSS y servicios equivalentes.

– Que los datos personales sean objeto de mercadotecnia directa, incluyendo la elaboración perfiles relacionada con la citada mercadotecnia. En estos casos el responsable podrá conservar los datos identificativos del interesado necesarios con el fin de impedir tratamientos futuros para fines de mercadotecnia directa.

• Que los datos personales han sido tratados ilícitamente.

• Que los datos personales deben suprimirse para el cumplimiento de una obligación legal establecida en una Ley que se aplique al responsable del tratamiento.

• Que los datos personales se han obtenido en relación con la oferta de servicios de la sociedad de la información mencionados en el artículo 8.1 del RGPD (condiciones aplicables al tratamiento de datos de los menores en relación con los servicios de la sociedad de la información).

141. ¿Qué ocurre si un responsable del tratamiento ha hecho públicos en Internet datos personales de un interesado y se dan las circunstancias para tener que suprimirlos?

Que el responsable del tratamiento, teniendo en cuenta la tecnología disponible y el coste de su aplicación, adoptará medidas razonables, incluidas medidas técnicas, con miras a informar a los responsables del tratamiento que estén tratando tales datos personales que supriman todo enlace a ellos, o las copias o réplicas de tales datos.

142. ¿Puede ejercer el derecho de supresión un adulto de unos datos cuyo tratamiento se basó en su consentimiento cuando era un niño?

Sí, ya que un niño no es plenamente consciente de los riesgos que implica el tratamiento, por tanto, si más tarde quiere suprimirlos, especialmente en Internet, debe poder ejercer este derecho, aunque ya no sea un niño.

143. ¿El derecho de supresión es ilimitado?

No, aunque se den las circunstancias contempladas en los artículos. 17.1 y 17.2 del RGPD, puede ser factible no proceder a la supresión cuando el tratamiento sea necesario:

• Para el ejercicio de la libertad de expresión e información.

• Para el cumplimiento de una obligación legal.

• Para el cumplimiento de una misión realizada en interés público o en el ejercicio de poderes públicos conferidos al responsable.

• Por razones de interés público, en el ámbito de la salud pública.

• Con fines de archivo de interés público, fines de investigación científica o histórica o fines estadísticos.

• Para la formulación, el ejercicio o la defensa de reclamaciones.

144. ¿Si el responsable del tratamiento ha cedido datos, debe comunicar a los destinatarios cualquier obligación de supresión de los mismos?

El responsable del tratamiento comunicará cualquier supresión de datos personales a cada uno de los destinatarios a los que se hayan comunicado los datos personales, salvo que sea imposible o exija un esfuerzo desproporcionado. El responsable informará al interesado acerca de dichos destinatarios, si este así lo solicita.

3.6. DERECHO A LA LIMITACIÓN DEL TRATAMIENTO (art. 18 RGPD y 16 LOPDGDD)

145. ¿En qué consiste la limitación del tratamiento de datos personales?

En el marcado de los datos personales conservados con el fin de limitar su tratamiento en el futuro.

146. ¿Qué métodos podemos emplear para limitar un tratamiento de datos personales?

Entre los métodos para limitar el tratamiento de datos personales cabría incluir los consistentes en:

• Trasladar temporalmente los datos seleccionados a otro sistema de tratamiento.

• Impedir el acceso de usuarios a los datos personales seleccionados.

• Retirar temporalmente los datos publicados de un sitio Internet.

En los ficheros automatizados la limitación del tratamiento debe realizarse, en principio, por medios técnicos, de forma que los datos personales no sean objeto de operaciones de tratamiento ulterior ni puedan modificarse.

147. ¿Se debe informar al personal autorizado al tratamiento de la limitación del mismo?

Sí, el hecho de que el tratamiento de los datos personales esté limitado debe indicarse claramente en el sistema.

148. ¿En qué consiste el derecho de limitación del tratamiento?

Consiste en que el interesado obtenga la limitación del tratamiento de sus datos que realiza el responsable.

149. ¿Se tiene que atender el ejercicio del derecho de limitación del tratamiento en cualquier situación?

No, solo cuando se cumpla alguna de las condiciones siguientes:

• Cuando el interesado impugne la exactitud de sus datos personales, durante un plazo que permita al responsable su verificación.

• Cuando el tratamiento sea ilícito y el interesado se ha opuesto a la supresión de sus datos y en su lugar solicita la limitación de su uso.

• Cuando el responsable ya no necesite los datos personales para los fines del tratamiento, pero el interesado los necesite para la formulación, el ejercicio o la defensa de reclamaciones.

• Cuando el interesado se oponga al tratamiento de sus datos personales que el responsable realiza en base al interés legítimo o misión de interés público, mientras aquel verifica si estos motivos prevalecen sobre los del interesado.

150. Una vez limitado el tratamiento, ante el ejercicio del derecho del interesado ¿hay alguna situación en la que se puedan tratar los datos?

Cuando el tratamiento de datos personales se haya limitado en virtud del ejercicio del derecho por su titular, dichos datos solo podrán ser objeto de tratamiento cuando se cumpla alguna de las condiciones siguientes:

- Para su conservación.
- Con el consentimiento del interesado.
- Para la formulación, el ejercicio o la defensa de reclamaciones.
- Con miras a la protección de los derechos de otra persona física o jurídica.
- Por razones de interés público importante de la Unión o de un determinado Estado miembro.

151. ¿Cómo debe proceder el responsable una vez levente la limitación del tratamiento, con respecto al titular de los datos?

Todo interesado que haya obtenido la limitación del tratamiento será informado por el responsable antes del levantamiento de dicha limitación.

152. ¿Si el responsable del tratamiento ha cedido datos a, debe comunicar a estos destinatarios cualquier limitación del tratamiento de los mismos?

Sí, el responsable del tratamiento comunicará cualquier limitación del tratamiento a cada uno de los destinatarios a los que se hayan comunicado los datos personales, salvo que sea imposible o exija un esfuerzo desproporcionado. El responsable informará al interesado acerca de dichos destinatarios, si este así lo solicita.

3.7. DERECHO A LA PORTABILIDAD DE LOS DATOS[4] (art. 20 RGPD y 17 LOPDGDD)

153. ¿En qué consiste la portabilidad de datos personales?

Que los datos que un interesado haya facilitado a un responsable del tratamiento, los reciba él directamente o cualquier otro responsable

4. Ver capítulo 4 apartado 4.1.5. Derecho a la portabilidad en servicios de redes sociales y servicios equivalentes

que el determine, cuando sea técnicamente posible, en un formato estructurado, de uso común y lectura mecánica.

154. ¿En qué consiste el derecho a la portabilidad de los datos?

Es el derecho del interesado a recibir sus datos personales, que haya facilitado a un responsable del tratamiento, en un formato estructurado, de uso común y lectura mecánica, y a transmitirlos a otro responsable del tratamiento, cuando sea técnicamente posible, sin que lo impida el responsable al que se los hubiera facilitado. Este derecho está estrechamente relacionado con el derecho de acceso, aunque diferente de este en muchos aspectos.

155. ¿Cuándo es de aplicación el derecho de portabilidad?

Este derecho solo se aplicará cuando el tratamiento:

- Esté basado en el consentimiento o en la ejecución de un contrato, y
- Se efectúe por medios automatizados.

156. ¿La portabilidad de los datos conlleva su supresión automática?

No, un interesado puede seguir usando el servicio del responsable del tratamiento y beneficiándose de él incluso después de una operación de portabilidad de datos. La portabilidad de los datos no conlleva su supresión automática de los sistemas del responsable del tratamiento, ni afecta al periodo de retención original aplicable a los datos que se han transmitido. El interesado puede ejercer sus derechos en tanto el responsable de los datos siga tratándolos.

El ejercicio del derecho de portabilidad se entenderá sin perjuicio del derecho del interesado a obtener sin dilación indebida del responsable del tratamiento la supresión de sus datos personales cuando concurra alguna de las circunstancias contempladas en el artículo 17.1 del RGPD.

Este derecho no afectará negativamente a los derechos y libertades de otros.

157. ¿Qué datos personales deben incluirse en una solicitud de portabilidad de datos?

Para estar encuadrados en el ámbito del derecho a la portabilidad de los datos, deben ser datos personales:

- que incumban al interesado,
- que haya facilitado el interesado, y
- que no afecten negativamente a los derechos y libertades de otros.

158. ¿Cuál es el objetivo principal del derecho a la portabilidad?

La finalidad de este derecho es reforzar aún más el control de los datos personales por parte del interesado, faculta a los mismos con respecto a sus propios datos personales, ya que mejora su capacidad de trasladar, copiar o transmitir datos personales fácilmente de un entorno informático a otro (ya sea a sus propios sistemas, a los sistemas de terceros o a los de otros responsables del tratamiento).

3.8. DERECHO DE OPOSICIÓN (art. 21 RGPD y 18 LOPDGDD)

159. ¿En qué consiste el derecho de oposición?

En que el interesado puede oponerse a que el responsable realice un tratamiento de sus datos personales.

160. ¿En qué casos tiene un interesado derecho a oponerse al tratamiento de sus datos personales?

Cuando el tratamiento cumpla alguna de las condiciones siguientes:

- Esté basado en una misión de interés público o en el interés legítimo del responsable o un tercero, incluida la elaboración de perfiles.
- Tenga fines de:
  - Mercadotecnia directa, incluida la elaboración de perfiles en la medida en que esté relacionada con la citada mercadotecnia, ya sea con respecto a un tratamiento inicial o ulterior, y ello en cualquier momento y sin coste alguno.
  - Investigación científica o histórica o fines estadísticos de conformidad con el RGPD, salvo que sea necesario para el cumplimiento de una misión realizada por razones de interés público.

En el contexto de la utilización de servicios de la sociedad de la información, y no obstante lo dispuesto en la Directiva 2002/58/CE, el interesado podrá ejercer su derecho a oponerse por medios automatizados que apliquen especificaciones técnicas

161. En un tratamiento en el que un interesado tenga derecho a oponerse al tratamiento de sus datos personales y lo ejerza, ¿cómo debe proceder el responsable?

Dejando de tratar los datos, salvo que acredite motivos imperiosos que prevalezcan sobre los intereses, derechos y libertades del interesado, o para la formulación, el ejercicio o la defensa de reclamaciones. Debe ser el responsable el que demuestre que sus intereses legítimos imperiosos prevalecen sobre los intereses o los derechos y libertades fundamentales del interesado.

Cuando el interesado se oponga al tratamiento de sus datos con fines de mercadotecnia directa, los datos personales dejarán de ser tratados para dichos fines.

162. ¿Cuándo se debe informar al interesado sobre su derecho a oponerse al tratamiento?

A más tardar en el momento de la primera comunicación con él, la posibilidad de ejercer este derecho debe ser mencionado explícitamente al interesado y será presentado claramente y al margen de cualquier otra información.

3.9. DERECHO A NO SER OBJETO DE DECISIONES INDIVIDUALES AUTOMATIZADAS (art. 22 RGPD y 18 LOPDGDD)

163. ¿Qué es una elaboración de perfiles?

Es toda forma de tratamiento automatizado de datos personales consistente en utilizar los mismos para evaluar determinados aspectos personales de una persona física, en particular para analizar o predecir aspectos relativos al rendimiento profesional, situación económica, salud, preferencias personales, intereses, fiabilidad, comportamiento, ubicación o movimientos de dicha persona física.

164. ¿Qué es un tratamiento automatizado de datos personales?

Es la operación, operaciones, acción o acciones que se llevan a cabo sobre datos personales o conjuntos de datos personales empleando medios electrónicos.

165. ¿Qué es una decisión automatizada?

Es una solución tecnológica que permite la obtención de ciertos resultados y la toma de decisiones sobre personas físicas sin intervención humana, incluso sin necesidad de elaborar perfiles

166. Conforme al RGPD, ¿se debe informar si se llevan a cabo decisiones automatizadas a la persona sobre la que se realizan?

Sí, conforme los artículos 13.2.f) y/o 14.2.g) y 22 del RGPD, cuando una decisión automatizada, incluida la elaboración de perfiles, suponga consecuencias jurídicas para el interesado o le afecte significativamente de modo similar, el responsable del tratamiento deberá informarle de:

• Lógica aplicada

– Descripción significativa sobre la lógica aplicada para tomar la decisión. No es necesario una compleja explicación de los algoritmos utilizados o la revelación de todo el algoritmo, pero sí una información suficientemente exhaustiva para que el interesado entienda los motivos de la decisión.

• Consecuencias previstas para el interesado

– Se debe informar de las consecuencias previstas por la decisión automatizada para el interesado. Algunos ejemplos podrían ser, que la decisión pueda:

· Suponer la cancelación de un contrato

· Suponer el derecho o la denegación de una prestación concedida por la ley, como la prestación por hijos o la ayuda a la vivienda

· Suponer la denegación de admisión en un país o la denegación de ciudadanía

· Afectar a las circunstancias financieras de una persona, como su elegibilidad para un crédito

· Afectar al acceso de una persona a los servicios sanitarios

· Suponer que denieguen a una persona una oportunidad laboral o que la coloquen en gran desventaja

· Afectar al acceso de una persona a la educación, por ejemplo, su ingreso en la universidad

· Provocar diferencias de precios sobre la base de datos o características personales, por ejemplo, precios muy elevados que impidan que una persona acceda a determinados bienes o servicios

Teniendo en cuenta el principio básico de transparencia que sustenta el RGPD, los responsables del tratamiento cuando el tratamiento implique la toma de decisiones basada en la elaboración de perfiles, independientemente de si suponen o no consecuencias jurídicas para el interesado o le afecte significativamente de modo similar, debe informarse al usuario el hecho de que el tratamiento tiene fines tanto de elaboración de perfiles como de adopción de una decisión sobre la base del perfil generado.

167. ¿Qué significa información significativa sobre la lógica aplicada?

El crecimiento y la complejidad del aprendizaje automático pueden hacer que resulte difícil entender cómo funciona un proceso de decisiones automatizadas o de elaboración de perfiles.

El responsable del tratamiento debe hallar formas sencillas de informar al interesado acerca de la lógica aplicada o los criterios utilizados para llegar a la decisión, no necesariamente una compleja explicación de los algoritmos utilizados o la revelación de todo el algoritmo. No obstante, la información facilitada debe ser suficientemente exhaustiva para que el interesado entienda los motivos de la decisión.

168. ¿Qué significa que produzca efectos jurídicos en esa persona o le afecte significativamente de modo similar?

Efectos jurídicos para el interesado, quiere decir que afecte a sus derechos o a su esfera jurídica, como, por ejemplo, la denegación de subvenciones públicas, la entrada a un país, la cancelación de un contrato, etc.

Le afecte significativamente de modo similar, quiere decir que produzcan una consecuencia tan relevante para el interesado como la jurídica, como, por ejemplo, la desestimación en un proceso de selección, la denegación de un crédito o seguro, o la aplicación de precios distintos a un mismo colectivo.

169. ¿Pueden elaborarse perfiles a través de las cookies?

Sí, las personas físicas pueden ser asociadas a identificadores en línea facilitados por sus dispositivos, aplicaciones, herramientas y protocolos, como direcciones de los protocolos de Internet, identificadores de sesión en forma de cookies u otros identificadores, como etiquetas de identificación por radiofrecuencia. Esto puede dejar huellas que, en particular, al ser combinadas con identificadores únicos y otros datos recibidos por los servidores, pueden ser utilizadas para elaborar perfiles de las personas físicas e identificarlas.

170. ¿En qué consiste el derecho a no ser objeto de una decisión automatizada?

El art. 22.1 RGPD, establece una prohibición general de las decisiones automatizadas, incluida la elaboración de perfiles, con efectos jurídicos o significativamente similares para el interesado, esto significa que el responsable del tratamiento no debe llevarlas a cabo, salvo que se aplique una de las excepciones descritas en el art. 22.2 RGPD.

Por tanto, el derecho a no ser objeto de la misma significa que la persona sobre la que se lleva a cabo puede oponerse a la misma siempre que le produzca efectos jurídicos o le afecte significativamente de modo similar.

171. ¿Es siempre de aplicación el derecho a no ser objeto de una decisión automatizada que produzca efectos jurídicos en el interesado?

No, este derecho no es de aplicación cuando la decisión automatizada:

- Sea necesaria para la ejecución de un contrato entre el interesado y el responsable, en este caso el responsable debe garantizar el derecho del interesado a obtener la intervención humana, expresar su punto de vista e impugnar la decisión, se debe incluir este derecho en la información que se facilite al interesado.

• Esté basada en el consentimiento explícito del interesado, el responsable debe garantizar el derecho del interesado a obtener la intervención humana, expresar su punto de vista e impugnar la decisión, se debe incluir este derecho en la información que se facilite al interesado.

• Esté autorizada por una ley que establezca medidas adecuadas para salvaguardar los derechos y libertades y los intereses legítimos del interesado.

Estas tres excepciones, no se basarán en categorías especiales de datos, salvo que se apliquen medidas adecuadas para salvaguardar los derechos y libertades y los intereses legítimos del interesado, y se den una de las siguientes condiciones:

• El interesado haya dado su consentimiento explícito para la decisión (art. 9.2.a RGPD).

• La decisión sea necesaria por razones de un interés público esencial, sobre la base de una ley (art. 9.2.g RGPD).

3.10. LIMITACIONES DE LOS DERECHOS (art. 23 RGPD)

172. ¿Puede un estado miembro limitar el alcance de los derechos conferidos por el RGPD a los interesados?

Sí, a través de medidas legislativas (Leyes, reales decretos ley, reales decretos, leyes autonómicas, decretos autonómicos, etc.), al igual que el alcance de la obligación de comunicar una brecha al interesado cuando suponga un riesgo alto, así como los principios del tratamiento en la medida en que sus disposiciones se correspondan con los derechos y obligaciones contemplados en los artículos 12 a 22 del RGPD, cuando tal limitación respete en lo esencial los derechos y libertades fundamentales y sea una medida necesaria y proporcionada en una sociedad democrática para salvaguardar:

• La seguridad del Estado.

• La defensa.

• La seguridad pública.

• La prevención, investigación, detección o enjuiciamiento de infracciones penales o la ejecución de sanciones penales, incluida la protección frente a amenazas a la seguridad pública y su prevención.

• Otros objetivos importantes de interés público general de la Unión o de un Estado miembro, en particular un interés económico o financiero importante de la Unión o de un Estado miembro, inclusive en los ámbitos fiscal, presupuestario y monetario, la sanidad pública y la seguridad social.

• La protección de la independencia judicial y de los procedimientos judiciales.

• La prevención, la investigación, la detección y el enjuiciamiento de infracciones de normas deontológicas en las profesiones reguladas;

• Una función de supervisión, inspección o reglamentación vinculada, incluso ocasionalmente, con el ejercicio de la autoridad pública en los casos contemplados en las letras a) a e) y g);

• La protección del interesado o de los derechos y libertades de otros;

• La ejecución de demandas civiles.

En particular, la medida legislativa contendrá como mínimo, en su caso, disposiciones específicas relativas a:

• La finalidad del tratamiento o de las categorías de tratamiento.

• Las categorías de datos personales de que se trate.

• El alcance de las limitaciones establecidas.

• Las garantías para evitar accesos o transferencias ilícitos o abusivos.

• La determinación del responsable o de categorías de responsables.

• Los plazos de conservación y las garantías aplicables habida cuenta de la naturaleza, alcance y objetivos del tratamiento o las categorías de tratamiento.

• Los riesgos para los derechos y libertades de los interesados, y

• El derecho de los interesados a ser informados sobre la limitación, salvo si puede ser perjudicial a los fines de esta.

3.11. PERSONAS FALLECIDAS[5] (art. 3 LOPDGDD)

173. ¿Qué derechos se pueden ejercer sobre los datos personales de personas fallecidas?

En España, la LOPDGDD permite el ejercicio de los derechos de acceso, y si fuese el caso de rectificación o supresión de los datos de personas fallecidas.

174. ¿Quién puede solicitar el ejercicio de los derechos sobre los datos personales de personas fallecidas?

Pueden solicitarlo:

• Personas vinculadas al fallecido por razones familiares o de hecho, así como sus herederos, salvo cuando la persona fallecida lo hubiese prohibido expresamente o así lo establezca una ley. Dicha prohibición no afectará al derecho de los herederos a acceder a los datos de carácter patrimonial del causante.

• Personas o instituciones a las que el fallecido hubiese designado expresamente para ello con arreglo a las instrucciones recibidas.

Mediante real decreto se establecerán los requisitos y condiciones para acreditar la validez y vigencia de estos mandatos e instrucciones y, en su caso, el registro de los mismos.

175. ¿Quién puede solicitar el ejercicio de los derechos sobre los datos personales de personas fallecidas menores de edad?

Además de las personas e instituciones que pueden solicitarlo para cualquier persona fallecida ni menor ni discapacitada, en el caso de las personas menores fallecidas pueden solicitarlo también:

5. Ver capítulo 4 apartado 4.1.6. Derecho al testamento digital.

• Sus representantes legales.

• El Ministerio Fiscal, en el marco de sus competencias, que podrá actuar:

- De oficio, o
- A instancia de cualquier persona física o jurídica interesada.

176. ¿Quién puede solicitar el ejercicio de los derechos sobre los datos personales de personas con discapacidad fallecidas?

Además de las personas e instituciones que pueden solicitarlo para cualquier persona fallecida ni menor ni discapacitada, en el caso de las personas discapacitadas fallecidas pueden solicitarlo también:

• Sus representantes legales.

• El Ministerio Fiscal, en el marco de sus competencias, que podrá actuar:

- De oficio, o
- A instancia de cualquier persona física o jurídica interesada

• Quienes hubiesen sido designados para el ejercicio de funciones de apoyo, si tales facultades se entendieran comprendidas en las medidas de apoyo prestadas por el designado.

3.12. RECURSOS Y RESPONSABILIDADES

3.12.1. Derecho a presentar una reclamación ante una autoridad de control (art. 77 RGPD)

177. ¿Puede cualquier interesado presentar una reclamación ante una autoridad de control?

Sí, siempre que considere que el tratamiento de sus datos personales infringe el RGPD.

178. ¿En qué autoridad de control puede presentar el interesado una reclamación?

En cualquiera, pero en particular en el Estado miembro en el que tenga su residencia habitual, lugar de trabajo o lugar de la supuesta infracción.

179. ¿La presentación de la reclamación ante la autoridad de control implica que no pueda emprender ninguna otra acción?

No, independientemente de la reclamación a la autoridad de control, puede interponer cualquier otro recurso administrativo o acción judicial.

180. ¿La autoridad de control debe informar al reclamante sobre el curso de y resultado de la reclamación?

Sí, informándole incluso sobre otro derecho que tiene conforme al RGPD a la tutela judicial.

3.12.2. Derecho a la tutela judicial efectiva contra una autoridad de control (art. 78 RGPD)

181. ¿Qué es la tutela judicial efectiva?

Es el derecho que tiene toda persona a ejercitar la defensa de sus intereses legítimos ante la Justicia, con la correspondiente intervención de los órganos judiciales. Cuando una persona considera que se han vulnerado sus derechos, puede recurrir a los tribunales para que analicen la situación y, si es pertinente, le restituyan en sus derechos o reparen los daños sufridos de la manera en que indique la ley.

182. ¿El derecho a la tutela judicial efectiva es un derecho fundamental?

Sí, es un derecho fundamental de los ciudadanos españoles recogido en la Constitución Española (CE). "Todas las personas tienen derecho a obtener la tutela efectiva de los jueces y tribunales en el ejercicio de sus derechos e intereses legítimos, sin que, en ningún caso, pueda producirse indefensión", (art. 24.1 CE).

183. ¿En qué consiste el derecho a la tutela judicial efectiva contra una autoridad de control?

En que toda persona física o jurídica tendrá derecho a la tutela judicial efectiva contra una decisión jurídicamente vinculante de una autoridad de control que le concierna.

184. ¿El ejercicio del derecho a la tutela judicial efectiva contra una autoridad de control implica que no pueda emprender ninguna otra acción?

No, independientemente, puede emprender cualquier otro recurso administrativo o extrajudicial.

185. ¿Cualquier persona física que presente una reclamación ante una autoridad de control y esta no dé curso a la misma o no informe al reclamante en el plazo de tres meses sobre el curso o el resultado de la reclamación, tendrá derecho a la tutela judicial efectiva?

Sí, y sin perjuicio de cualquier otro recurso administrativo o extrajudicial que pueda emprender.

186. ¿Ante qué tribunales deben ejercerse las acciones contra una autoridad de control?

Ante los tribunales del Estado miembro en que esté establecida la misma.

187. Cuando se ejerciten acciones contra una decisión de una autoridad de control que haya sido precedida de un dictamen o una decisión del Comité en el marco del mecanismo de coherencia, ¿Cómo debe proceder la autoridad de control reclamada?

Remitiendo al tribunal dicho dictamen o decisión.

3.12.3. Derecho a la tutela judicial efectiva contra un responsable o encargado del tratamiento (art. 79 RGPD)

188. ¿En qué consiste el derecho a la tutela judicial efectiva contra un responsable o encargado del tratamiento?

En que toda persona física tendrá derecho a la tutela judicial efectiva cuando considere que sus derechos en virtud del RGPD han sido vulnerados como consecuencia de un tratamiento de sus datos personales.

189. ¿El ejercicio del derecho a la tutela judicial efectiva contra un responsable o encargado del tratamiento implica que no pueda emprender ninguna otra acción?

No, independientemente, puede interponer recursos administrativos o extrajudiciales, incluido el derecho a presentar una reclamación ante una autoridad de control.

190. ¿Ante qué tribunales deben ejercerse las acciones contra un responsable o encargado del tratamiento?

Ante los tribunales del Estado miembro en el que el responsable o encargado tenga un establecimiento. Alternativamente, ante los tribunales del Estado miembro en que el interesado tenga su residencia habitual, a menos que el responsable o el encargado sea una autoridad pública de un Estado miembro que actúe en ejercicio de sus poderes públicos.

3.12.4. Representación de los interesados (art. 80 RGPD)

191. ¿Puede un interesado delegar en una entidad el ejercicio de sus derechos a reclamar ante una autoridad de control, a la tutela judicial efectiva y a indemnización?

Sí, tendrá derecho a dar mandato a una entidad para que ejerza en su nombre estos derechos.

192. ¿Puede delegar el ejercicio de estos derechos en cualquier entidad?

No, la entidad que le represente tiene que ser una entidad, organización o asociación:

- Sin ánimo de lucro.
- Constituida con arreglo al Derecho de un Estado miembro.
- Tenga objetivos estatutarios que sean de interés público. Y
- Actúe en el ámbito de la protección de los datos personales.

Además, si la delegación es para ejercer el derecho a recibir una indemnización, debe estar así establecido en el Derecho del Estado miembro.

193. ¿Puede una entidad que cumpla con los requisitos enumerados en la pregunta anterior y con independencia del mandato del

interesado ejercer los derechos a reclamar ante una autoridad de control, a la tutela judicial efectiva y a indemnización?

Sí, puede ejercer los derechos a reclamar ante una autoridad de control, a la tutela judicial efectiva, pero no el de recibir una indemnización. Siempre que:

- Así lo disponga un estado miembro.

- Considere que los derechos del interesado con arreglo al presente Reglamento han sido vulnerados como consecuencia de un tratamiento.

3.12.5. Derecho a indemnización y responsabilidad (art. 82 RGPD)

194. ¿En qué consiste el derecho a indemnización y responsabilidad?

En que toda persona que haya sufrido daños y perjuicios materiales o inmateriales como consecuencia de una infracción del RGPD tendrá derecho a recibir del responsable o el encargado del tratamiento una indemnización por los daños y perjuicios sufridos, si demuestra que es responsable del hecho que haya causado los daños y perjuicios.

Un encargado únicamente responderá de los daños y perjuicios causados por el tratamiento cuando no haya cumplido con las obligaciones del RGPD dirigidas específicamente a los encargados o haya actuado al margen o en contra de las instrucciones legales del responsable.

195. Cuando un responsable y un encargado hayan participado en la misma operación de tratamiento y sean responsables de cualquier daño o perjuicio causado por dicho tratamiento, ¿cómo se valora la responsabilidad de cada uno en los daños?

En ese caso cada responsable o encargado será considerado responsable de todos los daños y perjuicios, a fin de garantizar la indemnización efectiva al interesado.

196. ¿Qué ocurre cuando un responsable o encargado del tratamiento pague una indemnización total por el perjuicio ocasionado?

Que dicho responsable o encargado tendrá derecho a reclamar a los demás responsables o encargados que hayan participado en esa misma actividad de tratamiento la parte de la indemnización correspondiente a su parte de responsabilidad por los daños y perjuicios causados.

197. ¿Ante qué tribunales deben emprenderse las acciones judiciales en ejercicio del derecho a indemnización?

Ante los tribunales del Estado miembro en el que el responsable o encargado tenga un establecimiento. Alternativamente, tales acciones podrán ejercitarse ante los tribunales del Estado miembro en que el interesado tenga su residencia habitual, a menos que el responsable o el encargado sea una autoridad pública de un Estado miembro que actúe en ejercicio de sus poderes públicos.

Capítulo 4

DERECHOS DIGITALES

4.1. DERECHOS DIGITALES VINCULADOS CON LOS DERECHOS RGPD

4.1.1. Derecho de rectificación en Internet (art. 85 LOPDGDD)

198. ¿En qué consiste el derecho de rectificación en Internet?

Ante el derecho a la libertad de expresión en Internet establecido por la LOPDGDD, y ya reconocido por el art. 20 de la Constitución Española y el art. 20 del Convenio Europeo de Derechos Humanos, toda persona física o jurídica tiene derecho de rectificación de los contenidos publicados sobre ella en Internet.

Consiste en el derecho de cualquier persona física o jurídica frente a los usuarios (terceros internautas, usuarios de la red social, etc.) a rectificar la información difundida, por cualquier medio de comunicación social, de hechos que le aludan, que considere inexactos y cuya divulgación pueda causarle perjuicio, es decir, contenidos que pudieran atentar contra su derecho al honor, la intimidad personal y familiar en Internet y el derecho a comunicar o recibir libremente información veraz, atendiendo a los requisitos y procedimientos previstos en la Ley Orgánica 2/1984, de 26 de marzo, reguladora del derecho de rectificación.

199. ¿Es igual el derecho de rectificación en Internet que el derecho de rectificación del art. 16 RGPD?

No exactamente:

• El derecho de rectificación del art. 16 RGPD es un derecho solo de personas físicas, el de rectificación de Internet se les confiere también a personas jurídicas.

• El derecho de rectificación del art. 16 RGPD se ejerce ante el responsable del tratamiento, el de rectificación de Internet se ejerce frente a los usuarios, si bien, el afectado deberá dirigirse al responsable de la red social o plataforma equivalente, a fin de que, atendiendo a los protocolos que tengan establecidos, determinen si se han vulnerado los derechos del solicitante

200. ¿Cómo y en qué plazo se ejerce el derecho de rectificación en Internet?

Mediante la remisión de escrito de rectificación al director del medio de comunicación dentro de los 7 días naturales siguientes al de publicación o difusión de la información que se desea rectificar, de forma tal que permita tener constancias de su fecha y de su recepción. La rectificación deberá limitarse a los hechos de la información que se desea rectificar. Su extensión no excederá sustancialmente de la de ésta, salvo que sea absolutamente necesario.

201. ¿Cómo debe actuar el medio al que se dirija una solicitud de ejercicio del derecho de rectificación en Internet?

El director del medio de comunicación social está obligado a publicar o difundir íntegramente la rectificación, dentro de los tres días siguientes al de su recepción, con relevancia semejante a aquella en que se publicó o difundió la información que se rectifica, sin comentarios ni apostillas.

En relación con los medios de comunicación digitales, cuando estos deban atender la solicitud de rectificación formulada contra ellos deberán proceder a la publicación en sus archivos digitales de un aviso aclaratorio que ponga de manifiesto que la noticia original no refleja la situación actual del individuo. Dicho aviso deberá aparecer en lugar visible junto con la información original.

4.1.2. Derecho a la actualización de informaciones en medios de comunicación digitales (art. 86 LOPDGDD)

202. ¿En qué consiste el derecho a la actualización de informaciones en medios de comunicación digitales?

Este derecho consiste en la posibilidad de que la persona interesada solicite, de forma razonada, la inclusión de un aviso de actualización "suficientemente visible" junto a las noticias que le afecten y que no reflejen la situación actual como resultado de circunstancias que hubieran tenido lugar después de su publicación, causándole un perjuicio.

En particular, procederá la inclusión de dicho aviso cuando las informaciones originales se refieran a actuaciones policiales o judiciales que se hayan visto afectadas en beneficio del interesado como consecuencia de decisiones judiciales posteriores (por ejemplo, cuando la sentencia firme que refiere los hechos publicados resulta absolutoria). En este caso, el aviso hará referencia a la decisión posterior, es decir, a la resolución que se trate.

203. ¿Cómo y en qué plazo se ejerce el derecho a la actualización de informaciones en medios de comunicación digitales?

Podría ejercerse en cualquier momento, a diferencia de lo que ocurre con el derecho de rectificación (sometido a un plazo para su ejercicio, 7 días naturales desde la publicación) y frente a cualquier noticia publicada en un medio digital, no teniendo que ser errónea o incorrecta.

4.1.3. Derecho al olvido en búsquedas de Internet (art. 93 LOPDGDD)

204. ¿En qué consiste el derecho al olvido en búsquedas de Internet?

En que el afectado pueda solicitar que los motores de búsqueda en Internet eliminen de las listas de resultados que se obtuvieran tras una búsqueda efectuada a partir de su nombre los enlaces publicados que contuvieran información relativa a esa persona.

205. ¿Cuándo se reconoce el derecho al olvido en búsquedas de Internet al usuario?

Solo cuando los enlaces publicados que contuvieran información relativa a esa persona:

• Fuesen inadecuados, inexactos, no pertinentes, no actualizados o excesivos o hubieren devenido como tales por el transcurso del tiempo, teniendo en cuenta los fines para los que se recogieron o trataron, el tiempo transcurrido y la naturaleza e interés público de la información.

• Las circunstancias personales que en su caso invocase el afectado evidenciasen la prevalencia de sus derechos sobre el mantenimiento de los enlaces por el servicio de búsqueda en Internet.

Este derecho subsistirá incluso aunque fuera lícita la conservación de la información publicada en el sitio web al que se dirigiera el enlace y no se procediese por la misma a su borrado previo o simultáneo. Es decir, procede la eliminación de los datos en los resultados del buscador aun cuando la información se mantuviera en la página de origen, a la que han indexado los propios buscadores.

206. ¿El ejercicio del derecho al olvido en búsquedas de Internet impide el acceso a la información publicada en el sitio web a través de la utilización de otros criterios de búsqueda distintos del nombre del afectado?

No, el derecho a que los motores de búsqueda en Internet eliminen de las listas de resultados que se obtuvieran tras una búsqueda, se limita a que la misma se haya efectuado a partir del nombre del afectado. El ejercicio de este derecho no impedirá el acceso a la información publicada en el sitio web a través de la utilización de otros criterios de búsqueda distintos del nombre del afectado.

4.1.4. Derecho al olvido en servicios de RRSS y servicios equivalentes (art. 94 LOPDGDD)

207. ¿En qué consiste el derecho al olvido en servicios de RRSS y servicios equivalentes?

En que toda persona tiene derecho a que sean suprimidos, a su simple solicitud, los datos personales que hubiese facilitado para su publicación por servicios de redes sociales y servicios de la sociedad de la información equivalentes.

208. ¿Cuándo se reconoce el derecho al olvido en servicios de RRSS y servicios equivalentes al usuario?

• A su simple solicitud, los datos personales que hubiese facilitado para su publicación por servicios de redes sociales y servicios de la sociedad de la información equivalentes.

• Cuando sus datos personales que hubiesen sido facilitados por terceros (salvo que hubiesen sido facilitados por personas físicas en el ejercicio de actividades personales o domésticas) para su publicación por los servicios de redes sociales y servicios de la sociedad de la información equivalentes cuando:

- Fuesen inadecuados, inexactos, no pertinentes, no actualizados o excesivos o hubieren devenido como tales por el transcurso del tiempo, teniendo en cuenta los fines para los que se recogieron o trataron, el tiempo transcurrido y la naturaleza e interés público de la información.

- Las circunstancias personales que en su caso invocase el afectado evidenciasen la prevalencia de sus derechos sobre el mantenimiento de los datos por el servicio.

209. ¿Qué establece la LOPDGDD respecto al derecho al olvido con servicios de redes sociales y equivalentes en el caso de menores?

Se establece la posibilidad de ejercerlo en relación con servicios de redes sociales y equivalentes respecto a cualquier información publicada en los mismos por el propio interesado o por un tercero durante la minoría de edad de aquél, sin ningún condicionante o restricción.

4.1.5. Derecho a la portabilidad en servicios de RRSS y servicios equivalentes (art. 95 LOPDGDD)

210. ¿En qué consiste el derecho a la portabilidad en servicios de RRSS y servicios equivalentes?

En que los usuarios de estos servicios tendrán derecho a recibir y transmitir los contenidos que hubieran facilitado a los prestadores de dichos servicios, así como a que los prestadores los transmitan directamente a otro prestador designado por el usuario, siempre que sea técnicamente posible.

211. ¿Cuándo una persona ejerza su derecho a la portabilidad en servicios de RRSS y servicios equivalentes, el prestador puede conservar copia de esos contenidos?

Sí, pero sin difundirla a través de Internet, y siempre que dicha conservación sea necesaria para el cumplimiento de una obligación legal.

4.1.6. Derecho al testamento digital (art. 96 LOPDGDD)

212. ¿Qué es el testamento digital?

Se podría definir como un documento en el que identificamos y detallamos todos aquellos recursos o contextos digitales (cuentas de correo, perfiles en RRSS, webs o blogs personales, información en servicios en la nube, contenido de un disco duro, etc.) en los que hemos incluido nuestra información personal, así como qué queremos hacer con dicha información, suprimirla, conservarla o cederla a una persona de confianza.

213. ¿En qué consiste el derecho al testamento digital?

En que toda persona tiene derecho al mismo, es decir toda persona tiene derecho a tener la posibilidad de decidir qué hacer con la huella digital que ha ido creando a su paso por Internet a lo largo de los años, es decir el rastro de contenidos personales que ha ido dejando a medida que ha hecho uso de distintos recursos o contextos digitales (RRSS, email, etc.).

214. ¿Cómo se debe llevar a cabo el acceso a contenidos gestionados por prestadores de servicios de la sociedad de la información sobre personas fallecidas?

Teniendo en cuenta las siguientes reglas:

• Las personas vinculadas al fallecido por razones familiares o de hecho, así como sus herederos podrán dirigirse a los prestadores de servicios de la sociedad de la información al objeto de acceder a dichos contenidos e impartirles las instrucciones que estimen oportunas sobre su utilización, destino o supresión, salvo cuando la persona fallecida lo hubiese prohibido expresamente o así lo establezca una ley. Dicha prohibición no afectará al derecho de los herederos a acceder a los contenidos que pudiesen formar parte del caudal relicto.

• El albacea testamentario, así como aquella persona o institución a la que el fallecido hubiese designado expresamente para ello también podrá solicitar, con arreglo a las instrucciones recibidas, el acceso a los contenidos con vistas a dar cumplimiento a tales instrucciones.

• En caso de personas fallecidas menores de edad, estas facultades podrán ejercerse también por sus representantes legales o, en el marco de sus competencias, por el Ministerio Fiscal, que podrá actuar de oficio o a instancia de cualquier persona física o jurídica interesada.

• En caso de fallecimiento de personas con discapacidad, estas facultades podrán ejercerse también, además de por quienes señala la letra anterior, por quienes hubiesen sido designados para el ejercicio de funciones de apoyo si tales facultades se entendieran comprendidas en las medidas de apoyo prestadas por el designado.

Las personas legitimadas en el apartado anterior podrán decidir acerca del mantenimiento o eliminación de los perfiles personales de personas fallecidas en redes sociales o servicios equivalentes, a menos que el fallecido hubiera decidido acerca de esta circunstancia, en cuyo caso se estará a sus instrucciones. El responsable del servicio al que se le comunique, la solicitud de eliminación del perfil deberá proceder sin dilación a la misma.

215. ¿Cómo se debe formalizar el testamento digital?

Mediante real decreto se establecerán los requisitos y condiciones para acreditar la validez y vigencia de los mandatos e instrucciones y, en su caso, el registro de los mismos, que podrá coincidir con el previsto en el artículo 3 de esta ley orgánica.

A expensas de lo que indique el real decreto correspondiente acerca de los requisitos y condiciones para acreditar la validez y vigencia de los mandatos e instrucciones y, en su caso, el registro de los mismos actualmente es habitual formalizar el testamento ante notario.

216. ¿Se regula igual el derecho al testamento digital en toda España?

En las comunidades autónomas con derecho civil, foral o especial propio, lo expuesto se regirá por lo establecido por estas dentro de su ámbito de aplicación.

4.2. DERECHOS DE ACCESO Y USO DE INTERNET

4.2.1. Introducción

217. ¿Qué son los derechos digitales?

Los derechos digitales son un conjunto de facultades que la LOPDGDD otorga a las personas, las cuales los pueden exigir en el empleo de los medios de la sociedad de la información.

La LOPDGDD establece que los derechos y libertades consagrados en la Constitución y en los Tratados y Convenios Internacionales en que España sea parte son plenamente aplicables en Internet. Los prestadores de servicios de la sociedad de la información y los proveedores de servicios de Internet contribuirán a garantizar su aplicación.

Por tanto, podríamos definirlos como una extensión de los derechos que recoge la Constitución Española, el Convenio Europeo de Derechos Humanos, la Carta de los Derechos Fundamentales de la Unión Europea, y los tratados y acuerdos internacionales sobre las mismas materias ratificados por España, pero en los entornos digitales. Es decir, aquellos que, en íntima conexión con ámbitos como la libertad de expresión y la privacidad, permiten a las personas físicas acceder, utilizar, crear y publicar en medios digitales, y utilizar cualquier dispositivo electrónico y redes de comunicación.

Son por tanto titulares de estos derechos digitales todas las personas por el hecho de serlo o que ostenten una determinada condición como menores o personas trabajadoras.

Además, estos derechos imponen obligaciones a los prestadores de servicios de la sociedad de la información y los proveedores de servicios de Internet a los que se les exige contribuir a garantizar su aplicación.

En la actualidad no existe un estándar universal de estos derechos, sino que cada país ha creado su propia carta de derechos digitales. España es uno de ellos.

218. ¿Qué es la carta de derechos digitales?

Es un documento que trata de perfilar los derechos fundamentales más relevantes en el entorno digital. En España, no posee carácter normativo, pero ofrece un marco de referencia para garantizar los derechos de la ciudadanía en la nueva realidad digital.

Su objetivo es:

• Reconocer los retos que plantea la adaptación de los derechos actuales al entorno digital.

• Reforzar los derechos de la ciudadanía.

• Generar certidumbre a la sociedad ante la nueva realidad digital aumentando su confianza ante los cambios que traen consigo las nuevas tecnologías.

Para ello, se estructura en seis categorías principales de derechos:

• Derechos de libertad.

• Derechos de igualdad.

• Derechos de participación y de conformación del espacio público.

• Derechos del entorno laboral y empresarial.

• Derechos digitales en entornos específicos.

• Derechos de garantías y eficacias.

Prácticamente todos los derechos recogidos en estos bloques son aspectos contemplados en la LOPDGDD y otras normas ya vigentes. Sin embargo, también añade algunos más novedosos como los relacionados con la inteligencia artificial, con la no discriminación algorítmica o el derecho al pseudonimato, por ejemplo.

219. ¿Qué es un servicio de la sociedad de la información?

Es cualquier servicio, con las siguientes características:

- Prestado normalmente a título oneroso, a distancia, por vía electrónica y a petición individual del destinatario.

- No remunerado por sus destinatarios, en la medida en que constituyan una actividad económica para el prestador de servicios.

Se entenderá por:

- "a distancia", prestado sin que las partes estén presentes simultáneamente,

- "por vía electrónica", enviado desde la fuente y recibido por el destinatario mediante equipos electrónicos de tratamiento (incluida la compresión digital) y de almacenamiento de datos y que se transmite, canaliza y recibe enteramente por hilos, radio, medios ópticos o cualquier otro medio electromagnético,

- "a petición individual de un destinatario de servicios", prestado mediante transmisión de datos a petición individual.

Son servicios de la sociedad de la información, entre otros y siempre que representen una actividad económica, los siguientes:

- La contratación de bienes o servicios por vía electrónica.

- La organización y gestión de subastas por medios electrónicos o de mercados y centros comerciales virtuales.

- La gestión de compras en la red por grupos de personas.

- El envío de comunicaciones comerciales.

- El suministro de información por vía telemática.

No tendrán la consideración de servicios de la sociedad de la información los que no reúnan las características señaladas y, en particular, los siguientes:

• Los servicios prestados por medio de telefonía vocal, fax o télex.

• El intercambio de información por medio de correo electrónico u otro medio de comunicación electrónica equivalente para fines ajenos a la actividad económica de quienes lo utilizan.

• Los servicios de radiodifusión televisiva (incluidos los servicios de cuasi vídeo a la carta), contemplados en el artículo 3.a de la Ley 25/1994, de 12 de julio, por la que se incorpora al ordenamiento jurídico español la Directiva 89/552/CEE, del Consejo, de 3 de octubre, sobre la coordinación de determinadas disposiciones legales, reglamentarias y administrativas de los Estados miembros relativas al ejercicio de actividades de radiodifusión televisiva, o cualquier otra que la sustituya.

• Los servicios de radiodifusión sonora, y

• El teletexto televisivo y otros servicios equivalentes como las guías electrónicas de programas ofrecidas a través de las plataformas televisivas.

220. Quién es el prestador de servicios o prestador?

Es la persona física o jurídica que proporciona un servicio de la sociedad de la información.

4.2.2. Derechos en la era digital (art. 79 LOPDGDD)

221. ¿A qué se refiere la LOPDGDD cuando habla de los derechos en la Era digital?

A que los derechos y libertades consagrados en la Constitución y en los Tratados y Convenios Internacionales en que España sea parte son plenamente aplicables en Internet. Los prestadores de servicios de la sociedad de la información y los proveedores de servicios de Internet contribuirán a garantizar su aplicación.

No obstante, el ámbito de aplicación objetivo, en ocasiones va más allá del propio entorno de Internet. Así, por ejemplo, hay referencias al derecho a la seguridad digital; educación digital; o el establecimiento de políticas de impulso de los derechos digitales.

4.2.3. Derecho a la neutralidad de Internet (art. 80 LOPDGDD)

222. ¿Qué es la neutralidad de Internet?

Se refiere a que los proveedores de servicios de Internet no deben bloquear o ralentizar el tráfico de sus redes en función del origen de sus usuarios, el destino al cual se va a entregar, la aplicación que se le va a dar, el tipo de contenido que se genere o el tipo de datos.

223. ¿En qué consiste el derecho a la neutralidad de Internet en el caso de las personas físicas?

En que los proveedores de servicios de Internet proporcionarán a todos los usuarios una oferta transparente de servicios sin discriminación por motivos técnicos o económicos.

4.2.4. Derecho de acceso universal a Internet (art. 81 LOPDGDD)

224. ¿Qué significa "acceso universal a Internet"?

El servicio universal es un conjunto de servicios básicos de comunicaciones electrónicas, en este caso el acceso a Internet, cuya prestación se garantiza a todos los usuarios que lo soliciten, independientemente de su localización geográfica, con una calidad especificada y a un precio asequible.

225. ¿En qué consiste el derecho de acceso universal a Internet?

Es el derecho de acceso a Internet reconocido a cualquier persona, con independencia de su condición personal, social, económica o geográfica, y que les garantiza el acceso universal, asequible, de calidad y no discriminatorio, específicamente en personas con diversidad funcional; y en entornos rurales, que de igual forma procurará superar la brecha de género (laboral y personal) y generacional (mediante acciones formativas).

4.2.5. Derecho a la seguridad digital (art. 82 LOPDGDD)

226. ¿Qué significa "seguridad digital"?

De manera general la podríamos definir como las diferentes formas de protección de la información en línea (incluida la personal -datos personales) para que no sea sustraída, alterada, cifrada, dañada o comprometida de cualquier forma, a través por ejemplo de:

- Firewalls.
- Antivirus.
- Cifrado de discos duros.
- Política de contraseñas seguras.
- Etc.

Y, aunque no es lo mismo que la ciberseguridad, si se relaciona con ella, ya que la seguridad digital protege la información y la ciberseguridad la infraestructura de los sistemas, sus redes físicas, sistemas informáticos y los datos almacenados del acceso no autorizado. Por tanto, la ciberseguridad sería parte de la seguridad digital, ya que su objetivo es proteger los equipos físicos, mientras la seguridad digital tiene como objetivo proteger la información almacenada o procesada en dichos dispositivos.

227. ¿En qué consiste el derecho a la seguridad digital?

Es un derecho que refuerza el derecho al secreto de las comunicaciones, establecido en el art. 18.3 de la Constitución y los art. 33 y 34 RGPD sobre notificación de brechas de seguridad. El derecho a la seguridad digital establece que los usuarios tienen derecho a la seguridad de las comunicaciones que transmitan y reciban a través de Internet y que los proveedores de servicios de Internet informen a los usuarios de sus derechos.

4.2.6. Políticas de impulso de los derechos digitales (art. 97 LOPDGDD)

228. ¿A qué se refiere la LOPDGDD cuando habla de políticas de impulso de los derechos digitales?

Se refiere a la obligación del Gobierno a:

- Elaborar un Plan de Acceso a Internet, en colaboración con las comunidades autónomas, con los objetivos siguientes:

  - Superar las brechas digitales y garantizar el acceso a Internet de colectivos vulnerables o con diversidad funcional y de entornos familiares y sociales económicamente desfavorecidos mediante, entre otras medidas, un bono social de acceso a Internet.

  - Impulsar la existencia de espacios de conexión de acceso público. Y

  - Fomentar medidas educativas que promuevan la formación en competencias y habilidades digitales básicas a personas y colectivos en riesgo de exclusión digital y la capacidad de todas las personas para realizar un uso autónomo y responsable de Internet y de las tecnologías digitales.

- Aprobar un Plan de Actuación dirigido a promover las acciones de formación, difusión y concienciación necesarias para lograr que los menores de edad hagan un uso equilibrado y responsable de los dispositivos digitales y de las redes sociales y de los servicios de la sociedad de la información equivalentes de Internet con la finalidad de garantizar su adecuado desarrollo de la personalidad y de preservar su dignidad y derechos fundamentales.

- Presentar un informe anual ante la comisión parlamentaria correspondiente del Congreso de los Diputados en el que se dará cuenta de la evolución de los derechos, garantías y mandatos contemplados en el Título X y de las medidas necesarias para promover su impulso y efectividad.

4.3. DERECHOS DE LOS MENORES EN INTERNET

4.3.1. Derecho a la educación digital (art. 83 LOPDGDD)

229. ¿Qué podemos entender por educación digital?

La podríamos definir como la estrategia educativa y formativa de adaptación a las nuevas necesidades de la sociedad de la información para mejorar el uso de las tecnologías de la información y de la comunicación, que permita desarrollar competencias digitales aplicadas al entorno educativo (docentes, alumnado, padres y madres).

230. ¿Qué entendemos por competencias digitales?

Podríamos definirlas como aquellas que implican el uso creativo, crítico y seguro de las tecnologías de la información y la comunicación para alcanzar los objetivos relacionados con el trabajo, la empleabilidad, el aprendizaje, el uso del tiempo libre, la inclusión y participación en la sociedad.

Las competencias digitales en educación se refieren al conjunto de conocimientos, habilidades y actitudes que el personal docente, alumnado y padres y madres necesitan desarrollar para utilizar de manera efectiva las tecnologías digitales en su práctica educativa.

231. ¿Que supone el derecho a la educación digital?

La reforma de los planes de estudios, temarios de oposiciones, y la formación de los docentes para incluir materias sobre competencias digitales que, de acuerdo con la disposición adicional 21 de la LOPDGDD, debería haber sido llevada a cabo por las Administraciones educativas competentes en el plazo de un año desde la entrada en vigor de la LOPDGDD, es decir antes del 6 de diciembre de 2019.

232. ¿En qué consiste el derecho a la educación digital?

En que el sistema educativo debe garantizar la plena inserción del alumnado en la sociedad digital y el aprendizaje de un uso de los medios digitales que sea seguro y respetuoso con la dignidad humana, los valores constitucionales, los derechos fundamentales y, particularmente con el respeto y la garantía de la intimidad personal y familiar y la protección de datos personales. Las actuaciones realizadas en este ámbito tendrán carácter inclusivo, en particular en lo que respecta al alumnado con necesidades educativas especiales.

Las Administraciones educativas deberán incluir en el diseño del bloque de asignaturas de libre configuración la competencia digital a la que se refiere el apartado anterior, así como los elementos relacionados con las situaciones de riesgo derivadas de la inadecuada utilización de las TIC, con especial atención a las situaciones de violencia en la red.

El profesorado recibirá las competencias digitales y la formación necesaria para la enseñanza y transmisión de los valores y derechos referidos en el apartado anterior.

Los planes de estudio de los títulos universitarios, en especial, aquellos que habiliten para el desempeño profesional en la formación del alumnado, garantizarán la formación en el uso y seguridad de los medios digitales y en la garantía de los derechos fundamentales en Internet.

Las Administraciones Públicas incorporarán a los temarios de las pruebas de acceso a los cuerpos superiores y a aquéllos en que habitualmente se desempeñen funciones que impliquen el acceso a datos personales materias relacionadas con la garantía de los derechos digitales y en particular el de protección de datos.

233. ¿Cómo afecta a la normativa sectorial el derecho a la educación digital?

El sistema educativo deberá garantizar la plena inserción del alumnado en la sociedad digital y el aprendizaje de un uso de los medios digitales que sea seguro y respetuoso con la dignidad humana, los valores constitucionales, los derechos fundamentales y, particularmente con el respeto y la garantía de la intimidad personal y familiar y la protección de datos personales. Las actuaciones realizadas en este ámbito tendrán carácter inclusivo, en particular en lo que respecta al alumnado con necesidades educativas especiales.

4.3.2. Protección de los menores en Internet (art. 84 LOPDGDD)

234. ¿Cuáles son las obligaciones para para los centros educativos, y cualesquiera personas (físicas o jurídicas) que desarrollen actividades en las que participen menores de edad sobre la protección de los mismos en Internet?

Deben garantizar sus derechos (especialmente el de protección de datos) en la publicación o difusión de sus datos a través de servicios de la sociedad de la información. Además, cuando dicha publicación fuera a tener lugar a través de servicios de redes sociales o servicios equivalentes deberán contar con el consentimiento del menor o sus representantes legales.

235. ¿A quiénes se dirige la obligación que supone el derecho a la protección de los menores en Internet?

A los titulares de su patria potestad, al Ministerio Fiscal y a los centros educativos u organizadores de actividades con menores.

236. ¿Cuáles son las obligaciones para progenitores, tutores, curadores o representantes legales de los menores sobre la protección de los menores en Internet?

Deben procurar que los menores bajo su guarda hagan un uso equilibrado y responsable de los dispositivos digitales y de los servicios de la sociedad de la información a fin de garantizar el adecuado desarrollo de su personalidad y preservar su dignidad y sus derechos fundamentales. En este sentido, no ya el RGPD (que también), sino el art. 154 del Código Civil establece el alcancc dc la patria potestad que implica su ejercicio en interés de los hijos, de acuerdo con su personalidad, y con respecto a sus derechos, su integridad física y mental. Esta función comprende, además, el deber de velar por los menores, educarlos y procurarles una formación integral. Por tanto, la regulación de la LOPDGDD no es más que una matización o adaptación a los tradicionales deberes paternofiliales que reconoce la normativa civil.

237. ¿Puede haber intervención de la fiscalía para la protección de los menores en Internet?

Sí, se prevé la intervención del Ministerio Fiscal (instando medidas cautelares y de protección), en el supuesto de utilización o difusión de imágenes o información personal de menores en las redes sociales y servicios de la sociedad de la información equivalentes que puedan implicar una intromisión ilegítima en los derechos fundamentales de los menores. Esta previsión ya se contiene en el art. 4 de la Ley Orgánica 1/1996, de Protección Jurídica del Menor.

4.3.3. Protección de datos de los menores en Internet (art. 92 LOPDGDD)

238. ¿Qué establece la LOPDGDD respecto a la protección de datos de los menores en Internet?

Que se debe aprobar un Plan de Actuación dirigido a promover las acciones de formación, difusión y concienciación necesarias para lograr que los menores de edad hagan un uso equilibrado y responsable de los dispositivos digitales y de las redes sociales y de los servicios de la sociedad de la información equivalentes de Internet con la finalidad de garantizar su adecuado desarrollo de la personalidad y de preservar su dignidad y derechos fundamentales.

4.3.4. Derecho al olvido de menores en servicios de RRSS y servicios equivalentes (art. 94 LOPDGDD)

239. ¿Qué establece la LOPDGDD respecto al derecho al olvido con servicios de redes sociales y equivalentes en el caso de menores?

Se establece la posibilidad de ejercerlo en relación con servicios de redes sociales y equivalentes respecto a cualquier información publicada en los mismos por el propio interesado o por un tercero durante la minoría de edad de aquél, sin ningún condicionante o restricción (art. 94.3 LOPDGDD).

4.4. DERECHOS DIGITALES EN EL ÁMBITO LABORAL

4.4.1. Introducción

240. ¿Qué modificaciones introdujo la LOPDGDD en el Estatuto de los Trabajadores (ET) y en el Estatuto Básico del Empleado Público (EBEP)?

• Se añade un nuevo artículo 20 bis del ET con el siguiente contenido: "Derechos de los trabajadores a la intimidad en relación con el entorno digital y a la desconexión. Los trabajadores tienen derecho a la intimidad en el uso de los dispositivos digitales puestos a su disposición por el empleador, a la desconexión digital y a la intimidad frente al uso de dispositivos de videovigilancia y geolocalización en los términos establecidos en la legislación vigente en materia de protección de datos personales y garantía de los derechos digitales."(DF 13ª)

• Se añade una nueva letra j bis) en el artículo 14 del EBEP con el siguiente contenido: "A la intimidad en el uso de dispositivos digitales puestos a su disposición y frente al uso de dispositivos de videovigilancia y geolocalización, así como a la desconexión digital en los términos establecidos en la legislación vigente en materia de protección de datos personales y garantía de los derechos digitales." (DF14ª)

4.4.2. Derecho a la intimidad y uso de dispositivos digitales en el ámbito laboral (art. 87 LOPDGDD)

241. ¿En qué consiste el derecho a la intimidad y uso de dispositivos digitales en el ámbito laboral?

En que todas las personas trabajadoras y empleadas públicas tienen derecho a la protección de su intimidad en el uso de los dispositivos digitales puestos a su disposición por su persona empleadora.

242. ¿Puede la persona empleadora acceder a los contenidos derivados del uso de medios digitales facilitados a las personas trabajadoras?

Sí, pero a los solos efectos de controlar el cumplimiento de las obligaciones laborales o estatutarias y de garantizar la integridad de dichos medios.

243. ¿Debe la persona empleadora establecer políticas o protocolos de uso de los dispositivos digitales facilitados a las personas trabajadoras?

Sí, y en las mismas se deberán establecer criterios de utilización de los mismos, respetando en todo caso los estándares mínimos de protección de la intimidad de las personas trabajadoras de acuerdo con los usos sociales y los derechos reconocidos constitucional y legalmente. En su elaboración deberán participar los representantes de los trabajadores.

El acceso por la persona empleadora al contenido de dispositivos digitales, respecto de los que haya admitido su uso con fines privados, requerirá que se especifiquen en dichas políticas de modo preciso los usos autorizados y se establezcan garantías para preservar la intimidad de las personas trabajadoras, tales como, en su caso, la determinación de los períodos en que los dispositivos podrán utilizarse para fines privados.

Las personas trabajadoras deberán ser informadas de los criterios de utilización a través de estas políticas.

4.4.3. Derecho a la desconexión digital en el ámbito laboral (art. 88 LOPDGDD)

244. ¿En qué consiste el derecho a la desconexión digital en el ámbito laboral?

Consiste en una fórmula de limitación de los poderes de la empresa, con el objetivo de garantizar a la persona trabajadora, fuera del tiempo de trabajo legal o convencionalmente establecido, el respeto de su tiempo de descanso, permisos y vacaciones, así como de su intimidad personal y familiar. Este derecho surge como consecuencia de una realidad social y profesional que implica para las personas trabajadoras el estar permanentemente conectadas, con el consiguiente menoscabo que ello puede llegar a suponer en su salud mental o incluso en su privacidad.

Está por tanto dirigido este derecho a limitar los posible abusos de los medios electrónicos fuera del horario laboral y contempla, además, que las modalidades de ejercicio de este derecho atenderán a la naturaleza y objeto de la relación laboral, potenciando el derecho a la conciliación entre la vida personal y profesional, remitiendo a la negociación colectiva o, en su caso, a lo que acuerde la empresa y los representantes de las personas trabajadoras respecto a la determinación y concreción del alcance del derecho a la desconexión.

245. ¿Debe la empresa elaborar una política de desconexión digital interna dirigida a sus personas trabajadoras?

Sí, así lo establece:

- Artículo 88.3 de la LOPDGDD: la empresa, previa audiencia de los representantes de las personas trabajadoras, elaborará una política interna dirigida a las personas trabajadoras, incluidas los que ocupen puestos directivos, en la que definirán las modalidades de ejercicio del derecho a la desconexión y las acciones de formación y de sensibilización del personal sobre un uso razonable de las herramientas tecnológicas que evite el riesgo de fatiga informática. En particular, se preservará el derecho a la desconexión digital en los supuestos de realización total o parcial del trabajo a distancia, así como en el domicilio del empleado vinculado al uso con fines laborales de herramientas tecnológicas.

- El artículo 18 de la Ley 10/2021 de 9 de julio, de trabajo a distancia, añade a lo anterior: los convenios o acuerdos colectivos de trabajo podrán establecer los medios y medidas adecuadas para garantizar el ejercicio efectivo del derecho a la desconexión en el trabajo a distancia y la organización adecuada de la jornada de forma que sea compatible con la garantía de tiempos de descanso.

4.4.4. Derecho a la intimidad frente al uso de dispositivos de videovigilancia y de grabación de sonidos en el lugar de trabajo (art. 89 LOPDGDD)

246. ¿Es lícito el tratamiento de imágenes obtenidas a través de sistemas de videovigilancia para control laboral?

Sí, siempre que sea para el ejercicio de las funciones de control de las personas trabajadoras o empleadas públicas previstas, respectivamente, en el artículo 20.3 del ET y en la legislación de función pública, siempre que estas funciones se ejerzan dentro de su marco legal y con los límites inherentes al mismo.

247. ¿Se tiene que obtener el consentimiento de la persona trabajadora para el tratamiento de imágenes obtenidas a través de sistemas de videovigilancia para control laboral?

No, la base jurídica que legitima el tratamiento es la relación contractual (art. 6.1.b RGPD) en base a las facultades de control conferidas al responsable por el encargado del tratamiento. Pero que no se precise consentimiento no exime de la obligación de informar, la empresa habrá de informar con carácter previo, y de forma expresa, clara y concisa, a las personas trabajadoras o empleadas públicas y, en su caso, a sus representantes, acerca de esta medida.

248. ¿Siempre se tiene que informar con carácter previo, y de forma expresa, clara y concisa, a las personas trabajadoras o empleadas públicas y, en su caso, a sus representantes, acerca de la instalación de sistemas de videovigilancia para control laboral?

No, en el supuesto de que se haya captado la comisión flagrante de un acto ilícito por las personas trabajadoras o empleadas públicas, se entenderá cumplido el deber de informar cuando existiese al menos el cartel distintivo aprobado por la AEPD (art. 22.4 LOPDGDD).

249. ¿Se pueden instalar sistemas de videovigilancia para control laboral en cualquier lugar del centro de trabajo?

No, no se admite la instalación de sistemas de grabación de sonidos ni de videovigilancia en lugares destinados al descanso o esparcimiento de las personas trabajadoras o empleadas públicas, tales como vestuarios, aseos, comedores y análogos.

250. ¿Pueden grabar sonido los sistemas de videovigilancia para control laboral?

No, la grabación de sonidos en el lugar de trabajo se admitirá únicamente cuando resulten relevantes los riesgos para la seguridad de las instalaciones, bienes y personas derivados de la actividad que se desarrolle en el centro de trabajo y siempre respetando el principio de proporcionalidad, el de intervención mínima y las garantías previstas en la LOPDGDD para los dispositivos de videovigilancia. Los sonidos conservados por estos sistemas de grabación serán suprimidos en el plazo máximo de un mes desde su captación, salvo cuando hubieran de ser conservados para acreditar la comisión de actos que atenten contra la integridad de personas, bienes o instalaciones. En tal caso, las grabaciones deberán ser puestas a disposición de la autoridad competente en un plazo máximo de 72 horas desde que se tuviera conocimiento de la existencia de la grabación.

4.4.5. Derecho a la intimidad ante la utilización de sistemas de geolocalización en el ámbito laboral (art. 90 LOPDGDD)

251. ¿Es lícito el tratamiento de datos obtenidos a través de sistemas de geolocalización para control laboral?

Sí, siempre que sea para el ejercicio de las funciones de control de las personas trabajadoras o empleadas públicas previstas, respectivamente, en el artículo 20.3 del ET y en la legislación de función pública, siempre que estas funciones se ejerzan dentro de su marco legal y con los límites inherentes al mismo.

252. ¿Se tiene que obtener el consentimiento de la persona trabajadora para el tratamiento de datos obtenidos a través de sistemas de geolocalización para control laboral?

No, la base jurídica que legitima el tratamiento es la relación contractual (art. 6.1.b RGPD) en base a las facultades de control conferidas al responsable por el encargado del tratamiento. Pero que no se precise consentimiento no exime de la obligación de informar, la empresa habrá de informar con carácter previo, y de forma expresa, clara y concisa, a las personas trabajadoras o empleadas públicas y, en su caso, a sus representantes, acerca de esta medida, y de la posibilidad de ejercer sus derechos de acceso, rectificación, limitación del tratamiento y supresión.

4.4.6. Derechos digitales en la negociación colectiva (art. 91 LOPDGDD)

253. ¿Se pueden establecer garantías adicionales a los derechos digitales en la negociación colectiva?

Sí, los convenios colectivos podrán establecer garantías adicionales de los derechos y libertades relacionados con el tratamiento de los datos personales de las personas trabajadoras o empleadas públicas y la salvaguarda de derechos digitales en el ámbito laboral, por tanto, la LOPDGDD permite la autonomía colectiva en la determinación y concreción del contenido de estos derechos, en lo que respecta a la definición de garantías adicionales a las previstas en la propia ley orgánica.

Capítulo 5

RESPONSABLE DEL TRATAMIENTO Y ENCARGADO DEL TRATAMIENTO

5.1. GESTIÓN DE RIESGOS (art. 24 RGPD y 28 LOPDGDD)

254. ¿En qué consiste la gestión de riesgos que un tratamiento de datos personales puede suponer para los derechos y libertades de los interesados?

En términos generales, se podría definir como el proceso a través del cual se identifican las amenazas que el tratamiento pueda suponer para los derechos y libertades de los interesados, analizando y evaluando los riesgos que las mismas implican, teniendo para ello en cuenta la probabilidad de que esos riesgos se materialicen y el impacto que supondrían en el interesado caso de producirse, para a partir de dicha evaluación, adoptar medidas de seguridad, tanto técnicas como organizativas, que reduzcan esos riesgos a niveles aceptables.

La probabilidad y el impacto del riesgo para los derechos y libertades del interesado debe determinarse con referencia a la naturaleza, el alcance, el contexto y los fines del tratamiento de datos. El riesgo debe ponderarse sobre la base de una evaluación objetiva mediante la cual se determine si las operaciones de tratamiento de datos suponen un riesgo o si el riesgo es alto.

255. ¿Se debe llevar a cabo la gestión de riesgos de cualquier tratamiento?

Sí, ya que el concepto de "riesgo cero" no existe cuando hablamos de gestión del riesgo, en particular, cuando hablamos de los riesgos que pueden suponer los tratamientos de datos personales. Siempre existirá un riesgo inherente o inicial implícito en cualquier tratamiento y, una vez que se hayan aplicado medidas y garantías que lo minimicen, seguirá existiendo un riesgo residual.

Por tanto, todas las actividades de tratamiento de datos personales implican un riesgo para las personas cuyos datos son tratados y, en particular, para sus derechos y libertades. Incluso, en aquellos casos en los que el responsable, ya sea por la tipología del dato o por el tipo de actividad de la organización, pudiera asumir la existencia de un riesgo escaso para los interesados o incluso la inexistencia de riesgo.

El enfoque de riesgos ha de ser un proceso escalable y adaptable a la situación específica de cada tratamiento. La aproximación basada en el riesgo ha de ser proporcionada, y la realización del proceso de gestión del riesgo para los derechos y libertades ha de estar guiada por principios de eficacia y eficiencia.

La complejidad del proceso de gestión de riesgo ha de ajustarse, no al tamaño de la entidad, la disponibilidad de recursos, la especialidad o sector de la misma, sino al posible impacto de la actividad de tratamiento sobre los interesados y a la propia dificultad del tratamiento. Si una entidad pretende abordar un tratamiento y no tiene la capacidad para hacer la necesaria gestión del riesgo, estará obligada a buscar algún tipo de ayuda, como recurrir a la consultoría externa, para realizarlo de la forma apropiada.

256. ¿Quién tiene que llevar a cabo la gestión de riesgos de cualquier tratamiento?

El responsable del tratamiento, y lo hará teniendo en cuenta la naturaleza, el ámbito, el contexto y los fines del tratamiento, así como los riesgos de diversa probabilidad y gravedad para los derechos y libertades de las personas físicas, aplicando medidas técnicas y organizativas apropiadas a fin de garantizar y poder demostrar que el tratamiento es conforme con el RGPD.

257. ¿Cómo debe ser la gestión de riesgos preventiva o reactiva?

La aproximación basada en el riesgo debe ir más allá de un enfoque limitado a reaccionar ante un perjuicio producido al interesado. La gestión del riesgo no se debe reducir a la mera gestión de las consecuencias que se han producido sobre el interesado, como en el caso de que exista una brecha de datos personales. La gestión del riesgo ha de incluir el enfoque preventivo (proactivo).

Además, a la hora de determinar los factores de riesgo a gestionar, hay que tener en cuenta el contexto presente y los potenciales contextos futuros. La gestión del riesgo requiere realizar una evaluación a largo plazo, especialmente en aquellos escenarios cuyo impacto pudiera derivar en un perjuicio muy elevado sobre los interesados o sobre la sociedad.

258. ¿Qué papel tienen los encargados del tratamiento en la gestión de riesgos?

El RGPD establece la obligación del encargado del tratamiento de asistir al responsable a la hora de realizar la gestión del riesgo, teniendo en cuenta la naturaleza del tratamiento y la información a su disposición, en el artículo 28.3.c, f, h, así como en el considerando 83. Para llevar a cabo de forma efectiva dichos deberes, el encargado debe llevar a cabo una gestión del riesgo para los derechos y libertades al menos dentro de los límites del objeto del encargo.

Por otro lado, un desarrollador o suministrador de un producto o servicio con el que varios responsables van a realizar distintos tratamientos de datos puede llevar a cabo una gestión del riesgo para los derechos y libertades. En ese caso los riesgos identificados y las medidas adoptadas deben incorporarse al proceso de gestión del riesgo del tratamiento que pretenda realizar el responsable. Este proceso debería de ampararse en las garantías contractuales correspondientes a la adquisición del producto o servicio.

En cualquier caso, con independencia de la gestión realizada por los encargados, desarrolladores o suministradores, el responsable seguirá manteniendo la obligación de realizar su propia gestión del riesgo, o una EIPD cuando las operaciones de tratamiento que lleve a cabo puedan entrañar un alto riesgo para los derechos y libertades de los interesados.

259. ¿Cuándo se deben revisar las medidas de seguridad?

Será necesario revisarlas y actualizarlas cuando se produzca cualquier cambio en el tratamiento, esto es en:

- Su naturaleza.
- El ámbito.
- El Contexto.
- Sus fines.
- Los riesgos para los derechos y libertades de los interesados.

Por tanto, las políticas de protección de datos de cualquier organización deberán definir procedimientos para detectar los cambios en la naturaleza, contexto, ámbito, fines y riesgos del tratamiento, y para activar de forma inmediata los procesos de revisión y actualización periódicas de las medidas de seguridad.

260. ¿Qué es la naturaleza de un tratamiento?

La que determina el cómo está implementado, qué operaciones se llevan a cabo sobre los datos personales, por ejemplo, si es automático, manual o mixto, en qué operaciones se estructura, si se ejecuta en la nube, en el móvil, si incluye operaciones biométricas y decisiones automatizadas, si participan encargados de tratamiento, si se llevan a cabo transferencias internacionales, etc.

261. ¿Qué es el ámbito de un tratamiento?

Se establece en función de las categorías de interesados afectados, categorías de datos personales, la duración del tratamiento en sí, la granularidad de los datos, la frecuencia de su recogida, la amplitud geográfica, la conservación de datos por categorías, etc.

262. ¿Qué es el contexto de un tratamiento?

El contexto en un tratamiento de datos personales se refiere a las circunstancias y condiciones bajo las cuales se lleva a cabo el mismo. El contexto viene determinado por múltiples factores externos que pueden condicionar el tratamiento, como podrían ser el contexto normativo, las características y condicionantes del sector o mercado donde se despliega, las brechas de datos personales en tratamientos similares, el entorno social, la sensibilidad de las distintas comunidades, etc.

263. ¿Qué son los fines de un tratamiento?

Son los objetivos que se persiguen llevando a cabo el tratamiento, es decir para qué se lleva a cabo, también los fines colaterales o instrumentales que puedan establecerse posteriormente.

264. ¿Qué son los riesgos de diversa probabilidad y gravedad para los derechos y libertades de las personas físicas?

Son los riesgos que supone una amenaza determinada para una persona física debido al tratamiento de sus datos personales, en lo referente a la probabilidad de que el tratamiento suponga un perjuicio o daño para dicha persona y las consecuencias que supondrían para la misma.

265. ¿A qué pueden deberse los riesgos para los derechos y libertades de las personas físicas, de gravedad y probabilidad variables?

Al tratamiento de datos que pudieran provocar daños y perjuicios físicos, materiales o inmateriales:

• en particular en los casos en los que el tratamiento pueda dar lugar a problemas de:

  - discriminación,
  - usurpación de identidad o fraude,
  - pérdidas financieras,
  - daño para la reputación,
  - pérdida de confidencialidad de datos sujetos al secreto profesional,
  - reversión no autorizada de la seudonimización o cualquier otro perjuicio económico o social significativo;

• en los casos en los que se prive a los interesados de sus derechos y libertades o se les impida ejercer el control sobre sus datos personales;

• en los casos en los que los datos personales tratados revelen:

  - el origen étnico o racial,
  - las opiniones políticas,

– la religión o creencias filosóficas,

– la militancia en sindicatos y

– el tratamiento de datos:

· genéticos,

· relativos a la salud

· sobre la vida sexual,

· sobre condenas e infracciones penales o medidas de seguridad conexas;

• en los casos en los que se evalúen aspectos personales, en particular el análisis o la predicción de aspectos referidos al:

– rendimiento en el trabajo,

– situación económica,

– salud,

– preferencias o intereses personales,

– fiabilidad o comportamiento,

– situación o movimientos, con el fin de crear o utilizar perfiles personales;

• en los casos en los que se traten datos personales de personas vulnerables, en particular niños; o

• en los casos en los que el tratamiento implique una gran cantidad de datos personales y afecte a un gran número de interesados.

266. ¿Debe contar el responsable del tratamiento con políticas de protección de datos?

Sí, cuando sean proporcionadas en relación con las actividades de tratamiento, entre las medidas técnicas y organizativas que el responsable debe adoptar teniendo en cuenta la naturaleza, el ámbito, el contexto y los fines del tratamiento así como los riesgos de diversa probabilidad y gravedad para los derechos y libertades de las personas físicas, a fin de garantizar y poder demostrar que el tratamiento es conforme con el

RGPD se incluirá la aplicación, por parte del responsable del tratamiento, de las oportunas políticas de protección de datos.

267. ¿Cuál puede ser una de las fórmulas para demostrar el cumplimiento de las obligaciones en cuanto a gestión de riesgos por parte del responsable del tratamiento?

La adhesión a códigos de conducta aprobados a tenor del artículo 40 RGPD o a un mecanismo de certificación aprobado a tenor del artículo 42 del RGPD.

268. Según el art. 28 LOPDGDD ¿en qué supuestos concretos pueden producirse riesgos para los derechos y libertades de los interesados a ser tenidos en cuenta para la adopción de las medidas de seguridad por parte de los responsables y encargados del tratamiento?

a) Cuando el tratamiento pudiera generar situaciones de discriminación, usurpación de identidad o fraude, pérdidas financieras, daño para la reputación, pérdida de confidencialidad de datos sujetos al secreto profesional, reversión no autorizada de la seudonimización o cualquier otro perjuicio económico, moral o social significativo para los afectados.

b) Cuando el tratamiento pudiese privar a los afectados de sus derechos y libertades o pudiera impedirles el ejercicio del control sobre sus datos personales.

c) Cuando se produjese el tratamiento no meramente incidental o accesorio de datos de categoría especial, de naturaleza penal o relacionados con la comisión de infracciones administrativas.

d) Cuando el tratamiento implicase una evaluación de aspectos personales de los interesados con el fin elaborar perfiles, en particular mediante el análisis o la predicción de aspectos referidos a su rendimiento en el trabajo, su situación económica, su salud, sus preferencias o intereses personales, su fiabilidad o comportamiento, su solvencia financiera, su localización o sus movimientos.

e) Cuando se lleve a cabo el tratamiento de datos de grupos de afectados en situación de especial vulnerabilidad y, en particular, de menores de edad y personas con discapacidad.

f) Cuando se produzca un tratamiento masivo que implique a un gran número de afectados o conlleve la recogida de una gran cantidad de datos personales.

g) Cuando los datos personales fuesen a ser objeto de transferencia, con carácter habitual, a terceros Estados u organizaciones internacionales respecto de los que no se hubiese declarado un nivel adecuado de protección.

h) Cualesquiera otros que a juicio del responsable o del encargado pudieran tener relevancia y en particular aquellos previstos en códigos de conducta y estándares definidos por esquemas de certificación.

5.2. PROTECCIÓN DE DATOS DESDE EL DISEÑO Y POR DEFECTO (art. 25 RGPD)

269. ¿Qué es la protección de datos desde el diseño?

Es uno de los principios fundamentales del RGPD que busca garantizar que la privacidad y la protección de datos personales se integren durante el proceso de diseño de cualquier proyecto que pueda implicar el tratamiento de datos personales. Tiene por tanto un enfoque preventivo, es decir se trata de prevenir los problemas de privacidad para las personas físicas antes de que ocurran en lugar de abordarlos después de que han ocurrido.

Se tratará por tanto de que teniendo en cuenta el estado de la técnica, el coste de la aplicación y la naturaleza, ámbito, contexto y fines del tratamiento, así como los riesgos de diversa probabilidad y gravedad que entraña el tratamiento para los derechos y libertades de las personas físicas, el responsable del tratamiento aplicará, tanto en el momento de determinar los medios de tratamiento como en el momento del propio tratamiento, medidas técnicas y organizativas apropiadas, como la seudonimización, concebidas para aplicar de forma efectiva los principios de protección de datos, como la minimización de datos, e integrar las garantías necesarias en el tratamiento, a fin de cumplir los requisitos del RGPD y proteger los derechos de los interesados.

270. ¿Cuáles son los principios fundacionales de la privacidad desde el diseño?

La privacidad desde el diseño puede lograrse mediante la puesta en práctica de los siete Principios Fundacionales definidos por Ann Cavoukian.

- Proactividad, no reactividad: se debe prever y evitar los problemas de privacidad antes de que ocurran.

- Privacidad como configuración predeterminada: los sistemas deben estar configurados por defecto para garantizar la máxima privacidad posible.

- Privacidad incorporada en el diseño: la protección de datos debe ser una parte integral del diseño y la arquitectura del sistema.

- Funcionalidad completa: se debe buscar una solución de "gana-gana" donde se optimice tanto la funcionalidad del sistema como la privacidad. El objetivo ha de ser buscar el balance óptimo en una búsqueda tipo "gana-gana", con una mentalidad abierta a nuevas soluciones para conseguir sistemas plenamente funcionales, eficaces y eficientes también a nivel de privacidad.

- Seguridad de extremo a extremo: se debe asegurar la protección de datos durante todo el ciclo de vida de la información.

- Visibilidad y transparencia: se debe ser transparente con respecto a las prácticas y políticas de privacidad.

- Respeto por la privacidad del usuario: los sistemas deben ser diseñados teniendo en cuenta los intereses y las expectativas de privacidad de los usuarios.

271. ¿En qué consiste la protección de datos por defecto?

Es otro de los principios fundamentales del RGPD, es un principio complementario al de protección de datos desde el diseño. Este principio se centra en garantizar que, por defecto, solo se traten los datos personales que sean necesarios para cada uno de los fines específicos del tratamiento. Esto implica que las configuraciones predeterminadas de cualquier sistema, servicio o producto deben asegurar la máxima privacidad posible para el interesado.

Por tanto, el responsable del tratamiento debe aplicar las medidas técnicas y organizativas apropiadas con miras a garantizar que, por defecto, solo sean objeto de tratamiento los datos personales que sean necesarios para cada uno de los fines específicos del tratamiento. Esta obligación se aplicará a la cantidad de datos personales recogidos, a la extensión de su tratamiento, a su plazo de conservación y a su accesibilidad. Tales medidas garantizarán en particular que, por defecto, los datos personales no sean accesibles, sin la intervención de la persona, a un número indeterminado de personas físicas.

Dichas medidas podrían consistir, entre otras, en reducir al máximo el tratamiento de datos personales, seudonimizar lo antes posible los datos personales, dar transparencia a las funciones y el tratamiento de datos personales, permitiendo a los interesados supervisar el tratamiento de datos y al responsable del tratamiento crear y mejorar elementos de seguridad.

5.3. CORRESPONSABILIDAD DEL TRATAMIENTO (art. 26 RGPD y 29 LOPDGDD)

272. ¿Cuándo se considera que hay corresponsabilidad del tratamiento?

En términos generales, existe una corresponsabilidad del tratamiento cuando diferentes responsables determinan conjuntamente los fines y los medios del mismo. Por tanto, para evaluar la existencia de corresponsabilidad del tratamiento es necesario examinar si la determinación de los fines y los medios puede atribuirse a más de una entidad. El término conjuntamente debe interpretarse en el sentido de "junto con otros" o "no solo" y puede revestir distintas formas y combinaciones.

En concreto, la participación conjunta debe conllevar la determinación de los fines, por un lado, y de los medios, por otro. Si cada uno de estos elementos es determinado por todos los responsables en cuestión, estos deben considerarse corresponsables del tratamiento.

La participación conjunta en la determinación de los fines y los medios implica que más de un responsable influye de manera decisiva en la decisión de llevar a cabo el tratamiento y el modo de hacerlo. En la práctica, la participación conjunta puede revestir varias formas.

Por ejemplo, puede tomar la forma de una decisión común (decidir conjuntamente con una intención común) adoptada por dos o más entidades o ser el resultado de la convergencia de decisiones (si se complementan entre sí y son necesarias para que tenga lugar el tratamiento de tal manera que tengan un efecto tangible en la determinación de los fines y los medios del tratamiento) de dos o más organizaciones en relación con los fines y los medios principales.

En consecuencia, para identificar la convergencia de decisiones en este contexto, es importante preguntarse si el tratamiento no hubiera sido posible sin la participación de todas las partes en los fines y los medios, en el sentido de que los tratamientos por las distintas partes son inseparables los unos de los otros por estar indisolublemente unidos.

El hecho de que una de las partes no disponga de acceso a los datos personales tratados no es suficiente para excluir la corresponsabilidad del tratamiento.

La existencia de corresponsabilidad no implica necesariamente una responsabilidad idéntica de los distintos participantes involucrados en el tratamiento de los datos personales. Más bien al contrario, las partes pueden participar en distintas fases del tratamiento y en distinto grado. Por tanto, el nivel de responsabilidad de cada una debe evaluarse en función de todas las circunstancias pertinentes del caso concreto.

273. La participación de varias entidades en el mismo tratamiento ¿siempre implica que actúan como corresponsables de dicho tratamiento?

No, no todos los tipos de asociación, cooperación o colaboración implican la calificación como corresponsables del tratamiento, tienen que darse las condiciones del artículo 26 RGPD, es decir que determinen los fines y los medios del tratamiento conjuntamente. Algunos ejemplos de situaciones en las que varias entidades participan en un mismo tratamiento, pero no son corresponsables:

• El intercambio de los mismos datos o del mismo conjunto de datos entre dos entidades sin unos fines o unos medios del tratamiento determinados conjuntamente debe considerarse una cesión de datos entre responsables del tratamiento independientes.

• Varias entidades que utilizan una base de datos compartida o una infraestructura común, pero en la que cada una de ellas determina de manera independiente sus propios fines.

• Varias entidades tratan sucesivamente los mismos datos personales mediante operaciones en cadena, cada uno de ellos con un fin y unos medios independientes en su parte de la cadena, los distintos participantes deben considerarse responsables del tratamiento independientes sucesivos.

Ejemplo: un grupo de empresas utiliza la misma base de datos para la gestión de los clientes actuales y potenciales. Dicha base de datos se aloja en los servidores de la sociedad matriz, que, por tanto, es la encargada del tratamiento en relación con el almacenamiento de los datos. Cada sociedad del grupo introduce los datos de sus propios clientes actuales y potenciales y trata dichos datos exclusivamente para sus propios fines. Cada sociedad decide también de manera independiente sobre el acceso, el período de conservación de los datos y la corrección o el borrado de los datos de sus clientes actuales y potenciales. Ninguna de ellas puede consultar ni usar los datos de las demás. El mero hecho de que estas empresas usen una base de datos compartida no conlleva por sí solo la corresponsabilidad del tratamiento. En estas circunstancias, cada empresa se considera responsable del tratamiento independiente.

274. ¿Cómo deben determinar los corresponsables de un tratamiento sus responsabilidades respectivas en el cumplimiento de las obligaciones impuestas por el RGPD?

Atendiendo a las actividades que efectivamente desarrolle cada uno de ellos y suscribiendo un acuerdo, en el que se reflejen las mismas de modo transparente, en particular en cuanto al ejercicio de los derechos del interesado y a sus respectivas obligaciones de suministro de información a que se refieren los artículos 13 y 14, salvo, y en la medida en que, sus responsabilidades respectivas se rijan por una ley que se les aplique a ellos. Dicho acuerdo podrá designar un punto de contacto para los interesados.

El acuerdo reflejará debidamente las funciones y relaciones respectivas de los corresponsables en relación con los interesados. Se pondrán a disposición del interesado los aspectos esenciales del acuerdo.

275. Cuándo un tratamiento se lleva a cabo por corresponsables, ¿a quién debe dirigirse el interesado para solicitar el ejercicio de sus derechos?

Independientemente de los términos del acuerdo que tengan suscrito los corresponsables, los interesados podrán ejercer los derechos que les reconoce el RGPD frente a, y en contra de, cada uno de los responsables.

5.4. REPRESENTANTE EN LA UE (art. 27 RGPD y 30 LOPDGDD)

276. ¿Cuándo se debe designar un representante de la organización en la UE?

Cuando el responsable o encargado no estén establecidos en la Unión Europea, pero lleven a cabo tratamientos de datos personales de interesados que residan en la Unión y cuando dichas actividades de tratamiento estén relacionadas con:

- La oferta de bienes o servicios a dichos interesados en la Unión, independientemente de si a estos se les requiere su pago, o

- El control de su comportamiento, en la medida en que este tenga lugar en la Unión.

- Salvo que el tratamiento:

- Sea ocasional, no incluya el tratamiento a gran escala de categorías especiales de datos o de datos relativos a condenas e infracciones, y sea improbable que entrañe un riesgo para los derechos y libertades de las personas físicas, o

- Sea llevado a cabo por autoridades u organismos públicos.

El representante debe estar establecido en uno de los Estados miembros en que estén los interesados y se le encomendará que atienda, junto al responsable o al encargado, o en su lugar, a las consultas, en particular, de las autoridades de control y de los interesados, sobre todos los asuntos relativos al tratamiento, a fin de garantizar el cumplimiento de lo dispuesto en el RGPD y su designación se entiende sin perjuicio de las acciones que pudieran emprenderse contra el propio responsable o encargado.

277. La AEPD o, en su caso, las autoridades autonómicas de protección de datos ¿pueden imponer al representante en la UE de una entidad, solidariamente con el responsable o encargado del tratamiento, las medidas establecidas en el RGPD?

Sí, en los supuestos en que el RGPD sea aplicable a un responsable o encargado del tratamiento no establecido en la Unión Europea en virtud de lo dispuesto en su artículo 3.2 y el tratamiento se refiera a afectados que se hallen en España (art. 30 LOPDGDD).

Dicha exigencia se entenderá sin perjuicio de la responsabilidad que pudiera en su caso corresponder al responsable o al encargado del tratamiento y del ejercicio por el representante de la acción de repetición frente a quien proceda.

Asimismo, en caso de exigencia de responsabilidad en los términos previstos en el artículo 82 del RGPD, los responsables, encargados y representantes responderán solidariamente de los daños y perjuicios causados.

5.5. ENCARGADO DEL TRATAMIENTO (art. 28 RGPD y 33 LOPDGDD)

278. Cuando un responsable del tratamiento pretenda encargar uno de los tratamientos de los que es responsable a un encargado, ¿qué debe tener especialmente en cuenta?

Debe elegir únicamente un encargado que ofrezca garantías suficientes para aplicar medidas técnicas y organizativas apropiadas, de manera que el tratamiento sea conforme con los requisitos del RGPD y garantice la protección de los derechos del interesado; para demostrar la existencia de estas garantías suficientes podrá utilizarse la adhesión del encargado del tratamiento a un código de conducta aprobado a tenor del artículo 40 o a un mecanismo de certificación aprobado a tenor del artículo 42.

El tratamiento que lleve a cabo el encargado por cuenta del responsable debe regirse por un contrato u otro acto jurídico con arreglo a ley, que vincule a los dos y establezca el objeto, la duración, la naturaleza y la finalidad del tratamiento, el tipo de datos personales y categorías de interesados, y las obligaciones y derechos del responsable.

279. ¿Cómo debe ser el contrato u otro acto jurídico que suscriban el responsable y el encargado?

Dicho contrato o acto jurídico debe constar por escrito, inclusive en formato electrónico. Sin perjuicio de que el responsable y el encargado del tratamiento celebren un contrato individual, el contrato u otro acto jurídico podrá basarse, total o parcialmente, en cláusulas contractuales tipo de la Comisión o de una autoridad de control, inclusive cuando formen parte de una certificación concedida al responsable o encargado.

280. ¿Qué debe estipular en particular el contrato o acto jurídico entre el responsable y el encargado?

Dicho contrato o acto jurídico estipulará, en particular, que el encargado:

a) Tratará los datos personales únicamente siguiendo instrucciones documentadas del responsable, inclusive con respecto a las transferencias de datos personales a un tercer país o una organización internacional, salvo que esté obligado a ello en virtud de una ley que se aplique al encargado; en tal caso, el encargado informará al responsable de esa exigencia legal previa al tratamiento, salvo que tal ley lo prohíba por razones importantes de interés público.

b) Garantizará que las personas autorizadas para tratar datos personales se hayan comprometido a respetar la confidencialidad o estén sujetas a una obligación de confidencialidad de naturaleza legal.

c) Tomará todas las medidas necesarias de conformidad con el artículo 32.

d) Solo subcontratará el encargo, es decir, solo recurrirá a otro encargado del tratamiento, con autorización del responsable, imponiéndose al encargado subcontratado las mismas obligaciones que al inicial.

e) Asistirá al responsable, teniendo en cuenta la naturaleza del tratamiento, a través de medidas técnicas y organizativas apropiadas, siempre que sea posible, para que este pueda cumplir con su obligación de responder a las solicitudes que tengan por objeto el ejercicio de los derechos de los interesados.

f) Teniendo en cuenta la naturaleza del tratamiento y la información a disposición del encargado, ayudará al responsable a garantizar el cumplimiento de las obligaciones establecidas:

- En cuanto a medidas de seguridad del tratamiento.

- Notificación de brechas cuando sea el caso.

- EIPD.

- Consulta previa.

g) A elección del responsable, suprimirá, devolverá al responsable o entregará, en su caso, a un nuevo encargado todos los datos personales una vez finalice la prestación de los servicios de tratamiento, y suprimirá las copias existentes a menos que se requiera la conservación de los datos personales en virtud de una Ley.

h) Pondrá a disposición del responsable toda la información necesaria para demostrar el cumplimiento de las obligaciones establecidas por el RGPD para los encargos de tratamiento, así como para permitir y contribuir a la realización de auditorías, incluidas inspecciones, por parte del responsable o de otro auditor autorizado por dicho responsable.

i) El encargado informará inmediatamente al responsable si, en su opinión, una instrucción infringe el RGPD u otras disposiciones en materia de protección de datos de la Unión o de los Estados miembros.

281. ¿Cuándo una entidad siendo encargado del tratamiento de un responsable del tratamiento puede adquirir la condición de responsable del tratamiento?

• Cuando entable relaciones con interesados aun habiendo firmado el pertinente contrato de encargo con el responsable de los datos de esos interesados. Esta previsión no se aplica a los encargos de tratamiento efectuados en el marco de la legislación de contratación del sector público.

• Cuando infringiera el RGPD al determinar los fines y medios del tratamiento, es decir cuando utilizase los datos personales objeto del encargo para sus propias finalidades.

282. ¿Puede un encargado subcontratar el tratamiento que le ha encargado un responsable?

Sólo si cuenta con una autorización previa por escrito, específica o general, del responsable. En este último caso, el encargado informará al responsable de cualquier cambio previsto en la incorporación o sustitución de otros encargados, dando así al responsable la oportunidad de oponerse a dichos cambios.

Puede ser de utilidad establecer en el acuerdo o acto la forma (que en todo caso deberá constar por escrito) y el plazo para que el responsable pueda manifestar su oposición.

Si fuese el caso, se impondrán al otro encargado, mediante contrato u otro acto jurídico establecido con arreglo a ley, las mismas obligaciones de protección de datos que las estipuladas en el contrato u otro acto jurídico entre el responsable y el encargado inicial (instrucciones, obligaciones, medidas de seguridad...), en particular la prestación de garantías suficientes de aplicación de medidas técnicas y organizativas apropiadas de manera que el tratamiento sea conforme con las disposiciones del RGPD. Si ese otro encargado incumple sus obligaciones de protección de datos, el encargado inicial seguirá siendo plenamente responsable ante el responsable del tratamiento por lo que respecta al cumplimiento de las obligaciones del otro encargado.

Cuando sea aplicable la legislación de contratos del sector público, habrá que tener en cuenta también las disposiciones específicas previstas en dicha ley.

283. ¿Cómo debe procederse con los datos personales objeto de un encargo de tratamiento una vez finalice la prestación de los servicios de tratamiento?

A elección del responsable, el encargado los suprimirá los devolverá al responsable o entregará, en su caso, a un nuevo encargado todos los datos personales una vez finalice la prestación de los servicios de tratamiento, y suprimirá las copias existentes a menos que se requiera la conservación de los datos personales en virtud de una Ley, en cuyo caso deberán ser devueltos al responsable, que garantizará su conservación mientras tal obligación persista.

El encargado del tratamiento podrá conservar, debidamente bloqueados, los datos en tanto pudieran derivarse responsabilidades de su relación con el responsable del tratamiento.

284. ¿Puede una entidad del sector público actuar como encargada del tratamiento?

En el ámbito del sector público podrán atribuirse las competencias propias de un encargado del tratamiento a un determinado órgano de la Administración General del Estado, la Administración de las comunidades autónomas, las Entidades que integran la Administración Local o a los Organismos vinculados o dependientes de las mismas mediante la adopción de una norma reguladora de dichas competencias, que deberá incorporar el contenido exigido por el artículo 28.3 del RGPD.

285. ¿Cuándo un responsable del tratamiento facilita los datos de los que es responsable a su encargado del tratamiento, está realizando una cesión de datos?

No, el acceso por parte de un encargado del tratamiento a los datos personales que resulten necesarios para la prestación de un servicio al responsable no se considerará comunicación de datos siempre que se cumpla lo establecido en el RGPD, la LOPDGDD y en sus normas de desarrollo.

5.6. CESIONES DE DATOS PERSONALES (arts. 4.9, 6 RGPD)

286. ¿Qué es una cesión de datos personales?

Cualquier comunicación o transmisión de datos entre un responsable del tratamiento y un destinatario, con el fin de que este último los utilice para sus propios fines. Es decir, cualquier divulgación de datos personales de un responsable del tratamiento a una persona física o jurídica, autoridad pública, servicio u organismo distinto del interesado, del encargado del tratamiento y de las personas autorizadas para tratar los datos personales bajo la autoridad directa del responsable o del encargado.

287. ¿Se debe formalizar y firmar un contrato de cesión de datos entre un responsable cedente y otro cesionario?

No es obligatorio, en ningún artículo se establece explícitamente la obligación de firmar un contrato cuando se produce una cesión de datos, es decir con las empresas a las que les cedemos o de las que recepcionamos datos personales, pero sí puede considerarse una medida de seguridad contractual recomendable.

La propia autoridad de control (AEPD), en su primera Guía práctica para las Evaluaciones de Impacto en la Protección de los Datos sujetas al RGPD, en su Anexo VI: Catálogo de amenazas y posibles soluciones (página 51) establece "si se ceden datos personales, establecer por escrito acuerdos que contemplen las condiciones bajo las que se produce la cesión y, en su caso, las relativas a cesiones ulteriores, así como las posibilidades de supervisión y control del cumplimiento del acuerdo".

288. ¿Cuál es el requisito fundamental para poder llevar a cabo una cesión de datos personales de manera lícita?

Que se cumpla al menos una de las siguientes condiciones:

1) Que el titular de los datos personales que se ceden (interesado) haya prestado su consentimiento para la cesión.

2) Que la cesión sea necesaria para la ejecución de un contrato (prestación de un servicio o compra de un producto) en el que el titular de los datos (interesado) es parte o para la aplicación a petición de este de medidas precontractuales.

3) Que la cesión sea necesaria para el cumplimiento de una obligación legal aplicable a la entidad que los cede (responsable del tratamiento).

4) Que la cesión sea necesaria para proteger intereses vitales del titular de los datos personales (interesado) o de otra persona física.

5) Que la cesión sea necesaria para el cumplimiento de una misión realizada en interés público o en el ejercicio de poderes públicos conferidos a la entidad que los cede (responsable del tratamiento).

6) Que la cesión sea necesaria para la satisfacción de intereses legítimos perseguidos por la entidad que los cede (responsable del tratamiento) o por un tercero, siempre que sobre dichos intereses no prevalezcan los intereses o los derechos y libertades fundamentales del titular de los datos (interesado) que requieran la protección de datos personales, en particular cuando el titular de los datos sea un niño.

Lo dispuesto en el punto 6 no se aplicará a las cesiones de datos personales llevadas a cabo por las autoridades públicas en el ejercicio de sus funciones.

289. ¿Cuándo se considera lícita una cesión de datos personales de categoría especial de manera lícita?

Única y exclusivamente cuando además de contar con alguna de las bases jurídicas necesarias para llevar a cabo la cesión (consentimiento, contrato, obligación legal, interés vital, interés público o interés legítimo) concurran alguna de las siguientes circunstancias y que la cesión:

• Cuente con el consentimiento explícito del interesado excepto cuando una Ley establezca que la prohibición de la cesión de esos datos no puede ser levantada por el interesado.

• Sea necesaria para el cumplimiento de obligaciones y el ejercicio de derechos específicos del responsable del tratamiento o del interesado en el ámbito del Derecho laboral y de la seguridad y protección social, en la medida en que así lo autorice una Ley o un convenio colectivo con arreglo al Derecho de los Estados miembros que establezca garantías adecuadas del respeto de los derechos fundamentales y de los intereses del interesado.

• Sea necesaria para proteger intereses vitales del interesado o de otra persona física, en el supuesto de que el interesado no esté capacitado, física o jurídicamente, para dar su consentimiento.

• Sea efectuada, en el ámbito de sus actividades legítimas y con las debidas garantías, por una fundación, una asociación o cualquier otro organismo sin ánimo de lucro, cuya finalidad sea política, filosófica, religiosa o sindical, siempre que la cesión se refiera exclusivamente a los miembros actuales o antiguos de tales organismos o a personas que mantengan contactos regulares con ellos en relación con sus fines y siempre que los datos personales no se comuniquen fuera de ellos sin el consentimiento de los interesados.

• Se refiera a datos personales que el interesado ha hecho manifiestamente públicos.

• Sea necesaria para la formulación, el ejercicio o la defensa de reclamaciones o cuando los tribunales actúen en ejercicio de su función judicial.

• Sea necesaria por razones de un interés público esencial, sobre la base de una Ley, que debe ser proporcional al objetivo perseguido, respetar en lo esencial el derecho a la protección de datos y establecer medidas adecuadas y específicas para proteger los intereses y derechos fundamentales del interesado.

• Sea necesaria para fines de medicina preventiva o laboral, evaluación de la capacidad laboral del trabajador, diagnóstico médico, prestación de asistencia o tratamiento de tipo sanitario o social, o gestión de los sistemas y servicios de asistencia sanitaria y social, sobre la base de una Ley o en virtud de un contrato con un profesional sanitario y sin perjuicio de las condiciones y garantías contempladas en el RGPD.

• Sea necesaria por razones de interés público en el ámbito de la salud pública, como la protección frente a amenazas transfronterizas graves para la salud, o para garantizar elevados niveles de calidad y de seguridad de la asistencia sanitaria y de los medicamentos o productos sanitarios, sobre la base de una Ley que establezca medidas adecuadas y específicas para proteger los derechos y libertades del interesado, en particular el secreto profesional.

• Sea necesaria para fines de archivo en interés público, fines de investigación científica o histórica o fines estadísticos, de conformidad con el artículo 89, apartado 1, sobre la base de una Ley, que debe ser proporcional al objetivo perseguido, respetar en lo esencial el derecho a la protección de datos y establecer medidas adecuadas y específicas para proteger los intereses y derechos fundamentales del interesado.

5.7. INSTRUCCIONES SOBRE EL TRATAMIENTO, CONCIENCIACIÓN Y FORMACIÓN (arts. 29, 32.4 RGPD)

290. ¿Quién es el único interviniente en el tratamiento de datos personales habilitado para dar instrucciones sobre para qué y cómo se debe llevar a cabo el mismo?

El responsable del tratamiento, que por definición además de decidir sobre los fines del tratamiento, también lo hace sobre los medios para llevar a cabo el mismo, es decir sobre cómo se deben tratar los datos personales, por tanto, el encargado del tratamiento y cualquier persona que actúe bajo la autoridad del responsable o del encargado y tenga acceso a datos personales solo podrán tratar dichos datos siguiendo instrucciones del responsable, a no ser que estén obligados a ello en virtud del Derecho de la Unión o de los Estados miembros.

291. ¿Se debe impartir formación en materia de protección de datos al personal que tiene acceso a los datos personales?

Sí, sin duda una de las bases esenciales de un sistema de cumplimiento de la normativa de privacidad sólido y eficiente es que los intervinientes en el mismo estén debidamente formados, concienciados y sensibilizados al respecto.

Muchas organizaciones centran la atención en el cumplimiento de la normativa de privacidad (RGPD y LOPDGDD) casi exclusivamente en las personas con funciones en dicho ámbito: abogados, informáticos, responsables de seguridad, etc.

En la mayoría de los casos, estas personas cuya función consiste en garantizar un cumplimiento adecuado de la normativa de privacidad, no ven el fruto de sus esfuerzos, ya que imponen unas obligaciones que el resto de las personas trabajadoras de la entidad no entienden, y en muchos casos no acatan.

Esto desemboca en situaciones como, por ejemplo, y entre otras:

- Contraseñas que nunca se cambian o se comparten entre distinto personal.
- Documentos con datos a la vista de cualquiera.

- Documentos con datos que se tiran a la basura sin medidas de seguridad.

- No realización de copias de seguridad.

- Apertura de correos electrónicos con archivos infectados, etc.

- Compartir en RRSS o grupos de mensajería datos de personas que no han autorizado a hacerlo.

- Envío de adjuntos sin medidas de seguridad o sin necesidad en correos electrónicos.

De ahí la importancia de la formación en materia de privacidad para todo el personal autorizado al tratamiento, para que no cometan errores y pongan en riesgo a la organización por falta de información al respecto.

Estamos pues ante una obligación no solo legal (formación y concienciación del personal autorizado al tratamiento), que también; sino que además es también obligación de cualquier protocolo de seguridad de la información. Si el personal autorizado a manejar y tratar la información no está formado, no conoce, y por tanto podrá incurrir en violaciones de la seguridad de la información, incluida la personal. Y por tanto expondrá a la organización a riesgos de incumplimientos y con ello sanciones.

Es decir, las organizaciones deben tener claro que al personal autorizado al tratamiento hay que formarlo periódicamente, informarle de posibles amenazas, controlar posibles incumplimientos, etc., ya que con la formación conseguimos que tengan mayor concienciación, y claridad en la definición de sus obligaciones en materia de privacidad.

Si analizamos el RGPD no especifica expresamente que se debe formar al personal en protección de datos, pero sí dice que el responsable del tratamiento "aplicará medidas técnicas y organizativas apropiadas a fin de garantizar y poder demostrar que el tratamiento es conforme con el presente Reglamento", y eso es determinante para que se forme o se informe al personal de las medidas que aplica el responsable.

También dice que "cualquier persona que actúe bajo la autoridad del responsable y tenga acceso a datos personales solo podrán tratar dichos datos siguiendo instrucciones del responsable, a no ser que estén obligados a ello en virtud del Derecho de la Unión o de los Estados miembros". Por lo que el personal debe seguir las instrucciones del responsable, y estas instrucciones deben determinar que el personal tiene suficiente conocimiento para tratar los datos con las medidas de seguridad impuestas por el responsable.

En el único lugar del RGPD donde se refiere la formación es en las funciones del DPD, cuando dice que una de las funciones del DPD será supervisar entre otras cuestiones la concienciación y formación del personal que participa en las operaciones de tratamiento.

Esta formación en ningún caso se exige que sea a través de ningún curso. Puede ser una de las fórmulas, pero también puede ser formación impartida por alguien de la organización con conocimientos suficientes en la materia.

5.8. REGISTRO DE LAS ACTIVIDADES DE TRATAMIENTO (art. 30 RGPD y 31 LOPDGDD)

292. ¿Qué es el registro de las actividades de tratamiento (RAT)?

Es un registro que constará por escrito, inclusive en formato electrónico, que deben mantener los responsables y encargados del tratamiento de datos personales, en el cual se recoge información detallada sobre las actividades de tratamiento realizadas bajo su responsabilidad. Este registro es una herramienta fundamental para asegurar la transparencia y la responsabilidad en el tratamiento de datos personales, y su mantenimiento es una obligación establecida por el RGPD.

293. ¿Debe notificarse o inscribirse en la autoridad de control el RAT?

No, la Directiva 95/46/CE estableció la obligación general de notificar el tratamiento de datos personales a las autoridades de control, lo que pese a suponer cargas administrativas y financieras, no contribuyó en todos los casos a mejorar la protección de los datos personales. Por tanto, estas obligaciones generales de notificación indiscriminada se eliminaron con el RGPD (Cdo. 89 RGPD).

294. ¿Cuál es la finalidad del RAT?

Garantizar la transparencia y el cumplimiento de la normativa de protección de datos, ayudando a las organizaciones a gestionar y proteger adecuadamente los datos personales que tratan. Por tanto:

- Permite acreditar el cumplimiento de las disposiciones del RGPD.

- Facilita la realización de auditorías y la supervisión por parte de las autoridades de control.

- Ayuda a las organizaciones a gestionar de manera eficiente y segura los datos personales que tratan.

295. ¿Qué contenido debe incluir el RAT?

El RAT debe contener la siguiente información:

Para responsables del tratamiento:

- El nombre y datos de contacto del responsable, y en su caso, del corresponsable del tratamiento, del representante del responsable y del delegado de protección de datos.

- Los fines del tratamiento de datos personales.

- Una descripción de las categorías de interesados y de las categorías de datos personales, es decir los tipos de datos que se tratan y categorías de personas a quienes se refieren.

- Las categorías de destinatarios a quienes se comunicaron o comunicarán los datos personales, incluidos los destinatarios en terceros países u organizaciones internacionales.

- En su caso, las transferencias internacionales de datos personales a un tercer país u organización internacional, incluida la identificación de dicho tercer país u organización internacional y, en el caso de las transferencias indicadas en el artículo 49, apartado 1, párrafo segundo, la documentación de garantías adecuadas.

• Cuando sea posible, los plazos previstos para la supresión de las diferentes categorías de datos.

• Cuando sea posible, una descripción general de las medidas técnicas y organizativas de seguridad adoptadas conforme a lo previsto en el artículo 32 del RGPD.

Para Encargados del Tratamiento:

• El nombre y datos de contacto del encargado, y de cada responsable por cuenta del cual actúe el encargado, así como del delegado de protección de datos.

• Las categorías de tratamientos efectuados por cuenta de cada responsable.

• En su caso, las transferencias de datos personales a un tercer país u organización internacional, incluida la identificación de dicho tercer país u organización internacional y, en el caso de las transferencias indicadas en el artículo 49, apartado 1, párrafo segundo, la documentación de garantías adecuadas.

• Cuando sea posible, una descripción general de las medidas técnicas y organizativas de seguridad a que se refiere el artículo 30, apartado 1.

296. ¿Todos los responsables y encargados del tratamiento o, en su caso, sus representantes deben mantener el registro de actividades de tratamiento al que se refiere el artículo 30 del RGPD?

No todos, pero en la mayoría de los casos, SÍ, sobre todo en base a la segunda de las condiciones contempladas en el apartado 5 del artículo 30 del RGPD.

En dicho apartado se exime a las entidades (pymes, autónom@s, etc.) que emplean a menos de 250 personas trabajadoras de la obligación de elaborar el Registro de Actividades de Tratamiento (RAT), salvo que el tratamiento que se lleve a cabo por parte de la entidad:

• pueda entrañar un riesgo para los derechos y libertades de los interesados;

• no sea ocasional;

• “O” incluya categorías especiales de datos personales o datos relativos a condenas (art. 9 y 10 RGPD).

La primera cuestión que se desprende de la redacción de dicho apartado del artículo 30 es que los tres tipos de tratamiento a los que no se aplica la excepción son alternativos (“o”) y la ocurrencia de cualquiera de ellos por sí solo implica la obligación de mantener el RAT.

Una vez determinado el carácter alternativo de las condiciones para la excepción, podríamos decir que la primera y la tercera de las condiciones que implicarían la exclusión de la obligación de elaborar el RAT se darán en algunas entidades de menos de 250 personas trabajadoras, es decir habrá entidades que lleven a cabo tratamientos de datos personales que no sean de categoría especial o relativos a condenas y que no supongan un riesgo para los derechos y libertades de los interesados (no un “alto riesgo”), pero será mucho menos frecuente que en estas entidades se dé la segunda de las condiciones para acogerse a la excepción contemplada en el apartado 5 del artículo 30, esto es que el tratamiento no sea ocasional, por tanto esta condición será de muy limitada aplicación, ya que lo habitual es que la mayoría de las organizaciones, incluidas las entidades de menos de 250 personas trabajadoras (pymes, autónom@s, etc.) traten datos personales de manera recurrente o habitual (nóminas de las personas trabajadoras que hay que realizar todos los meses, facturas a clientes que se hacen de forma habitual,….) lo que les impedirá acogerse a la excepción.

Por ejemplo, una organización (aunque tenga menos de 250 personas trabajadoras) que solo trate datos personales de sus personas trabajadoras, deberá contar con un RAT, aunque solo comprenda ese tratamiento de datos personales, puesto que es un tratamiento recurrente y, en consecuencia, habitual o no ocasional.

Todo esto entendiendo que una actividad de tratamiento solo puede considerarse “ocasional” si no se lleva a cabo con regularidad y se produce fuera del curso normal de negocios o actividad de la organización responsable o encargada del tratamiento.

297. Además de su contenido y qué entidades estarían excluidas de la obligación de llevarlo, ¿establece el RGPD cómo organizar el RAT?

No, sí que establece en su apartado 3 que debe constar por escrito, inclusive en formato electrónico, pero el segundo párrafo del art. 31.1 LOPDGDD si ofrece una orientación al indicar que puede organizarse en torno a conjuntos estructurados de datos (ficheros), especificando, según sus finalidades, las actividades de tratamiento llevadas a cabo y las demás circunstancias establecidas en el RGPD.

298. ¿Se debe comunicar al DPD, cuando sea el caso que la organización lo tuviese designado, cualquier modificación del contenido del RAT?

Sí, así lo establece el art. 31.1 LOPDGDD en su tercer párrafo, cuando indica que cuando el responsable o el encargado del tratamiento hubieran designado un delegado de protección de datos deberán comunicarle cualquier adición, modificación o exclusión en el contenido del RAT.

299. ¿Es obligatorio para una organización hacer público su RAT?

Aunque puede suponer un compromiso con la transparencia, y por tanto con parte de lo establecido en el art. 5.1.a RGPD, en España solo es obligatorio hacer público un inventario de sus actividades de tratamiento accesible por medios electrónicos en el que conste la información establecida en el artículo 30 RGPD y su base legal, para las siguientes organizaciones, todas del sector público:

a) Los órganos constitucionales o con relevancia constitucional y las instituciones de las comunidades autónomas análogas a los mismos.

b) Los órganos jurisdiccionales.

c) La Administración General del Estado, las Administraciones de las comunidades autónomas y las entidades que integran la Administración Local.

d) Los organismos públicos y entidades de Derecho público vinculadas o dependientes de las Administraciones Públicas.

e) Las autoridades administrativas independientes.

f) El Banco de España.

g) Las corporaciones de Derecho público cuando las finalidades del tratamiento se relacionen con el ejercicio de potestades de derecho público.

h) Las fundaciones del sector público.

i) Las Universidades Públicas.

j) Los consorcios.

k) Los grupos parlamentarios de las Cortes Generales y las Asambleas Legislativas autonómicas, así como los grupos políticos de las Corporaciones Locales.

5.9. COOPERACIÓN CON LA AUTORIDAD DE CONTROL (art. 31 RGPD)

300. ¿Debe un responsable o un encargado del tratamiento cooperar con la autoridad de control?

Sí, tanto el responsable como el encargado del tratamiento y en su caso, sus representantes tienen la obligación de cooperar con la autoridad de control, conforme al artículo 31 RGPD, deben cooperar, a petición de la autoridad de control, en el desempeño de sus funciones, esto incluye proporcionar cualquier información que la autoridad de control solicite para el cumplimiento de sus funciones.

En España deben cumplir con las solicitudes de la Agencia Española de Protección de Datos (AEPD) u otra autoridad competente en la materia.

5.10. BLOQUEO DE DATOS (art. 32 LOPDGDD)

301. ¿En qué consiste el bloqueo de datos personales?

En la identificación y reserva de los mismos, adoptando medidas técnicas y organizativas, para impedir su tratamiento, incluyendo su visualización, excepto y exclusivamente para la puesta a disposición de los datos a los jueces y tribunales, el Ministerio Fiscal o las Administraciones Públicas competentes, en particular de las autoridades de protección de datos, para la exigencia de posibles responsabilidades derivadas del tratamiento y solo por el plazo de prescripción de las mismas. Transcurrido ese plazo deberá procederse a la destrucción de los datos.

302. ¿Cuándo debe el responsable del tratamiento proceder en España al bloqueo de los datos personales?

Cuando tenga que rectificarlos o suprimirlos. Es decir:

• Cuando tenga que rectificarlos teniendo en cuenta los fines del tratamiento, el interesado tenga derecho a que se completen sus datos personales cuando sean incompletos, inclusive mediante una declaración adicional. En estos casos el interesado deberá indicar en su solicitud de rectificación a qué datos se refiere y la corrección que haya de realizarse. Deberá acompañar, cuando sea preciso, la documentación justificativa de la inexactitud o carácter incompleto de los datos objeto de tratamiento.

• Cuando tenga que suprimirlos cuando concurra alguna de las circunstancias siguientes:

- los datos personales ya no sean necesarios en relación con los fines para los que fueron recogidos o tratados de otro modo;

- el interesado retire el consentimiento en que se basa el tratamiento, y este no se base en otro fundamento jurídico;

- el interesado se oponga al tratamiento, y no prevalezcan otros motivos legítimos para el tratamiento, o el interesado se oponga al tratamiento con arreglo al artículo 21.2 RGPD (el responsable podrá conservar los datos identificativos del afectado necesarios con el fin de impedir tratamientos futuros para fines de mercadotecnia directa);

- los datos personales hayan sido tratados ilícitamente;

- los datos personales deban suprimirse para el cumplimiento de una obligación legal establecida en el Derecho de la Unión o de los Estados miembros que se aplique al responsable del tratamiento;

- los datos personales se hayan obtenido en relación con la oferta de servicios de la sociedad de la información mencionados en el artículo 8.1 RGPD.

303. ¿Qué base jurídica legitima el tratamiento de datos personales que supone el bloqueo de datos?

La obligación legal impuesta al responsable del tratamiento (art. 6.1.c RGPD) por el artículo 32 de la Ley Orgánica 3/2018, de Protección de Datos Personales y garantía de los derechos digitales (LOPDGDD).

304. ¿Cómo se debe proceder en cuanto al bloqueo de datos personales cuando la configuración del sistema de información no lo permita o se requiera una adaptación que implique un esfuerzo desproporcionado?

En esos casos se procederá a un copiado seguro de la información de modo que conste evidencia digital, o de otra naturaleza, que permita acreditar la autenticidad de la misma, la fecha del bloqueo y la no manipulación de los datos durante el mismo.

305. ¿Existe alguna excepción a la obligación de bloquear los datos personales cuando se vayan a rectificar o suprimir?

Sí, no se procederá al bloqueo de datos:

- En los casos en que la configuración del sistema de información no permita el bloqueo de los datos personales o se requiera una adaptación que implique un esfuerzo desproporcionado; en este caso se procederá a un copiado seguro de la información de modo que conste evidencia digital, o de otra naturaleza, que permita acreditar la autenticidad de la misma, la fecha del bloqueo y la no manipulación de los datos durante el mismo (art. 32.4 LOPDGDD).

- Cuando lo fije la Agencia Española de Protección de Datos y las autoridades autonómicas de protección de datos, dentro del ámbito de sus respectivas competencias, en los supuestos en que, atendida la naturaleza de los datos o el hecho de que se refieran a un número particularmente elevado de afectados, su mera conservación, incluso bloqueados, pudiera:

  - generar un riesgo elevado para los derechos de los afectados, o

  - implicar un coste desproporcionado para el responsable del tratamiento (art. 32.5 LOPDGDD).

- Cuando lo establezca alguna normativa específica, por ejemplo:

– En tratamientos relacionados con la realización de determinadas operaciones mercantiles, cuando estas no llegaran a concluirse (art. 21.2 LOPDGDD).

– En tratamientos con fines de videovigilancia (art. 22.3 LOPDGDD)

– En tratamientos para los sistemas internos de información (art. 32.4 Ley 2/2023, reguladora de la protección del informante)

– Etc.

Capítulo 6

SEGURIDAD DE LOS DATOS PERSONALES

6.1. SEGURIDAD DEL TRATAMIENTO (art. 32 RGPD)

306. ¿Establece el RGPD o la LOPDGDD las medidas de seguridad que se deben adoptar en un determinado tratamiento de datos personales?

No, al contrario que la normativa que regulaba en España los tratamientos de datos personales antes de la entrada en vigor del RGPD que, basándose en las categorías de datos tratados, establecía unos niveles de seguridad (Básico, Medio o Alto) y en función de esto las medidas de seguridad que se debían adoptar, que siendo una lista de mínimos, de manera errónea, y bastante extendida, se entendieron por muchos responsables como una lista cerrada.

El RGPD, traslada la responsabilidad sobre qué medidas de seguridad adoptar, a las organizaciones (responsable y encargado del tratamiento), quienes dentro de la gestión de riesgos que lleven a cabo de cada tratamiento y teniendo en cuenta el estado de la técnica, los costes de aplicación, y la naturaleza, el alcance, el contexto y los fines del tratamiento, deben adoptar medidas técnicas y organizativas apropiadas para garantizar un nivel de seguridad adecuado al riesgo, que en su caso incluya, entre otros:

- la seudonimización y el cifrado de datos personales;

- la capacidad de garantizar la confidencialidad, integridad, disponibilidad y resiliencia permanentes de los sistemas y servicios de tratamiento;

• la capacidad de restaurar la disponibilidad y el acceso a los datos personales de forma rápida en caso de incidente físico o técnico;

• un proceso de verificación, evaluación y valoración regulares de la eficacia de las medidas técnicas y organizativas para garantizar la seguridad del tratamiento.

• la capacidad de garantizar que cualquier persona que actúe bajo la autoridad del responsable o del encargado y tenga acceso a datos personales solo pueda tratar dichos datos siguiendo instrucciones del responsable, salvo que esté obligada a ello en virtud del Derecho de la Unión o de los Estados miembros.

307. Al evaluar las medidas de seguridad que se deben adoptar en un determinado tratamiento ¿qué riesgos se deben tener particularmente en cuenta?

Los que implique el tratamiento, en particular como consecuencia de la destrucción, pérdida o alteración accidental o ilícita de datos personales transmitidos, conservados o tratados de otra forma, o la comunicación o acceso no autorizados a dichos datos

308. ¿De qué forma se puede acreditar que las medidas de seguridad adoptadas fruto de la gestión de riesgos son acordes con lo exigido por el RGPD?

Mediante la adhesión a un código de conducta aprobado a tenor del artículo 40 o a un mecanismo de certificación aprobado a tenor del artículo 42.

6.2. BRECHA O VIOLACIÓN DE LA SEGURIDAD DE LOS DATOS PERSONALES (art. 4.12, 33, 34 RGPD)

309. ¿Qué es una brecha o violación de la seguridad de los datos personales?

Es cualquier violación de la seguridad que ocasione la destrucción, pérdida o alteración accidental o ilícita de datos personales transmitidos, conservados o tratados de otra forma, o la comunicación o acceso no autorizados a dichos datos.

310. ¿Qué no se considera una brecha de datos personales?

Un incidente de seguridad que no ha afectado a datos personales o tratamientos de datos personales no es una brecha de datos personales, dado que no podría producir daños sobre los derechos y libertades de las personas físicas cuyos datos son objeto del tratamiento, independientemente de otros perjuicios que pueda producir al responsable o encargado del tratamiento. Por tanto, no se considera brecha de datos personales aquellos incidentes que:

- No afecten a datos personales, es decir, solo afecten a datos que no son de personas físicas identificadas o identificables.

- No afecten a tratamientos de datos personales llevados a cabo por un responsable o un encargado.

- Ocurran en tratamientos llevados a cabo por una persona física en el ámbito doméstico.

Por lo tanto, no todos los incidentes de seguridad son necesariamente brechas de datos personales y no solo los ciberincidentes pueden ser brechas de datos personales. A su vez, no toda acción que suponga una vulneración de la normativa de protección de datos puede ser considerada una brecha de datos personales.

Por ejemplo, el mero hecho de recibir correos electrónicos con *malware* o sospechosos de malware sin haberlo ejecutado, detectar un sistema infectado con un virus, o sufrir un intento de ciberataque sin que se llegue a materializar, no puede ser considerado en sí mismo como una brecha de datos personales cuando no puedan producir consecuencias sobre los derechos y libertades de las personas. No obstante, deben ser gestionadas como incidentes de seguridad, incluyendo la necesidad de determinar si han llegado a afectar a datos personales. En base al principio de responsabilidad proactiva, ante cualquier suceso que pueda tener consecuencias para los derechos y libertades de los interesados el responsable del tratamiento ha de reaccionar y mitigar dichas consecuencias.

En las Directrices 01/2021 sobre ejemplos relativos a la notificación de brechas de datos personales adoptadas por el Comité Europeo de Protección de Datos el 14 de enero de 2021 se pueden encontrar algunos ejemplos de brechas de datos personales.

311. ¿Debe contar cualquier organización con un protocolo de gestión de brechas de seguridad?

Sí, la gestión de brechas de seguridad es un proceso que debe formar parte de la cultura de responsables y encargados de tratamientos. Esta gestión de incidentes debe incorporar los procedimientos para responder a las obligaciones que se desprenden del RGPD. Concretamente, de los artículos 33 y 34 en cuanto a la notificación de la brecha a la Autoridad de Control y la comunicación a los afectados.

El responsable ha de ser diligente en la implementación de medidas para la detección de un incidente y su clasificación como brecha de datos personales. Estas medidas podrían incorporar procedimientos, recursos y medios de detección y gestión, ya sean propios o a través de terceros, así como garantías de que los anteriores funcionan correctamente. Las medidas deben permitir reaccionar lo antes posible a la brecha de datos personales y evaluar el riesgo para los derechos y libertades de las personas físicas. Los encargados del tratamiento deberán informar sin dilación de las brechas que sufran a los responsables para que estos evalúen el riesgo y ejerzan sus obligaciones.

Una vez detectada y evaluada la brecha de datos personales, durante su resolución se debe documentar el proceso con toda la información que se vaya recopilando. Esta documentación será adjuntada al registro de incidentes que deben mantener los responsables de los tratamientos.

Como parte del proceso de gestión de incidentes se debe incorporar un procedimiento de notificación de brechas de datos personales que concrete todos los aspectos fundamentales que son necesarios para la correcta aplicación del RGPD. Por ejemplo, se ha de definir cuál es la Autoridad de Control a la que se debe notificar, qué sucesos motivarán la ejecución del procedimiento, qué persona debe realizar la notificación a la Autoridad de Control, aprovisionar los medios técnicos o de cualquier índole necesarios para notificar, asegurar el cumplimiento de los plazos, y en su caso establecer el procedimiento de autorizaciones que se requiera para notificar conforme a las instrucciones del responsable del tratamiento.

De la misma manera, se debe establecer un procedimiento para la comunicación a los afectados en el que se concreten aspectos como quién realizará la comunicación, cómo se comunicará a los afectados, los canales y medios con los que se realizará la comunicación y en general los detalles que permitan comunicar de forma efectiva.

Ambos procedimientos han de estar definidos antes de que se materialice una brecha. Pueden considerarse como procedimientos independientes, o bien un procedimiento único que cubra ambos aspectos, o, lo que es más recomendable, estar integrado dentro de los procedimientos de gestión de incidentes de seguridad de la organización.

312. ¿Cuándo puede suponer un riesgo para los interesados una brecha de seguridad en los datos personales?

Cuando implique para los afectados daños y perjuicios físicos, materiales o inmateriales (Cdo. 75 RGPD):

- en particular en los casos en los que la brecha pueda dar lugar a problemas de:
  - discriminación,
  - usurpación de identidad o fraude,
  - pérdidas financieras,
  - daño para la reputación,
  - pérdida de confidencialidad de datos sujetos al secreto profesional,
  - reversión no autorizada de la seudonimización o cualquier otro perjuicio económico o social significativo;
- en los casos en los que debido a la brecha se prive a los interesados de sus derechos y libertades o se les impida ejercer el control sobre sus datos personales;
- en los casos en los que los datos personales afectados por la brecha revelen:
  - el origen étnico o racial,

– las opiniones políticas,

– la religión o creencias filosóficas,

– la militancia en sindicatos y

– el tratamiento de datos:

· genéticos,

· relativos a la salud

· sobre la vida sexual,

· sobre condenas e infracciones penales o medidas de seguridad conexas;

• en los casos en los que los datos afectados sean evaluaciones de aspectos personales, en particular análisis o predicción de aspectos referidos al:

– rendimiento en el trabajo,

– situación económica,

– salud,

– preferencias o intereses personales,

– fiabilidad o comportamiento,

– situación o movimientos, con el fin de crear o utilizar perfiles personales;

• en los casos en los que se trate de datos personales de personas vulnerables, en particular niños; o

• en los casos en los que la brecha afecte a una gran cantidad de datos personales y afecte a un gran número de interesados.

313. ¿Cómo se debe proceder cuando se produce una brecha de seguridad?

Independientemente de que pueda suponer un riesgo o no para los derechos y libertades de las personas físicas afectadas, el responsable del tratamiento debe documentar cualquier violación de la seguridad de los datos personales, incluidos los hechos relacionados con ella, sus efectos y las medidas correctivas adoptadas. Dicha documentación permitirá a la autoridad de control verificar el cumplimiento de lo dispuesto en el RGPD.

La información relativa a las decisiones tomadas sobre la notificación a la autoridad competentes y la comunicación a los afectados (incluida una copia de la comunicación de realizarse) debe recogerse también en un registro de incidentes de forma detallada.

No existe un modelo estándar de registro de incidentes. Cada organización debe utilizar el que considere más conveniente y que se integre en sus sistemas de gestión.

314. ¿Qué deben tener en cuenta las autoridades al establecer disposiciones de aplicación sobre el formato y los procedimientos aplicables a la notificación de las violaciones de la seguridad de los datos personales?

Deben tener en cuenta las circunstancias de tal violación, inclusive si los datos personales habían sido protegidos mediante las medidas técnicas de protección adecuadas, limitando eficazmente la probabilidad de usurpación de identidad u otras formas de uso indebido. Asimismo, estas normas y procedimientos deben tener en cuenta los intereses legítimos de las autoridades policiales en caso de que una comunicación prematura pueda obstaculizar innecesariamente la investigación de las circunstancias de una violación de la seguridad de los datos personales (Cdo. 88 RGPD).

315. ¿Qué papel juega el DPD en el proceso de gestión de brechas de seguridad?

En los casos en los que se haya designado ocupará un papel muy relevante, ya que el RGPD encomienda al DPD la función de informar y asesorar al responsable o encargado de las obligaciones que les incumben, incluidas las relativas a la gestión y notificación de las brechas de datos personales, así como cooperar con la Autoridad de Control y actuar como punto de contacto con la misma para cuestiones relativas al tratamiento, por tanto deberá informar y asesorar al responsable/encargado del tratamiento respecto de:

• La implantación de un proceso de gestión de brechas de datos personales en la organización.

• La evaluación del riesgo y las consecuencias que puede suponer para los derechos y libertades de las personas afectadas.

• Las acciones adecuadas que se deben tomar para mitigar los efectos de la brecha de datos personales sobre las personas afectadas.

• La necesidad de notificar la brecha a la autoridad de control y en su caso a los interesados afectados.

• En el caso de encargados de tratamiento, la necesidad de notificar la brecha de datos personales al responsable.

El DPD actuará como punto de contacto con la Autoridad de Control en el proceso de notificación por parte del responsable de las brechas de datos personales, así como las respuestas a los requerimientos realizados por dicha Autoridad respecto a las mismas, siempre de acuerdo con el proceso de gestión de brechas implantado en la organización.

El responsable y el encargado del tratamiento en su caso deben dotar al DPD de los medios necesarios y de la información para el ejercicio de sus funciones.

No obstante, la responsabilidad recae ineludiblemente en el responsable y encargado del tratamiento respecto de las obligaciones de cada uno de ellos.

6.2.1. Notificación de una brecha a la autoridad de control (art. 33 RGPD)

316. ¿Se debe notificar a la autoridad de control cualquier brecha seguridad?

No, solo cuando suponga un riesgo para los interesados afectados por la misma, es decir que la brecha pueda entrañar daños y perjuicios físicos, materiales o inmateriales para las personas físicas, como pérdida de control sobre sus datos personales o restricción de sus derechos, discriminación, usurpación de identidad, pérdidas financieras, reversión no autorizada de la seudonimización, daño para la reputación, pérdida de confidencialidad de datos sujetos al secreto profesional, o cualquier otro perjuicio económico o social significativo para la persona física en cuestión.

317. ¿Se dispone de algún plazo para notificar a la autoridad de control la brecha seguridad?

Cuando suponga un riesgo para los interesados se notificará a la autoridad de control competente sin dilación indebida y, de ser posible, a más tardar 72 horas después de que haya tenido constancia de ella, a menos que el responsable pueda demostrar, atendiendo al principio de responsabilidad proactiva, la improbabilidad de que la violación de la seguridad de los datos personales entrañe un riesgo para los derechos y las libertades de las personas físicas. Si la notificación a la autoridad de control no tiene lugar en el plazo de 72 horas, deberá ir acompañada de una indicación de los motivos de la dilación.

318. ¿A qué autoridad de control se debe notificar la brecha de seguridad?

En el ámbito privado, con carácter general, los responsables del tratamiento afectados por la brecha deberán notificarla a la AEPD:

• Cuando su único establecimiento esté localizado en España.

• Si tienen varios establecimientos en la Unión Europea, únicamente cuando el establecimiento principal esté localizado en España.

• Si no tienen establecimiento principal en la Unión Europea, sólo en el caso de que hayan designado un representante en España.

• Si no tienen establecimiento ni representante en la Unión Europea, en el caso de que la brecha de datos personales cuente con afectados en España.

Los responsables de tratamiento con establecimiento principal en otro Estado Miembro de la Unión Europea, o que no tengan un establecimiento en la UE pero hayan nombrado un representante en otro Estado Miembro, deberán notificar a la Autoridad de Control de dicho Estado Miembro. En tal caso, los establecimientos no principales situados en España que hayan sufrido una brecha de datos personales han de incorporar en su procedimiento de gestión de brechas los mecanismos adecuados para que el establecimiento principal pueda realizar la notificación correspondiente ante la Autoridad de Control del Estado Miembro competente.

En el ámbito público, con carácter general las AAPP deben notificar las brechas de datos personales a la AEPD a excepción del caso de las Comunidades Autónomas de Andalucía, Cataluña y País Vasco, cuando las brechas de datos personales se produzcan en entidades del sector público bajo su competencia, la Autoridad de Control a la que notificar será:

- **Cataluña**: la Autoridad Catalana de Protección de Datos[6]

- **País Vasco**: la Agencia Vasca de Protección de Datos[7]

- **Andalucía**: el Consejo de Transparencia y Protección de Datos de Andalucía[8]

En todos los casos en los que la Autoridad de Control competente no es la AEPD, deberán observarse las recomendaciones y directrices específicas de cada autoridad.

319. ¿Quién debe notificar la brecha de datos personales a la autoridad de control?

El responsable del tratamiento, que también puede autorizar a una persona física, representante o entidad que ejerza su representación para que realice la notificación de la brecha de datos personales ante la Autoridad de Control.

6. https://apdcat.gencat.cat/es/inici/ a través de su sede electrónica

7. https://www.avpd.eus/notificacion-de-brechas-de-seguridad/webavpd00-content/es/

8. https://www.ctpdandalucia.es/ventanilla-electronica

Únicamente en casos de brechas de datos personales ocurridas en un encargado del tratamiento y que hayan afectado por igual a los derechos y libertades de los interesados de diferentes responsables de tratamiento a los que presta servicio, el encargado podrá realizar una única notificación de brecha de datos personales relacionando a todos los responsables cuyos tratamientos se han visto afectados.

320. ¿Cómo debe proceder el encargado del tratamiento cuando tenga conocimiento de una brecha de seguridad?

La notificará sin dilación indebida al responsable del tratamiento.

El encargado del tratamiento que ha sido objeto de una brecha de datos personales únicamente podrá notificar en nombre del responsable si así lo tiene establecido en un contrato o vínculo legal de similar índole. En todo caso, el responsable del tratamiento debe ser previamente informado sobre la ocurrencia de la brecha de datos personales y todos los detalles relevantes como establece el artículo 33.2 del RGPD.

En su caso, el encargado del tratamiento deberá realizar una notificación de brecha de datos personales por cada responsable del tratamiento afectado, dado que una brecha en un encargado del tratamiento puede afectar de forma muy distinta a varios responsables de tratamiento.

321. ¿Qué contenido mínimo debe incluir la notificación de una brecha de datos personales a la autoridad de control?

- Una descripción de la naturaleza de la brecha de los datos personales, inclusive, cuando sea posible, las categorías y el número aproximado de interesados afectados, y las categorías y el número aproximado de registros de datos personales afectados.

- El nombre y los datos de contacto del DPD si lo tuviese designado o de otro punto de contacto en el que pueda obtenerse más información.

- Una descripción de las posibles consecuencias de la brecha de los datos personales.

- Una descripción de las medidas adoptadas o propuestas por el responsable del tratamiento para poner remedio a la brecha de los datos personales, incluyendo, si procede, las medidas adoptadas para mitigar los posibles efectos negativos.

322. Cuando se notifique una brecha a la autoridad de control, ¿debe ir acompañada de toda la información sobre la misma?

Sí, cuando sea posible, si no fuera posible facilitar la información simultáneamente, y en la medida en que no lo sea, la información se facilitará de manera gradual sin dilación indebida.

6.2.2. Notificación de una brecha a través del formulario de la sede electrónica de la AEPD

323. ¿Cómo se debe notificar una brecha a la autoridad de control en España?

La AEPD considera aceptable realizarla de forma telemática en el formulario de Notificación de brechas de datos personales de su Sede Electrónica,[9] que está exclusivamente dirigido a responsables de tratamiento, que tienen la obligación de notificar sus brechas de datos personales, a través de una persona física autorizada, representante o entidad que ejerza su representación.

Para acceder al formulario es necesario estar en posesión de un certificado electrónico reconocido o sistemas Cl@ve permanente y PIN24H. Cuando el certificado electrónico utilizado sea un certificado electrónico de representación del responsable del tratamiento, quedará dicha representación automáticamente acreditada. Si no se dispone de un certificado de representación, podrá adjuntarse opcionalmente un documento acreditativo de la representación o la AEPD podrá requerir a posteriori que se acredite dicha representación o la autorización del responsable para notificar la brecha de datos personales.

La acreditación de la representación del responsable por parte del solicitante, de ser necesaria, se llevará a cabo conforme al artículo 32.3 del

9. https://sedeagpd.gob.es/sede-electronica-web/vistas/infoSede/nbs/guiadoBrechasInicio.jsf

Real Decreto 203/2021 en el que se aprueba el Reglamento de actuación y funcionamiento del sector público por medios electrónicos.

Las notificaciones de brechas de datos personales a la AEPD por los sujetos obligados en el artículo 14.2 de la Ley 39/2015 se deben realizar de forma electrónica, preferentemente usando el formulario de notificación de brechas de datos personales de la Sede Electrónica para garantizar una correcta ejecución de las obligaciones del artículo 33.3 del RGPD.

Quienes tienen la obligación de notificar, tienen también la obligación de prever los medios formales y materiales necesarios para poder notificar por esta vía en forma y plazo.

324. ¿Cuáles son las obligaciones del responsable tras notificar una brecha de datos personales?

Deberá prever los medios técnicos necesarios para poder acceder de forma rápida y ágil a los posibles requerimientos, órdenes o comunicaciones que la AEPD pueda realizarle electrónicamente en relación con la brecha de datos personales notificada. La AEPD remite sus notificaciones y comunicaciones electrónicas a través del servicio compartido de gestión de Notificaciones Notific@, que envía las notificaciones a los sistemas Carpeta Ciudadana y Dirección Electrónica Habilitada del Ministerio de Política Territorial y Función Pública.

De acuerdo con lo previsto por el art. 43 de la citada LPACAP, se cumplirá la obligación de notificar con la puesta a disposición de la notificación en la sede electrónica o en la Dirección Electrónica Habilitada (DEH) única del responsable del tratamiento identificado en el formulario de notificación de brecha de datos personales. Se entiende que la notificación ha sido rechazada cuando hayan transcurrido diez días desde su puesta a disposición sin que se acceda a su contenido.

Una vez se realiza el envío, se entenderá que la notificación ha surtido efectos en la fecha de comparecencia en la que el responsable recoge la notificación. En caso de no recoger la notificación se entenderá igualmente que ha surtido efectos en la fecha en la que expire la notificación.

El responsable del tratamiento puede recibir, por ejemplo:

• Comunicación con información relativa al registro de la brecha de datos personales notificada.

• Notificación con un requerimiento de información adicional sobre la brecha de datos personales o el tratamiento de datos personales en cuestión. El responsable del tratamiento deberá atenderlo en el plazo indicado en el requerimiento y remitiendo la información a través de registro electrónico, indicando que se trata de un registro relacionado con un procedimiento en tramitación e indicando el tipo de documento "contestación a requerimiento".

• Notificación con una orden para comunicar a los afectados la brecha de datos personales en virtud del artículo 34.4 al considerar que el riesgo para los afectados es alto. El responsable del tratamiento dispondrá del plazo indicado en esa orden para confirmar a la Agencia su ejecución a través del registro electrónico. Con carácter general el plazo para la confirmación será de 30 días, aunque podría acortarse en función del nivel de riesgo. La confirmación se debe realizar igualmente mediante registro electrónico, indicando que se trata de un registro relacionado con un procedimiento en tramitación, indicando el número de registro de salida de la orden de comunicar a los afectados e indicando el tipo de documento "contestación a requerimiento". La confirmación a la AEPD deberá incluir los siguientes detalles:

- Contenido de la comunicación a los afectados.

- Fecha o periodo en el que se ha ejecutado la comunicación.

- Número de sujetos comunicados.

- Medio utilizado para comunicar a los afectados.

- Justificación para optar por una comunicación pública de las establecidas en el art. 34.3.c RGPD en su caso.

325. ¿Qué tipo de notificaciones de brechas se pueden llevar a cabo a través del formulario de la Sede Electrónica de la AEPD?

Se pueden llevar a cabo dos tipos de notificaciones:

• **Nueva notificación**: notificar una brecha de datos personales de la que no se ha informado previamente a la AEPD. Puede ser:

– **Completa** cuando en el momento de la notificación se disponga de toda la información necesaria, o

– **Inicial** cuando en el momento de la notificación no se disponga de toda la información necesaria y se tenga previsto aportar información adicional.

• **Modificación de una ya notificada**: cuando se haya notificado previamente una brecha de datos personales de manera inicial, en el plazo 30 días se podrá realizar una modificación sobre esta información para completarla. Para ello, se debe facilitar el número de registro de la notificación que se desea modificar y la fecha en la que se realizó. De forma general, está prevista una única modificación de una notificación de brecha de datos personales realizada previamente, y dentro del plazo de 30 días.

326. ¿Puede otra entidad distinta al responsable, a través del formulario de la sede electrónica de la AEPD, notificar la brecha en representación de este?

Sí, para ello la entidad que notifica en nombre del responsable podrá adjuntar a la notificación un documento acreditativo de representación, que la AEPD podrá requerir a posteriori, se puede adjuntar la documentación acreditativa de:

• haber sido designado por el responsable para notificar sus brechas,

• o en su caso para notificar una brecha de datos personales concreta,

• o de representación del responsable del tratamiento.

327. ¿Qué información general sobre el tratamiento afectado por la brecha necesitamos conocer para la notificación de la brecha a través del formulario de la Sede Electrónica de la AEPD?

• Su duración, distinguiendo entre tratamientos puntuales y de larga duración.

• Número total de personas cuyos datos forman parte del mismo, aunque no necesariamente todas se hayan visto afectados por la brecha. Es decir, se indicará el número total de personas sobre las que se tratan datos personales para el tratamiento específico en cuestión, aunque el número de personas afectadas por la brecha de datos personales sea menor.

• Su ámbito geográfico, si se realiza sobre personas de la misma localidad, provincia, si es a nivel nacional y/o de otro Estado Miembro, o a nivel mundial.

328. ¿Qué información sobre la intencionalidad y el origen del incidente que ha causado la brecha necesitamos conocer?

Sobre la intencionalidad, si ha sido:

• Intencionado, por ejemplo, un ataque de un ciberdelincuente de diverso tipo, robo de un dispositivo.

• Accidental o fortuito, por ejemplo, el envío de datos personales por error a destinatario incorrecto, pérdida de dispositivo, publicación no intencionada.

Sobre el origen, si ha sido:

• Interno:

– Personal o sistemas bajo el control del responsable del tratamiento, por ejemplo, envío de datos personales a un encargado del tratamiento incorrecto o extravío de dispositivo.

– Personal o sistemas bajo el control del encargado del tratamiento, por ejemplo, el envío de documentación a destinatarios incorrectos, incidencia técnica en sistemas de información.

• Externo: otros, ajenos al responsable y encargado del tratamiento, por ejemplo, un ciberataque o robo de dispositivos.

Independientemente de las consecuencias y tipología de la brecha de datos personales, es necesario identificar el suceso que desencadena el incidente para determinar las causas, evaluar las consecuencias de la brecha y tomar medidas que impidan un suceso similar.

329. Según la dimensión de la seguridad de los datos afectada, ¿cómo podemos clasificar las brechas de seguridad?

Una misma brecha de datos personales puede afectar a más de una dimensión dependiendo de las circunstancias particulares en cada caso. Las brechas se pueden clasificar según la dimensión de la seguridad afectada en:

a) **Brecha de confidencialidad**: cuando se produce una divulgación o acceso no autorizado o accidental a datos personales. Es decir, cuando los datos personales de un tratamiento han podido ser accedidos por terceros sin permiso, incluyendo cuando los datos son exfiltrados. Esto incluye, por ejemplo, los casos de intrusión en sistema de información con acceso y/o exfiltración de datos personales, el envío de datos personales por error, la pérdida de dispositivos o documentación con datos personales, *malware* de tipo *ransomware* con exfiltración de datos, etc.

Es importante saber si los datos personales afectados estaban (total o parcialmente) cifrados de forma segura, anonimizados o protegidos de forma que sean ininteligibles para quien haya tenido acceso a dichos datos o lo pueda tener en el futuro. Si es así, las consecuencias de la brecha de confidencialidad quedan en gran medida mitigadas, reduciendo o incluso anulando los riesgos derivados del incidente.

b) **Brecha de integridad**: cuando se produce una alteración no autorizada o accidental de datos personales. Es decir, cuando se han alterado los datos personales de forma ilegítima y el tratamiento de esos datos personales puede causar un daño a los afectados. Por ejemplo, un tercero ha modificado en la base de datos de la organización la información relativa a los datos bancarios de los empleados que se utilizan para el pago de las nóminas, o un alumno modifica las calificaciones en la base de datos de un centro educativo.

Cuando se producen brechas de datos personales de integridad el responsable debe determinar si el tratamiento de los datos alterados ilegítimamente puede causar o ha causado algún daño a los afectados y en su caso si el daño se puede revertir.

c) **Brecha de disponibilidad**: cuando se produce una falta accidental o no autorizada de acceso a datos personales o destrucción de los mismos. Es decir, cuando han estado inaccesibles de forma temporal o permanente para quien legítimamente debe poder tratarlos o acceder a ellos. Esta situación puede ocurrir por sucesos que afecten a los datos personales en sí mismos o también por sucesos que afecten a los sistemas utilizados para su tratamiento. Por ejemplo, incluye casos de cifrado de datos personales o de los sistemas de información causado por *malware* de tipo *ransomware*, pérdida de documentación en papel con datos personales o la imposibilidad de acceder a un almacenamiento de datos (acceso físico o lógico).

Para el responsable del tratamiento es importante determinar si la disponibilidad se ha podido recuperar o está en vías de recuperación, dado que recuperar los datos y los sistemas de tratamiento es la vía para mitigar el daño que pueden producir este tipo de brechas de datos personales. Para ello, los responsables de tratamiento deben establecer estrategias y procedimientos de recuperación ante situaciones de este tipo, incluyendo procedimientos de copia de seguridad, recuperación ante incidentes y estrategias de gobernanza de los datos.

330. ¿Qué información sobre las categorías de datos y colectivos de afectados por la brecha necesitamos conocer?

Ante una brecha de datos personales, el responsable del tratamiento debe ser capaz de determinar con la mayor precisión posible las categorías de datos personales afectadas, el número de personas afectadas y a qué colectivos pertenecen. Estos tres parámetros serán esenciales para poder determinar el nivel de riesgo para las personas afectadas por la brecha.

Las organizaciones no realizan los mismos tratamientos, con los mismos fines, a clientes o a personas trabajadoras, ni siquiera tratarán las mismas categorías de datos personales. El nivel de riesgo para los derechos y libertades de las personas afectadas puede ser distinto en función del colectivo que se trate, y requerir distintas medidas de mitigación.

Si se determina que el riesgo de una brecha de datos personales es, por ejemplo, alto para las personas trabajadoras, pero bajo para los clientes, el responsable del tratamiento podría optar por comunicar la brecha de datos personales de acuerdo con el art. 34 del RGPD únicamente a sus personas trabajadoras, por ser quienes pueden sufrir las consecuencias con severidad alta.

Un aspecto importante a tener en cuenta como agravante del riesgo potencial es si el tratamiento que ha sufrido la brecha de datos personales se realiza sobre datos de personas que pertenecen a un colectivo especialmente vulnerable. Estos son: menores de edad, supervivientes de violencia de género, de acoso o situaciones similares. Este aspecto es particularmente importante en brechas que afectan a la confidencialidad, y cuando los datos afectados o las circunstancias de la brecha de datos personales permiten identificar a las personas como pertenecientes a dichos colectivos.

El responsable del tratamiento debe determinar, al menos de forma aproximada, el número de personas físicas (no jurídicas) cuyos datos personales se han visto afectados por la brecha de datos personales, es decir cuyos derechos o libertades podrían verse dañados como consecuencia de la brecha, por ejemplo, por el tratamiento ilícito o no autorizado que se pueda producir de sus datos personales, la imposibilidad de acceder a un servicio o en definitiva la pérdida de control sobre sus datos personales. Es necesario indicar un número mayor que 0.

Si tiene la certeza de que los datos personales de un tratamiento pueden haberse visto afectados, pero desconoce el número exacto de afectados, se indicará aproximadamente o en último extremo el número total de personas sobre las que se tratan datos.

331. ¿Qué información sobre las consecuencias de la brecha necesitamos conocer?

Conforme al Considerando 85 del RGPD una brecha de datos personales puede suponer daños y perjuicios físicos, materiales o inmateriales para las personas físicas, como pueden ser:

- Pérdida de control sobre sus datos personales.
- Restricción de sus derechos, imposibilidad de ejercer algún derecho o acceso a un servicio.
- Ser víctima de campañas de *phishing/spamming*.
- Discriminación.
- Usurpación de identidad.
- Pérdidas financieras.
- Reversión no autorizada de la seudonimización.

• Daño reputacional.

• Pérdida de confidencialidad de datos sujetos a secreto profesional.

• Cualquier otro perjuicio económico o social significativo para la persona en cuestión.

Ante una brecha de datos personales, el responsable del tratamiento debe ser capaz de determinar de la forma más rigurosa posible como puede afectar a los derechos (especialmente cuando son los fundamentales) y libertades de las personas afectadas, determinando el nivel de severidad (impacto/gravedad) con el que se podrían materializar dichas consecuencias y la probabilidad de que se materialicen.

Con estos datos el responsable deberá determinar el nivel de riesgo para los derechos y libertades de las personas físicas (no para el responsable o alguno de sus encargados) y en función del mismo adoptar las medidas oportunas con el objetivo de protegerlos.

Para determinar todos estos factores el responsable del tratamiento debe apoyarse irremediablemente en el trabajo previo de gestión de riesgos de los tratamientos que lleva a cabo y sobre los que se ha producido la brecha de datos personales.

332. ¿Cómo puede determinar el responsable el nivel de severidad (impacto/gravedad) de una brecha?

Para determinar el nivel de severidad debe tenerse en cuenta el daño que se puede producir al materializarse las consecuencias identificadas, considerando el nivel de severidad (impacto/gravedad):

• **Muy alta**: cuando las personas pueden enfrentarse a consecuencias muy significativas, o incluso irreversibles, que no pueden superar (exclusión o marginación social, dificultades financieras tales como deudas considerables o incapacidad para trabajar, dolencias psicológicas o físicas a largo plazo, muerte, etc.). Suponiendo un daño para sus derechos fundamentales y libertades públicas de forma irreversible.

• **Alta**: cuando las personas pueden enfrentarse a consecuencias significativas, que deberían poder superar, aunque con serias dificultades (malversación de fondos, listas negras de los bancos, daños a la propiedad, pérdida de empleo, citación judicial, empeoramiento de la salud, etc.). En general cuando las consecuencias afectan a derechos fundamentales, pero pueden revertirse.

• **Media:** cuando las personas pueden encontrar inconvenientes importantes, produciendo un daño limitado, que podrán superar a pesar de algunas dificultades (costos adicionales, denegación de acceso a servicios comerciales, miedo, falta de comprensión, estrés, dolencias físicas menores, etc.)

• **Baja**: cuando las personas no se verán afectadas o pueden encontrar algunos inconvenientes muy limitados y reversibles que superarán sin ningún problema (tiempo de reingreso de información, molestias, irritaciones, etc.)

333. ¿Cómo puede determinar el responsable el nivel de probabilidad de que las posibles consecuencias de una brecha se materialicen?

No se trata de determinar la probabilidad de que la brecha se materialice, cuestión que si estamos notificando es porque ya se ha producido, sino determinar si existe la posibilidad de que las consecuencias se materialicen.

Para determinarlo, se deberá tener en cuenta las medidas técnicas y organizativas aplicadas antes de que se produjera la brecha y las acciones tomadas a posteriori para evitar que el daño se materialice.

Puede ocurrir que el responsable del tratamiento ya tenga conocimiento de que se ha materializado un daño concreto sobre una persona afectada, en cuyo caso ya no sería necesario determinar un nivel de probabilidad porque se tiene la certeza de que ya ha ocurrido.

En caso de no haberse materializado el daño, se deberá estimar esta probabilidad, y será:

• **Improbable:** cuando el responsable pueda garantizar que no puede materializarse el daño.

• **Baja:** cuando la probabilidad de materialización del daño es baja.

- **Alta:** cuando la probabilidad de materialización del daño es alta.

- **Muy alta:** cuando la probabilidad de materialización del daño es muy alta.

334. ¿Qué información debemos incluir en el apartado "Resumen de la Brecha" del formulario para notificarlas de la Sede Electrónica de la AEPD?

Describir de forma sucinta y concisa los hechos acontecidos y las medidas adoptadas para mitigar los efectos sobre las personas físicas afectadas. No se deben incluir datos personales, ni aportar información contradictoria a lo reflejado a lo largo del formulario. La notificación deberá ajustarse a la longitud prevista en el formulario, evitando fórmulas tipo: "En documento adjunto", "Ver adjunto" o similares.

También puede aportarse información que se considere relevante y no se recoja en el resto de los apartados del formulario, por ejemplo:

- Indicar medidas concretas adoptadas para mitigar el riesgo sobre las personas afectadas no recogidas en el apartado de acciones tomadas.

- En caso de que un ciberincidente sea el causante de la brecha y esté siendo tratado por un CERT, (entidad de respuesta a incidentes) o lo haya sido, se puede indicar el CERT (INCIBE, CCN) y el número de ticket.

- Indicar el número de afectados en España cuando no coincida con el número total de afectados.

- Indicar si hay diferencias sustanciales en el riesgo para las personas según su perfil.

- Si la brecha está vinculada a un servicio que se presta bajo una denominación comercial distinta a la razón social del responsable, indicar tanto el servicio como la denominación comercial.

- Cuando se notifique como encargado y en nombre de varios responsables, especificar el número total de personas afectadas y el número de personas afectadas por cada responsable.

335. ¿Se debe indicar en el formulario para notificar brechas de la Sede Electrónica de la AEPD si hay afectados en otros países de la UE?

Sí, se debe indicar si hay afectados en otros estados miembro de la Unión Europea y el número aproximado en cada Estado miembro, teniendo en cuenta las categorías de datos personales afectadas, el número de personas afectadas y a qué colectivos pertenecen, y si el responsable ha notificado o tiene previsto notificar a la Autoridad de Control de algún otro Estado miembro.

336. ¿Qué información sobre los plazos y medios de detección de la brecha necesitamos conocer para su notificación a través del formulario de la Sede Electrónica de la AEPD?

A tal efecto en el formulario de notificaciones de brechas de datos personales se solicita la siguiente información:

- **Fecha de detección**: en la que el responsable del tratamiento tiene constancia de que un incidente ha afectado a datos personales, y es la fecha que establece el inicio de los plazos de notificación a la Autoridad de Control y a los afectados.

Si la fecha en la que se está realizando la notificación de brecha está fuera del plazo de 72 horas respecto a la fecha de detección, deberá indicarse también el motivo. Se consideran los siguientes supuestos:

- Plazo de 72 horas expirado fuera de la jornada laboral, fin de semana o períodos de vacaciones.
- Problemas en medios técnicos.
- Inicialmente no se consideró susceptible de notificación a la Autoridad de control.
- Demora en el procedimiento de gestión de brechas.
- No interferir en una investigación policial o judicial en curso.

- **Medios de detección de la brecha:** por los cuales el responsable del tratamiento ha tenido constancia de la brecha de datos personales. Se consideran los siguientes supuestos:

- Medios de detección propios del encargado o responsables.

- La comunicación de algún afectado.

- Medios de comunicación

- Tercero ajeno al tratamiento, se considera en este caso cuando se tiene constancia de la brecha mediante la comunicación realizada por un investigador de seguridad, un CERT o cualquier tercero ajeno al tratamiento de datos personales.

• **Fecha de inicio de la brecha**: de conocerla, se debe indicar la fecha de inicio del incidente que provoca la brecha de datos personales. Se puede indicar una fecha exacta o estimada.

337. ¿Qué información sobre las medidas de seguridad disponibles antes de la brecha necesitamos conocer?

El responsable del tratamiento debe determinar si las medidas de seguridad implantadas antes de la brecha eran adecuadas al nivel de riesgo, y en caso de que no lo fueran adoptar medidas de seguridad adicionales o corregir fallos o deficiencias en las medidas de seguridad adoptadas. No se trata de informar sobre la totalidad, ni el detalle, de las medidas de seguridad aplicadas en el tratamiento de datos, sino aportar información básica de las medidas aplicadas.

• Medidas de seguridad con las que contaba el tratamiento antes de la brecha: Se consideran las siguientes opciones:

- Políticas y formación en protección de datos y seguridad de la información.

- Sistemas actualizados.

- Registro de incidentes.

- Auditorías periódicas.

- Control de acceso físico y lógico.

- Diferentes niveles de acceso a los datos.

- Copias de seguridad / Plan de recuperación.

- Anonimización.

• Indicar si la brecha pudiera haberse evitado adoptando alguna medida adicional.

• Indicar si el origen de la brecha es debido a un fallo, deficiencia o incumplimiento de alguna de las medidas de seguridad implementadas.

• Indicar la disponibilidad de un análisis de riesgos o evaluación de impacto en protección de datos documentado que justifique las medidas adoptadas.

338. ¿Qué información sobre las medidas de seguridad adoptadas o propuestas para poner remedio a la brecha y mitigar los posibles efectos negativos necesitamos conocer?

A tal efecto el responsable del tratamiento deberá indicar la siguiente información:

• Si se ha actualizado el registro de incidentes con los detalles relativos a la brecha.

• Identificar de entre las medidas implantadas antes de la brecha cuáles han sido mejoradas y/o adoptadas como nuevas medidas de seguridad.

• Si se han establecido mejoras en los procedimientos y políticas de seguridad tras la brecha.

• Si se han denunciado los hechos ante las Autoridades policiales y/o judiciales competentes por considerarlo constitutivo de delito, o se pretende hacerlo. No es necesario adjuntar a la notificación de brecha una copia de la denuncia, en su caso, se le podría requerir al responsable con posterioridad.

• Si el responsable del tratamiento considera que se han tomado todas las acciones posibles y ha dado por resuelta la brecha. En tal caso se deberá indicar también la fecha en la que se dio por resuelta la brecha de datos personales.

En caso de que el riesgo para las personas afectadas haya quedado mitigado con acciones más concretas que las consideradas entre las antes enumeradas, se indicarán brevemente en el resumen del incidente.

339. ¿Los datos de qué intervinientes se deberán facilitar en la notificación de la brecha a la AEPD?

Se deberán facilitar los datos de los siguientes intervinientes:

• **Solicitante**: persona física que cumplimenta el formulario de notificación. Tiene que estar en posesión de un certificado electrónico reconocido o sistemas Cl@ve permanente y PIN24H, siendo el único interviniente que se autentica con un certificado digital en la sede.

• **Entidad representada**: si el solicitante utiliza un certificado electrónico de representación (de persona jurídica, para administradores únicos o de entidad sin personalidad jurídica), se recogen los datos de la entidad a la que representa el solicitante. Queda autenticada tanto la entidad como su representación por parte del solicitante. Si la entidad representada es el responsable del tratamiento queda acreditada la representación del responsable. En caso de que la entidad representada no sea el responsable del tratamiento, sino otra entidad que notifica en su nombre se podrá adjuntar a la notificación un documento acreditativo de representación del responsable del tratamiento. La AEPD podría requerir a posteriori esta acreditación.

• **Delegado de Protección de Datos o Persona de Contacto**: en cumplimiento de lo estipulado en el art. 33.3.b RGPD, se recogen los datos del Delegado de Protección de Datos. En caso de no tenerlo designado, se recogen los datos de la persona de contacto a efectos de protección de datos.

• **Responsable del tratamiento**: es el sujeto obligado a notificar las brechas de datos personales, en virtud del RGPD u otra norma. Cuando un encargado notifique en nombre de varios responsables, deberá proporcionar la información correspondiente a todos los responsables afectados. Además de los datos identificativos y de contacto del responsable del tratamiento, en el formulario se solicitará la siguiente información:

– Sector de actividad del responsable del tratamiento.

– Tipo de organización: autónomo o microempresa, PYME, gran empresa o multinacional, u otros.

– Ámbito público o privado, en el caso de entidades que puedan ejercer funciones públicas y privadas, definir el ámbito con relación al tratamiento afectado por la brecha.

• **Encargado del tratamiento**: en su caso, se solicitan los datos identificativos y de contacto del encargado del tratamiento, así como si se trata de una organización del ámbito público o privado.

340. ¿Se debe adjuntar alguna documentación en el formulario de notificación de una brecha en la sede electrónica de la AEPD?

De forma general no, salvo el de representación del responsable para notificar. Si la Agencia considera que el responsable del tratamiento debe aportar documentación adicional para esclarecer los hechos, ésta le será requerida con posterioridad.

En cualquier caso, en la documentación adjunta a la notificación de brecha nunca se deben incluir los datos personales que han sido objeto de la brecha. De igual forma, estos datos no deben ser incluidos en los registros de incidentes que han de llevar responsables y encargados. Tampoco se deben anexar formularios o documentos "*adhoc*" que reproduzcan la información consignada en la Sede Electrónica de la AEPD.

6.2.3. Comunicación de una brecha a los interesados (art. 34 RGPD)

341. ¿Se debe comunicar a los interesados cualquier violación de la seguridad de sus datos?

No, solo cuando sea probable que entrañe un alto riesgo para los derechos y libertades de las personas físicas, en cuyo caso el responsable debe informar de la misma comunicándola a los interesados afectados sin dilación indebida, y permitiéndoles tomar las precauciones necesarias.

342. ¿Qué significa la expresión "sin dilación indebida"?

Que dichas comunicaciones a los interesados deben realizarse tan pronto como sea razonablemente posible, teniendo en cuenta, en particular, la naturaleza y gravedad de la violación de la seguridad de los datos personales y sus consecuencias y efectos adversos para el interesado y en estrecha cooperación con la autoridad de control, siguiendo sus orientaciones o las de otras autoridades competentes, como las autoridades policiales. Así, por ejemplo, la necesidad de mitigar un riesgo de daños y perjuicios inmediatos justificaría una rápida comunicación con los interesados, mientras que cabe justificar que la comunicación lleve más tiempo por la necesidad de aplicar medidas adecuadas para impedir violaciones de la seguridad de los datos personales continuas o similares.

343. ¿Qué contenido mínimo debe incluir la comunicación de una brecha de datos personales a los interesados?

• Una descripción de la naturaleza de la brecha con lenguaje claro y sencillo, y las recomendaciones para que la persona física afectada mitigue los potenciales efectos adversos resultantes de la violación.

• El nombre y los datos de contacto del DPD si lo tuviese designado o de otro punto de contacto en el que pueda obtenerse más información.

• Una descripción de las posibles consecuencias de la brecha de los datos personales.

• Una descripción de las medidas adoptadas o propuestas por el responsable del tratamiento para poner remedio a la brecha de los datos personales, incluyendo, si procede, las medidas adoptadas para mitigar los posibles efectos negativos.

344. En caso de que una brecha suponga un riesgo alto para el interesado, ¿se debe comunicar a los afectados?

No siempre. No será necesaria la comunicación a los interesados, aun suponiendo un alto riesgo, cuando se cumpla alguna de las siguientes condiciones:

• El responsable del tratamiento ha adoptado medidas de protección técnicas y organizativas apropiadas y estas medidas se han aplicado a los datos personales afectados por la violación de la seguridad de los datos personales, en particular aquellas que hagan ininteligibles los datos personales para cualquier persona que no esté autorizada a acceder a ellos, como el cifrado.

• El responsable del tratamiento ha tomado medidas ulteriores que garanticen que ya no exista la probabilidad de que se concretice el alto riesgo para los derechos y libertades del interesado.

• Suponga un esfuerzo desproporcionado. En este caso, se optará en su lugar por una comunicación pública o una medida semejante por la que se informe de manera igualmente efectiva a los interesados.

345. ¿Puede exigir la autoridad de control la comunicación de una brecha de seguridad a las personas físicas afectadas?

Sí, la comunicación puede resultar de una intervención de la autoridad de control de conformidad con las funciones y poderes que establece el RGPD. Cuando el responsable todavía no haya comunicado al interesado la violación de la seguridad de los datos personales, la autoridad de control, una vez considerada la probabilidad de que tal violación entrañe un alto riesgo, podrá exigirle que lo haga o decidir si se cumple alguna de las condiciones que no hicieran necesario comunicarla.

346. ¿Quién debe comunicar la brecha de datos personales a los interesados cuando sea el caso?

El responsable del tratamiento, que también puede encomendarlo a un tercero en virtud de un contrato o vínculo legal, en cuyo caso actuará como encargado del tratamiento.

El encargado del tratamiento que ha sido objeto de una brecha de datos personales únicamente podrá comunicar la brecha a los afectados si así lo tiene establecido en un contrato o vínculo legal con el responsable del tratamiento.

En todo caso, el responsable del tratamiento debe ser previamente informado sobre la ocurrencia de la brecha de datos personales y sobre todos los detalles relevantes como establece el artículo 33.2 del RGPD, pues le corresponde decidir sobre la necesidad de comunicar la brecha de datos personales a los afectados.

6.2.4. Información sobre la comunicación a los interesados en la notificación de una brecha a través del formulario de la sede electrónica de la AEPD

347. Conforme al nivel de severidad y probabilidad de que las posibles consecuencias de una brecha se materialicen, ¿cuándo se debería comunicar a los interesados?

Cuando la severidad para las personas afectadas por la brecha sea

• Alta o muy alta, siempre, excepto si puede garantizar que no existe probabilidad de que se materialice el daño.

• Media, solo cuando la probabilidad de que dicho daño se materialice sea alta o muy alta.

El responsable deberá comunicar una brecha de datos personales a las personas afectadas cuando no pueda garantizar que es improbable que pueda dañar, reversible o irreversiblemente, derechos fundamentales o libertades públicas de las personas.

348. ¿Qué información debe contener la notificación de la brecha a través del formulario de la Sede Electrónica de la AEPD respecto de la comunicación de la brecha a los afectados?

En el formulario se solicita la siguiente información:

• Si el responsable del tratamiento ha comunicado la brecha a las personas afectadas deberá indicar la fecha en la que ha realizado la comunicación, el número de personas comunicadas y el medio utilizado para la comunicación.

• Si el responsable del tratamiento no ha comunicado la brecha a las personas afectadas en el momento de la notificación de brecha, pero tiene decidido hacerlo sin dilación indebida, deberá indicar igualmente la fecha en la que tiene prevista hacer la comunicación, el número de personas que tiene previsto informar y el medio que se utilizará para la comunicación a los afectados.

• Si el responsable del tratamiento no ha comunicado ni comunicará la brecha a las personas afectadas, deberá indicar los motivos para no hacerlo. Se consideran las siguientes posibilidades, sin que ello exima de la responsabilidad en que se pueda incurrir en cada supuesto:

- No existe un riesgo alto para los derechos y libertades de los afectados.
- No hay ninguna acción que el afectado pueda llevar a cabo para mitigar los daños que le causará la brecha.
- El daño reputacional para la organización sería muy elevado.
- La comunicación supone un esfuerzo desproporcionado.
- Para no interferir en una investigación policial/judicial en curso.

• Cuando el responsable del tratamiento no haya tomado una decisión al respecto en el momento de notificar la brecha a la AEPD, podrá también indicarlo. Esta opción únicamente es válida en el caso de:

- Nuevas notificaciones.
- Cuando el responsable tenga previsto aportar notificaciones adicionales con posterioridad y todavía no se haya identificado el riesgo como alto.

En notificaciones completas, cuando el responsable del tratamiento no tenga previsto aportar más información y la brecha se haya dado por resuelta, o si el riesgo ya ha sido evaluado como alto, el responsable del tratamiento debería haber adoptado una decisión respecto a la notificación de la brecha de datos personales a los afectados.

6.3. EVALUACIÓN DE IMPACTO (art. 35 RGPD y 28 LOPDGDD)

6.3.1. Que es una EIPD y quien debe llevarla a cabo (art. 35.1 RGPD)

349. ¿Qué es una Evaluación de Impacto en la Protección de Datos Personales (EIPD)?

El Comité Europeo de Protección de Datos (CEPD) define la EIPD en las Directrices WP 248 como un proceso concebido para describir el tratamiento, evaluar su necesidad y proporcionalidad y ayudar a gestionar los riesgos para los derechos y libertades de las personas físicas derivados del tratamiento de datos personales evaluándolos y determinando las medidas para abordarlos, es decir la EIPD:

• No debemos reducirla a una actividad puntual y aislada en el tiempo, incompatible con el concepto de proceso.

• Ha de estar documentada y debe ser más que el informe que refleja sus resultados.

• Ha de evaluar los riesgos determinando las medidas para abordarlos, obliga al responsable a actuar y tiene una dimensión mayor que un mero formalismo plasmado en un documento sobre el que se puedan realizar cambios mínimos para adaptarlo a cualquier tratamiento.

La definición que hace el CEPD está en total consonancia con los requisitos mínimos de una EIPD que regula el apartado 7 del artículo 35 del RGPD:

• Descripción sistemática de las operaciones de tratamiento previstas y de los fines del tratamiento, inclusive, cuando proceda, el interés legítimo perseguido por el responsable del tratamiento.

• Evaluación de la necesidad y la proporcionalidad de las operaciones de tratamiento con respecto a su finalidad.

• Evaluación de los riesgos para los derechos y libertades de los interesados.

• Medidas previstas para afrontar los riesgos, incluidas garantías, medidas de seguridad y mecanismos que garanticen la protección de datos personales, y a demostrar la conformidad con el RGPD, teniendo en cuenta los derechos e intereses legítimos de los interesados y de otras personas afectadas.

La EIPD es por tanto un proceso que es necesario documentar, tanto en sus conclusiones como en su desarrollo. Aunque un responsable no considere que un tratamiento entraña probablemente un alto riesgo, debe justificar y documentar los motivos por los que no se realiza una EIPD e incluir/registrar las opiniones del DPD.

No documentar adecuada y motivadamente las decisiones del responsable, impedirá a este demostrar el cumplimiento de sus obligaciones y podría dar lugar al inicio de un procedimiento sancionador por la Autoridad de Control.

La EIPD es pues una herramienta que permite evaluar de manera anticipada cuáles son los potenciales riesgos a los que están expuestos los datos personales de cualquier persona física (interesado) en función de las actividades de tratamiento que se llevan a cabo con los mismos.

Para ello se lleva a cabo entre otras cuestiones una gestión del riesgo del tratamiento en cuestión, se identifican las amenazas a las que puede estar expuesto y por tanto los riesgos que se ciernen sobre los datos de los interesados, se analizan y evalúan dichos riesgos, determinando una respuesta y adoptando las salvaguardas necesarias para reducirlos hasta un nivel aceptable.

350. ¿Es la EIPD un proceso de gestión de riesgos?

La EIPD forma parte del proceso de gestión de riesgos para los derechos y libertades de las personas físicas en lo que respecta al tratamiento de sus datos personales. De hecho, uno de los objetivos que se persiguen con la EIPD es ayudar a gestionar los riesgos para los derechos y libertades de las personas físicas derivados del tratamiento.

La EIPD y la gestión del riesgo son actividades integradas. Una vez que se toma la decisión de llevar a cabo una EIPD, esta forma parte indivisible de la gestión de riesgos para los derechos y libertades. De esta forma, no es posible ejecutar una EIPD si no existe una gestión de riesgos para los derechos y libertades y no se realiza en el marco de la misma.

Por tanto la EIPD forma parte indivisible de la gestión de riesgos para los derechos y libertades de los interesados y se ha de ejecutar en el marco de la misma.

351. ¿La EIPD amplía los requisitos de la gestión del riesgo?

Sí, el RGPD, en el marco de la EIPD, añade unos requisitos adicionales a la hora de realizar la gestión del riesgo para los derechos y libertades, añadiendo un grado más elevado de dedicación, en particular, en la profundidad del análisis, en los requisitos de responsabilidad proactiva y de control por parte de las autoridades de control.

Las exigencias que incorpora la EIPD con relación a la gestión general del riesgo para los derechos y libertades son:

• Es exigible cuando hay un alto riesgo para los derechos y libertades.

• Es una obligación específica del responsable.

• Exige un análisis de la necesidad y proporcionalidad del tratamiento con relación a sus fines.

• Exige su realización antes del inicio de las actividades de tratamiento.

• Exige el asesoramiento del DPD si este está designado.

• Requiere recabar la opinión de los interesados, o sus representantes, cuando proceda, en el proceso de gestión del riesgo, justificando en su caso la no procedencia o la limitación en la comunicación de información.

• Tendrá en cuenta el cumplimiento de los códigos de conducta aprobados, a los que se hubiera adherido el responsable.

• Tendrá en cuenta los requisitos de las certificaciones que fueran aplicables al tratamiento en el ámbito de la organización responsable.

• Su resultado se debe tener en cuenta para evaluar la viabilidad o inviabilidad del tratamiento desde el punto de vista de protección de datos. La EIPD es una herramienta para fundamentar la toma de decisiones del responsable con relación a llevar a cabo o no la actividad de tratamiento o, en su caso, modificar el tratamiento dentro de los parámetros que establecen los principios de protección de datos.

• En caso necesario, en función del nivel de riesgo residual, obliga al responsable a realizar una Consulta Previa (art. 36 RGPD) a la Autoridad de Control.

352. ¿Quién debe realizar la EIPD?

Aunque la EIPD la puede llevar a cabo tanto personal externo como interno, el responsable del tratamiento sigue respondiendo en última instancia por la tarea de llevar a cabo la EIPD (art. 35.1 RGPD / WP 248).

Los encargados del tratamiento tienen como obligación ayudar al responsable en la gestión del riesgo y en la realización de la EIPD.

6.3.2. Cuando se debe llevar a cabo una EIPD (art. 35 RGPD y 28 LOPDGDD)

353. ¿Cuándo se debe realizar la EIPD?

El RGPD prevé que las EIPD se lleven a cabo antes de iniciar el tratamiento, cuando sea probable que un tratamiento, en particular si utiliza nuevas tecnologías, por su naturaleza, alcance, contexto o fines, entrañe un alto riesgo para los derechos y libertades de las personas físicas.

354. ¿Tiene alguna función el delegado de protección de datos (DPD) en la EIPD?

Sí, aunque no es su responsabilidad realizarla, el responsable del tratamiento debe recabar su asesoramiento, si ha sido nombrado, al realizarla, y el DPD debe ofrecer ese asesoramiento y supervisar su aplicación.

355. ¿Cuándo, en particular, puede ser probable que un tratamiento pueda suponer un alto riesgo para los derechos y libertades de las personas físicas, y por tanto se requerirá una EIPD?

En los casos de:

a) evaluación sistemática y exhaustiva de aspectos personales de personas físicas que se base en un tratamiento automatizado, como la elaboración de perfiles, y sobre cuya base se tomen decisiones que produzcan efectos jurídicos para las personas físicas o que les afecten significativamente de modo similar;

b) tratamiento a gran escala de las categorías especiales de datos, o de los datos personales relativos a condenas e infracciones penales, o

c) observación sistemática a gran escala de una zona de acceso público.

356. ¿Tiene la autoridad de control la obligación de publicar una lista de tratamientos que requieran una EIPD y otra de los que no la requieran?

La publicación de la lista de tratamientos que requieren una EIPD por parte de la autoridad de control es obligatoria, la de tratamientos que no la requieren potestativa.

357. ¿Ha publicado la AEPD una lista de tratamientos que requieren una EIPD?

Sí, y según la misma será necesario llevarla a cabo en la mayoría de los casos en los que el tratamiento cumpla con dos o más criterios de la lista publicada por la autoridad de control. Cuantos más criterios reúna el tratamiento en cuestión, mayor será el riesgo que entrañe dicho tratamiento y mayor será la certeza de la necesidad de realizarla. La lista es:

- Tratamientos que impliquen perfilado o valoración de sujetos, incluida la recogida de datos del sujeto en múltiples ámbitos de su vida (desempeño en el trabajo, personalidad y comportamiento), que cubran varios aspectos de su personalidad o sobre sobre sus hábitos.

- Tratamientos que impliquen la toma de decisiones automatizadas o que contribuyan en gran medida a la toma de tales decisiones, incluyendo cualquier tipo de decisión que impida a un interesado el ejercicio de un derecho o el acceso a un bien o un servicio o formar parte de un contrato.

- Tratamientos que impliquen la observación, monitorización, supervisión, geolocalización o control del interesado de forma sistemática y exhaustiva, incluida la recogida de datos y metadatos a través de redes, aplicaciones o en zonas de acceso público, así como el procesamiento de identificadores únicos que permitan la identificación de usuarios de servicios de la sociedad de la información como pueden ser los servicios web, TV interactiva, aplicaciones móviles, etc.

- Tratamientos que impliquen el uso de categorías especiales de datos, datos relativos a condenas o infracciones penales o datos que permitan determinar la situación financiera o de solvencia patrimonial o deducir información sobre las personas relacionada con categorías especiales de datos.

- Tratamientos que impliquen el uso de datos biométricos con el propósito de identificar de manera única a una persona física.

• Tratamientos que impliquen el uso de datos genéticos para cualquier fin.

• Tratamientos que impliquen el uso de datos a gran escala.

• Tratamientos que impliquen la asociación, combinación o enlace de registros de bases de datos de dos o más tratamientos con finalidades diferentes o por responsables distintos.

• Tratamientos de datos de sujetos vulnerables o en riesgo de exclusión social, incluyendo datos de menores de 14 años, mayores con algún grado de discapacidad, discapacitados, personas que acceden a servicios sociales y víctimas de violencia de género, así como sus descendientes y personas que estén bajo su guardia y custodia.

• Tratamientos que impliquen la utilización de nuevas tecnologías o un uso innovador de tecnologías consolidadas, incluyendo la utilización de tecnologías a una nueva escala, con un nuevo objetivo o combinadas con otras, de forma que suponga nuevas formas de recogida y utilización de datos con riesgo para los derechos y libertades de las personas.

• Tratamientos de datos que impidan a los interesados ejercer sus derechos, utilizar un servicio o ejecutar un contrato, como por ejemplo tratamientos en los que los datos han sido recopilados por un responsable distinto al que los va a tratar y aplica alguna de las excepciones sobre la información que debe proporcionarse a los interesados según el artículo 14.5 (b, c, d) del RGPD.

358. ¿Ha publicado la AEPD una lista de tratamientos que no requieren una EIPD?

Sí, y según la misma no será necesario llevarla a cabo cuando se trate de:

• Tratamientos que se realizan estrictamente bajo las directrices establecidas o autorizadas con anterioridad mediante circulares o decisiones emitidas por las Autoridades de Control, en particular la AEPD, siempre y cuando el tratamiento no se haya modificado desde que fue autorizado.

• Tratamientos que se realizan estrictamente bajo las directrices de códigos de conducta aprobados por la Comisión Europea o las Autoridades de Control, en particular la AEPD, siempre y cuando una EIPD completa haya sido realizada para la validación del código de conducta y el tratamiento se implementa incluyendo las medidas y salvaguardas definidas en la EIPD.

• Tratamientos que sean necesarios para el cumplimiento de una obligación legal, cumplimiento de una misión realizada en interés público o en el ejercicio de poderes públicos conferidos al responsable, siempre que en el mismo mandato legal no se obligue a realizar una EIPD, y siempre y cuando ya se haya realizado una EIPD completa.

• Tratamientos realizados en el ejercicio de su labor profesional por trabajadores autónomos que ejerzan de forma individual, en particular médicos, profesionales de la salud o abogados, sin perjuicio de que pueda requerirse cuando el tratamiento que lleven a cabo cumpla, de forma significativa, con dos o más criterios establecidos en la lista de tipos de tratamientos de datos que requieren evaluación de impacto relativa a protección de datos publicada por la AEPD.

• Tratamientos obligatorios por ley y realizados con relación a la gestión interna del personal de las PYMES con finalidad de contabilidad, gestión de recursos humanos y nóminas, seguridad social y salud laboral, pero nunca relativos a los datos de los clientes.

• Tratamientos realizados por comunidades y subcomunidades de propietarios tal como se definen en el artículo 2 (a, b y d) de la Ley 49/1960 de Propiedad Horizontal.

• Tratamientos realizados por colegios profesionales y asociaciones sin ánimo de lucro para la gestión de los datos personales de sus propios asociados y donantes, y en el ejercicio de su labor, siempre que no incluyan en el tratamiento de datos sensibles tales como los que se establecen en el artículo 9.1 del RGPD y no sea de aplicación el artículo 9.2(d) de dicho Reglamento.

359. Para valorar si procede realizar una EIPD ¿qué supuestos deben tener en cuenta en particular las organizaciones?

En base al art. 28 LOPDGDD:

a) Cuando el tratamiento pudiera generar situaciones de discriminación, usurpación de identidad o fraude, pérdidas financieras, daño para la reputación, pérdida de confidencialidad de datos sujetos al secreto profesional, reversión no autorizada de la seudonimización o cualquier otro perjuicio económico, moral o social significativo para los afectados.

b) Cuando el tratamiento pudiese privar a los afectados de sus derechos y libertades o pudiera impedirles el ejercicio del control sobre sus datos personales.

c) Cuando se produjese el tratamiento no meramente incidental o accesorio de las categorías especiales de datos a las que se refieren los artículos 9 y 10 del Reglamento (UE) 2016/679 y 9 y 10 de esta ley orgánica o de los datos relacionados con la comisión de infracciones administrativas.

d) Cuando el tratamiento implicase una evaluación de aspectos personales de los afectados con el fin de crear o utilizar perfiles personales de los mismos, en particular mediante el análisis o la predicción de aspectos referidos a su rendimiento en el trabajo, su situación económica, su salud, sus preferencias o intereses personales, su fiabilidad o comportamiento, su solvencia financiera, su localización o sus movimientos.

e) Cuando se lleve a cabo el tratamiento de datos de grupos de afectados en situación de especial vulnerabilidad y, en particular, de menores de edad y personas con discapacidad.

f) Cuando se produzca un tratamiento masivo que implique a un gran número de afectados o conlleve la recogida de una gran cantidad de datos personales.

g) Cuando los datos personales fuesen a ser objeto de transferencia, con carácter habitual, a terceros Estados u organizaciones internacionales respecto de los que no se hubiese declarado un nivel adecuado de protección.

h) Cualesquiera otros que a juicio del responsable o del encargado pudieran tener relevancia y en particular aquellos previstos en códigos de conducta y estándares definidos por esquemas de certificación.

360. ¿Hay alguna excepción a la obligación de realizar una EIPD cuando un tratamiento suponga un alto riesgo para los derechos y libertades de los interesados?

Sí, cuando el tratamiento se base en una ley (obligación legal o interés público) que se aplique al responsable del tratamiento, que dicha ley regule la operación específica de tratamiento o conjunto de operaciones en cuestión, y ya se haya realizado una EIPD como parte de una EIPD general en el contexto de la adopción de dicha base jurídica, excepto si los Estados miembros consideran necesario proceder a dicha evaluación previa a las actividades de tratamiento (art. 35.10 RGPD).

361. ¿Puede una EIPD abarcar más de un proyecto y el tratamiento de datos personales que estos supongan?

Sí, puede ser razonable y económico, por ejemplo, en el caso de que las autoridades u organismos públicos prevean crear una aplicación o plataforma común de tratamiento, o si varios responsables proyectan introducir una aplicación o un entorno de tratamiento común en un sector o segmento empresarial o para una actividad horizontal de uso generalizado (Cdo. 92 RGPD).

362. ¿Cuándo particularmente un estado miembro debe considerar la realización de una EIPD para alguno de sus tratamientos de datos personales?

Al adoptar una Ley en la que se basa el desempeño de las funciones de la autoridad pública o el organismo público y que regula la operación o el conjunto de operaciones de tratamiento en cuestión, pueden considerar necesario llevar a cabo dicha evaluación con carácter previo a las actividades de tratamiento (Cdo. 93 RGPD).

363. ¿Hay alguna circunstancia en la que a pesar de suponer un alto riesgo no es obligatorio la realización de una EIPD antes del inicio del tratamiento?

Sí, los tratamientos que estaban ya en curso antes de la plena entrada en vigor del RGPD, hay que tener en cuenta que las Directrices WP248 establecen: (...) incluso si el 25 de mayo de 2018 no se requiere una EIPD, será necesario, en el momento oportuno, que el responsable del tratamiento lleve a cabo una evaluación de este tipo como parte de sus obligaciones generales de responsabilidad proactiva.

364. Debe el responsable cuando va a realizar una EIPD recabar la opinión de los interesados o de sus representantes en relación con un tratamiento previsto?

El RGPD no especifica que sea obligatorio en todos los casos recabar la opinión de los interesados o de sus representantes, sino que debe realizarse cuando proceda en función de las características del tratamiento y sin perjuicio de la protección de intereses públicos o comerciales o de la seguridad de las operaciones de tratamiento. Es decir, el responsable del tratamiento debe considerar si la opinión de los interesados es relevante y, si lo es, recabarla antes de proceder con el tratamiento.

La consulta a los interesados puede proporcionar una visión más completa de los riesgos que supone el tratamiento previsto para los mismos y mejorar las medidas de seguridad a adoptar.

Si el tratamiento afecta significativamente los derechos y libertades de los interesados, la opinión de estos puede ser clave para evaluar correctamente los posibles riesgos.

Que se tengan en cuenta las opiniones de los interesados, especialmente en aquellos casos donde las tecnologías utilizadas implican un alto riesgo, es un indicador más de transparencia en el tratamiento.

6.3.3. Conceptos y definiciones en la EIPD (arts. 35.3, 35.7 RGPD)

365. ¿Qué se considera tratamiento a gran escala?

Para interpretar el concepto “tratamiento a gran escala”, el considerando 91 del RGPD orienta sobre su posible significado: “(…) las operaciones de tratamiento a gran escala que persiguen tratar una cantidad considerable de datos personales a nivel regional, nacional o supranacional y que podrían afectar a un gran número de interesados (…)”. Por tanto, hay dos variables que inicialmente deben ser valoradas a la hora de determinar si estamos ante un tratamiento a gran escala:

• La cantidad de datos y tipos de datos que se tratan.

• El número de personas que podrían verse afectadas por las operaciones de tratamiento.

Además, conforme al WP 243 del GT29 "Directrices sobre los delegados de protección de datos (DPD)", deberemos tener en cuenta, en particular, los siguientes factores para determinar si el tratamiento se realiza a gran escala:

• El número de afectados, bien como cifra concreta o como proporción de la población correspondiente.

• El volumen de datos o la variedad de elementos de datos distintos que se tratan.

• La duración, o permanencia, del tratamiento de datos.

• El alcance geográfico del tratamiento.

366. ¿Qué es observación sistemática?

La noción de observación sistemática de interesados no está definida en el RGPD, pero el concepto de "observación del comportamiento de los interesados" se menciona en el considerando 24 e incluye claramente toda forma de seguimiento y creación de perfiles en Internet, también con fines de publicidad comportamental.

No obstante, el concepto de "observación" no se limita solo al entorno y al seguimiento online, sino que debe considerarse como la observación del comportamiento de los interesados también fuera del entorno online.

Respecto a la interpretación "sistemático":

• que se produce de acuerdo con un sistema;

• preestablecido, organizado o metódico;

• que tiene lugar como parte de un plan general de recogida de datos;

• llevado a cabo como parte de una estrategia.

Ejemplos de actividades que pueden constituir una observación sistemática de interesados son: llevar a cabo un seguimiento de la ubicación, por ejemplo, mediante aplicaciones móviles; programas de fidelidad; publicidad comportamental; seguimiento de los datos de bienestar, estado físico y salud mediante dispositivos ponibles; televisión de circuito cerrado; dispositivos conectados, como contadores inteligentes, coches inteligentes, domótica, etc.

367. ¿Cuál debe ser el contenido mínimo de una EIPD?

Una EIPD debe ofrecer una visión completa del tratamiento sobre el que se lleva a cabo, los riesgos que implica y las medidas de seguridad o controles para reducirlos, garantizando que el tratamiento se realice conforme a las exigencias del RGPD para proteger los derechos y libertades de los interesados.

Para ello, el contenido mínimo que debe incluir puede resumirse en las siguientes acciones:

a) **Descripción del tratamiento**: descripción sistemática de las operaciones de tratamiento previstas y de los fines del tratamiento, sus fines y la base jurídica en que se basa inclusive, cuando proceda, el interés legítimo perseguido por el responsable del tratamiento.

b) **Evaluación de la necesidad y proporcionalidad**: se debe analizar si el tratamiento es necesario y proporcional en relación con los fines que se pretenden, es decir evaluar si el tratamiento está limitado a lo estrictamente necesario para cumplir dichos fines.

c) **Evaluación de los riesgos para los derechos y libertades de los interesados**: se deben identificar las amenazas del tratamiento y analizar y evaluar los riesgos que estas amenazas supongan, caso de materializarse, para los derechos y libertades de los interesados.

d) **Medidas para mitigar los riesgos**: se deben relacionar todas las medidas de seguridad, tanto técnicas como organizativas que se adoptarán para mitigar los riesgos analizados, asegurando la seguridad de los datos personales y minimizando posibles impactos negativos en los derechos de los interesados.

6.3.4. Descripción sistemática del tratamiento (art. 35.7.a RGPD)

368. ¿Qué significa descripción sistemática del tratamiento?

Significa explicación detallada y organizada del tratamiento que se va a realizar, de manera que se puede evaluar con claridad su alcance, finalidad, procedimiento y potenciales riesgos para los derechos de los interesados, incluyendo en la misma información sobre:

1. Categorías o tipos de datos: qué tipo de datos personales se van a recabar y tratar (por ejemplo, identificativos, financieros, de salud, etc.).

2. Fines del tratamiento: para qué se van a tratar los datos personales, es decir, cuáles son los objetivos que se pretenden con el tratamiento.

3. Legitimación del tratamiento y normativa aplicable: por qué se pueden tratar los datos personales, y la normativa que le es de aplicación según sectores, ámbito, etc.

4. Contexto y ámbito: colectivos de interesados (empleados, clientes, etc.), el volumen de datos tratados, y las circunstancias en las que se llevará a cabo el tratamiento (por ejemplo, en qué sectores, países o bajo qué normativas).

5. Intervinientes en el tratamiento: Identificar a todas las categorías que intervienen en el tratamiento de datos, incluyendo el responsable y, si corresponde, el encargado del tratamiento, así como terceros involucrados en el acceso o tratamiento de los datos (interesado, responsable, personal interno, encargados, destinatarios, etc.)

6. Tecnologías empleadas: **tecnologías** o herramientas utilizadas para llevar a cabo el tratamiento (*software*, app, etc.).

7. Ciclo de vida y flujos de los datos: cómo se obtienen, almacenan, tratan, transfieren y suprimen los datos personales, es decir, las etapas completas del ciclo de vida de los datos dentro del sistema o proceso de tratamiento.

8. Casos de uso: exponer los casos de uso para determinar las opciones de configuración del tratamiento.

369. ¿Qué es un caso de uso de en el tratamiento de datos personales?

Son aquellas operaciones de tratamiento que están vinculadas a fines específicos e identifican y agrupan las opciones de configuración del tratamiento de forma que, la elección de un caso de uso por parte del responsable, o del usuario, determina el valor de una serie de opciones de configuración.

Atendiendo a la complejidad del tratamiento, pueden existir diferentes casos de uso con el objetivo de dar respuesta a diferentes procesos organizativos. En una EIPD en la fase de descripción sistemática del tratamiento, en los distintos niveles de detalle de la descripción del mismo se deberá identificar a qué caso de uso se refiere y marcar sus diferencias.

En este sentido, se identificarán y documentarán las medidas de privacidad por defecto y si se ha planificado su implementación para cada caso de uso.

El tratamiento debe ser configurable en el tipo y extensión de los datos y dicha configuración ha de estar condicionada por el caso de uso elegido por el usuario en cada momento. No se deberían recabar por defecto datos que serían necesarios para un potencial uso de todas las funcionalidades futuras, incluidas las que podría elegir el usuario.

370. ¿Cuáles son algunos ejemplos de tratamientos en los que se pueden encontrar diferentes casos de uso?

Tratamientos en los que se pueden encontrar diferentes casos de uso son, entre otros:

- En una app bancaria.
- En una red social, en función del grado de la difusión de información personal que desea el usuario.
- En pulseras de fitness, en función de los servicios seleccionados: entrenamiento, seguimiento, salud…
- En apps para el seguimiento de epidemias, con relación a los servicios de diagnóstico o seguimiento.

• En dispositivos para telemedicina, en función del tratamiento deseado.

• En plataformas y apps en entornos educativos y de formación, dependiendo del tipo de formación o evaluación.

371. ¿Qué es el ciclo de vida de los datos personales?

El ciclo de vida de los datos personales es aquel que comprende todas las etapas por las que pasa la información personal desde que se recaba hasta su destrucción. Una posible clasificación de estas etapas del ciclo de vida de los datos personales sería:

1. Captura (recogida, recabo, recolección, etc.): se refiere a toda actividad de recogida de datos personales para destinar a actividades de tratamiento. Esa captura de información personal puede provenir del propio titular de los datos, de terceros que realicen cesiones o comunicaciones o de fuentes de acceso público.

2. Registro (conservación, clasificación, almacenamiento, etc.): se refiere a toda operación de registro de los datos personales, incorporándolos en distintas categorías definidas por el tipo de dato y su finalidad, únicamente durante el tiempo necesario para cumplir con los fines del tratamiento. También se refiere a la determinación de los potenciales vínculos de los datos recogidos con otros datos, preexistentes o no, a efectos de obtener inferencias.

3. Uso (tratamiento, procesamiento, manejo, etc.): se refiere al tratamiento de datos personales en sentido estricto y hace referencia a todo tipo de operaciones de tratamiento sobre los mismos dentro de finalidades determinadas, puede incluir análisis, transmisión, modificación, consulta, etc. El tratamiento de los datos personales puede aplicarse para obtener nuevos datos mediante inferencias en la medida en que ello sea acorde a los fines declarados por el responsable del tratamiento.

4. Cesión (comunicación, transmisión, compartición, etc.): se refiere a toda revelación o envío de datos personales por parte del responsable del tratamiento a personas o entidades distintas del titular, en el marco previsto por la normativa.

5. Destrucción (eliminación, supresión, etc.): una vez los datos ya no sean necesarios, deben ser eliminados de manera segura o anonimizados para garantizar que no puedan ser recuperados. La destrucción debe realizarse conforme a los estándares de seguridad, protegiendo la privacidad de los titulares.

372. ¿Qué cuestiones se deben tener en cuenta a la hora de describir el tratamiento en la fase de captura de datos personales?

En lo que refiere a la recogida de la información, debemos:

• Determinar las operaciones de tratamiento que se llevan a cabo en esta fase.

• Determinar los tipos de datos que se van a recabar en base a los fines, especificando si:

  – Se van a recabar estrictamente los datos necesarios para los fines previstos.

  – Se recaban datos de categoría especial o de naturaleza penal.

• Considerar la información que se facilitará a los interesados previamente a la recogida de los datos, especificando si:

  – Se facilitará al interesado la información relativa al tratamiento de sus datos personales.

  – La información se facilita completa y en forma concisa, transparente, inteligible y de fácil acceso, con un lenguaje claro y sencillo.

  – Se establecerán mecanismos para facilitar a los interesados el ejercicio de sus derechos.

  – Detallar las fuentes de procedencia de los datos obtenidos, especificando si se obtienen:

  – Directamente de los interesados.

  – De cesiones o comunicaciones de otros responsables.

  – De fuentes de acceso público.

• Especificar los sistemas y personas implicadas en la recogida, especificando si:

  – Se realiza manualmente o a través de algún sistema automatizado.

– Qué personal interno o externo está implicado en el proceso de recogida de datos.

373. ¿Qué cuestiones se deben tener en cuenta a la hora de describir el tratamiento en la fase de registro o clasificación de datos?

La clasificación implica toda operación de registro de los datos personales, incorporándolos en distintas categorías definidas por el tipo de dato y su finalidad. También se refiere a la determinación de los potenciales vínculos de los datos recogidos con otros datos, preexistentes o no, a efectos de obtener inferencias. Debemos:

• Determinar las operaciones de tratamiento que se llevan a cabo en esta fase.

• Determinar las categorías de datos que se tratarán, de categoría especial, datos de naturaleza penal penales, identificativos, otros datos.

• Especificar los sistemas y personas implicadas en el registro, especificando si:

– Se realiza manualmente o a través de algún sistema automatizado.

– Qué personal interno o externo está implicado en el proceso de registro de datos.

• Si es el caso, relacionar los sistemas, programas o aplicaciones que vinculen datos de los que se disponen.

374. ¿Qué cuestiones se deben tener en cuenta a la hora de describir el tratamiento en la fase de uso o tratamiento de datos?

Es el tratamiento de datos personales en sentido estricto y hace referencia a todo tipo de operaciones de tratamiento sobre los mismos dentro de finalidades determinadas. Se debe especificar:

• Las operaciones de tratamiento que se llevan a cabo en esta fase.

• Si el almacenamiento se lleva a cabo en servidores locales o en la nube.

• Los sistemas de copias de seguridad.

- Si se cuenta con políticas de uso de contraseñas o de acceso a la información.
- Si se cuenta con un procedimiento sencillo para facilitar el ejercicio de los derechos a interesados.
- Si se realizan operaciones de seudonimización o anonimización de los datos.
- Los sistemas y personas implicadas en el tratamiento, especificando si:
    - Se realiza manualmente o a través de algún sistema automatizado.
    - Qué personal interno o externo está implicado en el uso de los datos.

Además, el tratamiento de los datos personales puede aplicarse para obtener nuevos datos mediante inferencias en la medida en que ello sea acorde a los fines declarados por el responsable del tratamiento. En este sentido habría que especificar:

- Cuál es el fin del tratamiento de datos previsto en el proyecto o en la actividad de la organización.
- Si se establecen vínculos entre los datos con los que se cuenta para obtener información adicional.
- Si esa información generada también se vincula a los fines de la organización.
- Cómo se almacena la información resultante.

375. ¿Qué cuestiones se deben tener en cuenta a la hora de describir el tratamiento en la fase de cesión, comunicación o transmisión de datos?

La comunicación o cesión se refiere a toda revelación o envío de datos personales a personas o entidades distintas del titular, en el marco previsto por la normativa. Por su parte, la transferencia internacional es aquella cesión o comunicación que tiene como destinatario entidades establecidas en países fuera del Espacio Económico Europeo (EEE).

En ocasiones puede ser necesario enviar los datos personales a terceros a efectos de que realicen operaciones de tratamiento. En particular, la contratación de servicios en la nube es una actividad cada vez más frecuente y que involucra, en numerosas oportunidades, la ejecución de transferencias internacionales.

Con el fin de garantizar la protección de los datos, es importante contar con contratos o normas corporativas vinculantes que instrumenten salvaguardas y que delimiten las responsabilidades de los contratantes. Es importante tener presente las bases legales que habilitan la cesión o la transferencia. Es relevante determinar la legitimación del destinatario de los datos, el alcance de las obligaciones, el tipo de información a comunicar o ceder, el destino de la información y los mecanismos para la eliminación de la información una vez que el contrato se cumpla.

Se debe especificar:

- Si se realizan cesiones o transferencias internacionales.
- Si existe una clara delimitación de las obligaciones de una y otra parte en los contratos.
- Si se define la finalidad para la cual se comunican los datos.
- Si se han determinado los tipos de datos que se comunicarán a efectos de no remitir más datos de los necesarios para cumplir con el contrato.

Si se ha comprobado estar legitimado por alguno de los instrumentos jurídicos (art. 45, 46 o 49 RGPD) que habilitan las transferencias internacionales de datos.

376. ¿Qué cuestiones se deben tener en cuenta a la hora de describir el tratamiento en la fase de destrucción o supresión de los datos?

El hecho de que se conserve la información no significa que ésta deba permanecer en poder del responsable o encargado de forma indefinida. Salvo excepciones, una vez cumplida la finalidad para la que se obtuvo la información, corresponde proceder a su supresión.

A este respecto, es fundamental tener en cuenta las habilitaciones especiales o previsiones específicas de la ley que justifican la conservación. Asimismo, debe recordarse que la eliminación supone algo más que la mera supresión del archivo, pues también requiere de una constatación de dicha eliminación, comprobando que no hayan quedado rastros de los datos en el sistema.

Se debe especificar:

- Cuáles son los motivos para mantener la información almacenada una vez que ya no es necesaria para los fines para los que se recabaron.
- Si existe alguna obligación legal para conservar esa información.
- En caso de obligación legal a conservarla, si se han implementado procedimientos para bloquear o seudonimizar los datos.
- Qué mecanismos se emplean para eliminar los datos.
- Si se han tenido en cuenta las copias de seguridad que puedan existir para asegurar la supresión completa.
- Si se decide anonimizar los datos, por ejemplo, para tratarlos posteriormente sin estar en ese caso ya vinculados a los interesados, y sin ser de aplicación por tanto el RGPD.

6.3.5. Evaluación de la necesidad y la proporcionalidad de las operaciones de tratamiento con respecto a su finalidad (art. 35.7.b RGPD)

377. ¿En qué consiste la evaluación de la necesidad y la proporcionalidad de las operaciones de tratamiento con respecto a su finalidad?

Es, una vez más, una aplicación práctica de uno de los principios relativos al tratamiento, en este caso el art. 5.1.c RGPD, esto es el principio de minimización de datos que establece que solo se traten los datos adecuados, pertinentes y limitados a lo necesario en relación con los fines para los que son tratados, es decir los estrictamente necesarios para la finalidad concreta.

Es un proceso esencial para garantizar que los datos personales se tratan de manera responsable y ajustada a los fines específicos, minimizando los riesgos que pueda suponer para los derechos y libertades de los interesados.

Al evaluar la necesidad se comprueba si el tratamiento es estrictamente necesario para alcanzar los fines perseguidos, lo que supone que no debe haber alternativas menos intrusivas para los derechos y libertades de los interesados que puedan lograr el mismo fin que se pretende.

Al evaluar la proporcionalidad, se comprueba si el tratamiento y lo que el mismo suponga es proporcional en relación con el fin que se pretende, es decir si el impacto del tratamiento sobre los derechos de los interesados es equilibrado frente a los beneficios obtenidos.

En definitiva, el alcance, la duración del tratamiento, el tipo de datos personales tratados y las medidas de protección adoptadas deben ser adecuados, pertinentes y limitados a lo estrictamente necesario para alcanzar el fin que se pretende.

No se debe continuar con la EIPD cuando el tratamiento no supera la evaluación de la necesidad y/o la proporcionalidad. En este caso, hay que señalar los aspectos que conducen a esa conclusión y, si es posible, realizar las modificaciones necesarias para adecuar el tratamiento al principio de proporcionalidad, por lo que este proceso de evaluación debe ser entendido como un proceso de mejora que puede y debe realizarse en varias iteraciones hasta conseguir un diseño del tratamiento adecuado.

En el proceso de realizar la evaluación de la necesidad y la proporcionalidad hay que proporcionar las evidencias adecuadas, registrar y guardar toda la información relevante para realizar este análisis y plasmar en un informe todo el proceso de la evaluación realizada con sus oportunas conclusiones, justificando por qué el tratamiento propuesto es el más adecuado, es decir estos análisis deben ser detallados y documentados para demostrar el cumplimiento del RGPD.

La evaluación de la necesidad y proporcionalidad del tratamiento supondrá llevar a cabo una ponderación atendiendo a tres criterios: juicio de idoneidad, de necesidad y de proporcionalidad en sentido estricto.

378. En qué consiste el juicio de idoneidad?

En determinar si el tratamiento es idóneo o adecuado para el fin que persigue, si da respuesta a determinadas carencias, demandas, exigencias, obligaciones u oportunidades objetivas y puede conseguir los objetivos propuestos con la eficacia suficiente. La eficacia, necesariamente, deberá ser demostrada de forma objetiva por el responsable del tratamiento, para lo cual hay que realizar la:

• Definición del umbral de efectividad del tratamiento, estableciendo de forma objetiva, cualitativa y basada en evidencias, cuál es el umbral de efectividad que se debería alcanzar para cumplir con los fines del tratamiento (algunos ejemplos podrían ser, un margen de error del 5% en un valor resultado, una detección de un 95% de casos o una posibilidad de fraude por debajo del 1%).

• Evaluación de la efectividad de la propuesta de tratamiento, de forma objetiva, cualitativa y basada en evidencias, tal y como se ha planteado, verificando si da respuesta a las necesidades planteadas y con qué extensión (determinar si genuinamente resuelve dichas carencias, demandas, exigencias, obligaciones, etc.).

379. ¿En qué consiste el juicio de necesidad?

En determinar si el fin del tratamiento no puede alcanzarse de otro modo menos lesivo o invasivo, es decir, con un tratamiento alternativo que sea igualmente eficaz para su logro y que se tratarán solo los datos personales necesarios para alcanzar los fines previstos, cumpliendo con el principio de minimización de datos, recogido en el artículo 5.1.c) del RGPD. Para llevar a cabo el juicio de necesidad hay que:

• Evaluar que los fines del tratamiento tienen la importancia suficiente para ser abordados con un tratamiento de alto riesgo.

• Verificar que cada una de las operaciones concretas del tratamiento están orientadas a cumplir con los fines de una forma objetivamente demostrable.

• Evaluar que no existen otros tratamientos, que ya están en curso o que se podrían plantear, que resuelven los fines declarados sin incurrir en un alto riesgo, incluso aunque sea necesario introducir alguna modificación para cumplir los fines perseguidos.

Un aspecto muy importante que se deriva del análisis de necesidad es que hay que determinar si la justificación del tratamiento se basa en la exigencia de responder a una situación concreta de urgencia. En los casos que pudieran identificarse las llamadas cláusulas de caducidad del tratamiento, entendidas estas como aquellas circunstancias que puedan acaecer y hacer que el tratamiento devenga innecesario en función de su naturaleza, ámbito, contexto y fines, el responsable deberá incorporar medidas para monitorizar la vigencia real de las circunstancias que justificaron el tratamiento. En el caso que dichas circunstancias desaparezcan, se ha de reevaluar la idoneidad y licitud del tratamiento.

380. ¿En qué consiste el juicio de proporcionalidad en sentido estricto?

En determinar si el impacto de un tratamiento de datos personales en los derechos y libertades del interesado está justificado y es proporcionado en relación con los fines que se buscan. El impacto que el tratamiento puede suponer para los derechos y libertades de los interesados ha de ser adecuado al objetivo perseguido y proporcionado a la urgencia e impacto de este. Hay que ponderar el beneficio que el tratamiento proporciona a la sociedad desde el punto de vista de la protección de datos, manteniendo un equilibrio con el impacto que representa sobre otros derechos fundamentales. Sin embargo, aunque pueda ceder parcialmente, nunca se puede asumir la negación absoluta del derecho a la protección de datos y vaciarle de su contenido esencial. Para ello se debe:

- Identificar el grado de impacto del tratamiento en los derechos y libertades, expresando, de forma detallada, las limitaciones o intrusiones a los mismos que puede suponer para el interesado.

- Identificar y describir las medidas compensatorias, detallando los controles establecidos en el diseño del tratamiento para disminuir dicho impacto.

- Identificar los beneficios del tratamiento para los interesados, de forma objetiva y con evidencias, considerados de forma individual y como colectivo. Es decir, el beneficio social.

- Confirmar la existencia de identidad en la calidad de la información utilizada, evaluando si existe simetría en la información analizada para el juicio de ponderación y si el nivel de análisis con relación al impacto es igual al nivel alcanzado en base a la información proporcionada respecto de las ventajas.

• Llevar a cabo un análisis BDB (Balance Daño-Beneficio), evaluando si los beneficios para los interesados y la sociedad, previamente determinados, compensan y justifican el impacto para los derechos y libertades identificados en primer punto de este juicio de proporcionalidad en sentido estricto.

381. ¿Qué es una cláusula de caducidad del tratamiento?

Es una medida que garantiza que los datos personales no se traten indefinidamente, debido a que establece un límite de tiempo específico durante el cual los datos personales pueden ser tratados. Una vez alcanzado dicho límite, el responsable del tratamiento debe dejar de tratarlos y procede a su destrucción o anonimización o archivo seguro, en función de las disposiciones legales aplicables.

Este tipo de cláusula está alineada con el principio de limitación del plazo de conservación, establecido en el artículo 5.1.e del RGPD, en el que se establece que los datos personales deben conservarse solo durante el tiempo necesario para alcanzar los fines del tratamiento. Tras ese periodo, los datos deben ser destruidos o anonimizados, salvo que exista una obligación legal que exija su conservación por más tiempo.

6.3.6. GESTIÓN DE RIESGOS: EVALUACIÓN DE LOS RIESGOS PARA LOS DERECHOS Y LIBERTADES DE LOS INTERESADOS Y MEDIDAS PREVISTAS PARA AFRONTAR LOS RIESGOS (arts. 24.1, 35.7.c, 35.7.d RGPD y 28 LOPDGDD)

382. ¿Qué son los riesgos de incumplimiento?

Son los que corre la entidad de incurrir en sanciones legales o administrativas, pérdidas financieras significativas o de reputación por incumplimiento de la normativa legal, normas internas y códigos de conducta aplicables a las actividades, en este caso, de un responsable o encargado.

383. ¿Qué es el riesgo que un tratamiento de datos personales supone para los derechos y libertades de los titulares de dichos datos?

Lo podríamos definir como la exposición de dicho tratamiento a amenazas, es decir como la probabilidad de que se produzca un incidente que comprometa la seguridad de los datos personales y a la gravedad o el impacto de las posibles consecuencias para los derechos y libertades de las personas, a nivel individual o social.

384. ¿Qué es una amenaza en un tratamiento de datos personales?

Es cualquier evento, acción o circunstancia desfavorable no deseada que puede ocurrir (potencial) y de acontecer podría provocar un daño o perjuicio a los interesados sobre cuyos datos personales se realiza un tratamiento y, en consecuencia, tener consecuencias negativas sobre sus derechos y libertades. Estas amenazas pueden tener diferentes orígenes, pueden tener lugar por causas naturales, ser accidental o intencionada y afectar a la confidencialidad, integridad o disponibilidad de los datos personales.

385. ¿En qué consiste la gestión de los riesgos que un tratamiento de datos personales supone para los derechos y libertades de los interesados?

La gestión de riesgo consiste en un conjunto de acciones ordenadas y sistematizadas con el propósito de controlar las posibles (probabilidad) consecuencias (impacto) que una actividad puede tener sobre un conjunto de bienes o elementos (activos) que han de ser protegidos, en nuestro caso (RGPD) las posibles consecuencias de las actividades de tratamiento de datos personales sobre los derechos y libertades de las personas físicas, a nivel individual o social.

386. ¿Qué diferencia existe entre la gestión de riesgos de incumplimientos y la gestión de riesgos para los derechos y libertades de los interesados?

La gestión del riesgo para los derechos y libertades no está orientada a gestionar el riesgo para la organización derivado de un incumplimiento normativo, tiene por objetivo la evaluación del impacto y la probabilidad de causar daño a las personas, a nivel individual o social, como consecuencia de un tratamiento de datos personales, mientras que la gestión de riesgos de incumplimientos pone su foco en la protección de los intereses de la entidad. Por lo tanto, el incumplimiento o posible incumplimiento de los principios y derechos establecidos en el RGPD y la normativa de desarrollo no es objeto de una gestión del riesgo que para los derechos y libertades puede ocasionar un tratamiento a los interesados.

Los derechos y principios fundamentales establecidos en el RGPD que han de cumplir los responsables deben estar garantizados, independientemente de las características del tratamiento y del proceso de gestión del riesgo para los derechos y libertades.

Es una interpretación errónea entender el enfoque de riesgos de incumplimiento del RGPD como una forma de reemplazar los requisitos de cumplimiento normativo mediante controles o medidas técnicas y organizativas. Menos aún, el enfoque de riesgos de incumplimientos del RGPD no está orientado a solventar las posibles consecuencias que, para los afectados, pudiera suponer un posible incumplimiento normativo. En particular, las medidas legales, técnicas y organizativas que pudieran plantearse como resultado de una gestión del riesgo para los derechos y libertades no justifican, por ejemplo, la inexistencia o utilización errónea de una determinada base jurídica para un tratamiento, tampoco, por ejemplo, la carencia de que concurra alguna de las excepciones que levantan la prohibición de tratar categorías especiales de datos. Es decir, la base jurídica no puede suplirse o sustentarse en la concurrencia de alternativas al propio cumplimiento, incluyendo, en su caso, la necesaria evaluación del interés legítimo.

En definitiva, no sería lícito reemplazar cualquiera de los principios del RGPD por medidas técnicas y organizativas encaminadas a sustituir dichos principios o a mitigar las posibles consecuencias que dicha falta de cumplimiento pudiera tener sobre los interesados afectados.

En el mismo sentido, la gestión del riesgo para los derechos y libertades no se puede resolver mediante el uso de garantías legales que se basen en un desvío de la responsabilidad hacia terceros. La obligación de garantizar los derechos y libertades descansa en el responsable del tratamiento, es decir los responsables del tratamiento no pueden eludir su responsabilidad cubriendo los riesgos con pólizas de seguros. De esta forma, una póliza de seguros que cubra los perjuicios que se puedan generar para la organización, o un acuerdo contractual que pretenda desplazar las responsabilidades a un tercero, no es una medida para gestionar el riesgo para los derechos y libertades. El balance coste/beneficio, en términos económicos o financieros, derivado de la falta de cumplimiento normativo en materia de protección de datos no debe interpretarse, en ningún caso, como una gestión del riesgo para los derechos y libertades de las personas físicas, sino que, incluso, podría ser considerado por la Autoridad de Control como un posible beneficio obtenido de la propia infracción y un posible factor agravante.

387. En un proceso de gestión de riesgos en un tratamiento de datos personales ¿se deben valorar también los riesgos de incumplimientos?

La gestión del riesgo de cumplimiento pretende facilitar al responsable la verificación del grado de cumplimiento en relación con una actividad de tratamiento.

Previamente a la gestión de riesgos para los derechos y libertades de los interesados y como condición sine qua non para emprender una actividad de tratamiento, es preciso sistematizar la verificación de cumplimiento normativo a lo largo de todo el ciclo de vida del tratamiento. Se trata de determinar el cumplimiento o incumplimiento de una obligación legal recogida en la normativa de privacidad y en la sectorial que sea de aplicación y establecer la oportuna medida correctora en caso de incumplimiento.

Por tanto, sí, se deben valorar también los riesgos de incumplimientos normativos. Además, el artículo 32 del RGPD requiere que se adopten medidas de seguridad técnicas y organizativas adecuadas para garantizar un nivel de seguridad acorde a los riesgos, y estos riesgos incluyen no solo las amenazas directas a la confidencialidad, integridad y disponibilidad de los datos personales, sino también el riesgo de que las medidas adoptadas no cumplan con lo establecido en el RGPD.

Se deben evaluar tanto los riesgos inherentes al tratamiento como los de incumplimiento normativo, para evitar vulneraciones que puedan tener graves consecuencias para los derechos de los interesados y para la organización.

388. ¿Existe algún documento, guía o directriz de la AEPD para llevar a cabo el proceso de gestión de riesgos de incumplimientos?

La AEPD pone a disposición de los responsables y encargados un documento que contiene un listado de cumplimiento normativo y una hoja de ruta para garantizar la conformidad con la normativa de protección de datos que puede ser de utilidad a la hora de analizar el grado de conformidad con la normativa de protección de datos.

389. ¿A qué nos referimos en la gestión de riesgos cuando hablamos de las dimensiones afectadas?

A la dimensión afectada en cuanto a la seguridad de los datos personales, caso de materializarse la amenaza, y podría ser

- Confidencialidad: que se pueda producir un acceso ilegítimo a los datos personales, es decir que una persona o un proceso no autorizado haya accedido a los datos personales.

- Integridad: que se pueda producir una modificación o alteración no autorizada de los datos personales.

- Disponibilidad: que los datos personales no estén accesibles y/o utilizables por los usuarios o procesos autorizados cuando éstos lo requieran, o se impida el acceso a la misma.

390. ¿Qué son las medidas de seguridad en la gestión de riesgos de un tratamiento de datos personales?

Son los controles o salvaguardas, implantadas, implementadas, adoptadas o desplegadas para que las amenazas causen menos daño, esto es para reducir el riesgo que el tratamiento pueda suponer y con ello proteger los datos personales, están orientadas a proteger la confidencialidad, integridad y disponibilidad de los datos. Pueden ser tanto medidas técnicas como organizativas para garantizar y su objetivo es conseguir un nivel de seguridad adecuado al riesgo que supone el tratamiento.

- Medidas técnicas: las herramientas tecnológicas utilizadas para proteger los datos, tales como:

  – Cifrado de datos para proteger la confidencialidad.

- Control de acceso para garantizar que solo personas autorizadas accedan a los datos.

- Medidas contra el *malware* y otros ataques cibernéticos.

- Copias de seguridad para asegurar la disponibilidad de la información.

- Etc.

• Medidas organizativas: las relacionadas con la gestión interna, como:

- Definir políticas de seguridad y de tratamiento de datos.

- Formación continua al personal en materia de protección de datos y seguridad de la información.

- Designación de un Delegado de Protección de Datos (DPD) cuando sea necesario.

- Evaluaciones periódicas de impacto en la protección de datos, cuando el tratamiento puede generar riesgos altos para los derechos de los interesados.

- Contractuales: suscribir contratos de confidencialidad con todos los intervinientes en el tratamiento.

- Etc.

Estas medidas deben ajustarse según el riesgo del tratamiento, lo que implica realizar un análisis de riesgos previo para determinar el nivel de protección necesario. La responsabilidad de implementar estas medidas recae en el responsable del tratamiento, quien debe poder demostrar que cumplen con las normativas de privacidad y cualquier otra de aplicación, incluyendo la necesidad de adoptar medidas adicionales si los riesgos son altos.

391. ¿Qué es la probabilidad en la gestión de riesgos de un tratamiento de datos personales?

Es la posibilidad de que ocurra cualquier evento, acción o circunstancia desfavorable no deseada que pudiera provocar un daño o perjuicio a los interesados sobre cuyos datos personales se realiza un tratamiento con consecuencias negativas sobre sus derechos y libertades, de manera natural, accidental o intencionada.

392. Para evaluar la probabilidad de que se materialice una amenaza, ¿qué niveles de probabilidad podríamos considerar?

- Baja/despreciable: la amenaza es improbable o tiene pocas posibilidades de materializarse, solo sucederá en circunstancias excepcionales.

- Media/limitada: rara e infrecuentemente, aunque no improbable.

- Alta/significativa: posiblemente una vez al año.

- Muy alta/máxima: es muy probable que la amenaza se materialice, posiblemente varias veces en el año.

393. ¿Qué es el impacto o gravedad en la gestión de riesgos de un tratamiento de datos personales?

Son las consecuencias negativas, daño o perjuicio que pueden suponer sobre los derechos y libertades de los interesados sobre cuyos datos personales se realiza un tratamiento que se materialice un evento, acción o circunstancia desfavorable no deseada ya sea de manera natural, accidental o intencionada.

394. Para evaluar el impacto asociado a un riesgo, ¿qué dimensiones diferentes de posibles daños que se pueden producir sobre el interesado podríamos evaluar?

- Daño físico: conjunto de acciones que pueden ocasionar un daño en la integridad física del interesado.

- Daño material o patrimonial: conjunto de acciones que pueden ocasionar al interesado pérdidas económicas, de patrimonio (bienes), de empleo, etc. Por ejemplo, el fraude, el robo de identidad, o el uso no autorizado de la información personal para fines comerciales.

- Daño moral o emocional: conjunto de acciones que pueden ocasionar un daño moral o mental en el interesado, que afectan a su bienestar emocional o psicológico, provocándole una depresión, fobias, acoso, etc. Por ejemplo, la difamación, la pérdida de confidencialidad o la divulgación de información sensible que genere angustia o vergüenza.

• Daño a los derechos y libertades fundamentales: en este caso, se considera el impacto en derechos como la privacidad, la libertad de expresión o el derecho a la no discriminación, entre otros.

395. Para evaluar el impacto asociado a un riesgo, ¿qué niveles del mismo podríamos considerar?

Según estos niveles de impacto, los interesados:

• Bajo/despreciable: no se verán afectados o solo sufrirán algunos inconvenientes que podría afectarles de forma menor y que podrán ser solucionados sin demasiadas dificultades es fácilmente subsanable.

• Medio/limitado: se verán afectados de forma no significativa, sufriendo inconvenientes que podrán ser superados con alguna dificultad.

• Alto/significativo: se verán afectados de forma significativa, sufriendo inconvenientes que podrán ser superados con grandes dificultades.

• Crítico/máximo: encontrarán consecuencias gravísimas o incluso irreversibles, que podrán llegar a no superarse.

396. ¿Qué es el tratamiento del riesgo de un tratamiento de datos personales?

Es el proceso por el que se adoptan o implementan controles o medidas de seguridad para reducir, eliminar o asumir de forma controlada los riesgos identificados para los derechos y libertades de los interesados; supone pues, reducir, eliminar o asumir de forma controlada el potencial perjuicio disminuyendo, eliminando o asumiendo de forma controlada, bien la probabilidad de que estos se materialicen, bien el impacto que representan. Esta tarea, como parte de la gestión del riesgo, se ha de realizar con independencia de que se trate de un tratamiento de alto riesgo o no.

Las medidas y garantías que tienen por objeto atender o disminuir el riesgo en el tratamiento se suelen denominar "controles" en la terminología de la gestión del riesgo. El RGPD ya señala algunas medidas que se han de implementar en caso de que exista un elevado riesgo para los derechos y libertades. Estas son, por ejemplo, la oportunidad de la aplicación de políticas de protección de datos (art. 24.2 RGPD), o la obligación de comunicar una brecha de datos personales a los interesados (art. 34 RGPD), entre otras.

El encargarse de los factores de riesgo del tratamiento se trata de un proceso iterativo que se realiza fundamentalmente durante las etapas de concepción y el diseño del ciclo de vida de este. En cada iteración, se aplicarán controles para reducir la probabilidad o el impacto de los factores de riesgos identificados y se evaluará nuevamente el riesgo residual tantas veces como pueda ser necesario hasta alcanzar un nivel de riesgo aceptable. Las medidas de control se deben considerar de forma independiente para cada riesgo identificado, aunque más tarde se evalúe su efecto combinado, estableciéndose tantas medidas de control como sean necesarias hasta lograr un nivel de riesgo aceptable.

Los controles derivados de la gestión del riesgo pueden aplicarse a múltiples operaciones de tratamiento que sean similares. Algunos de los controles podrían también formar parte de los controles aplicados desde otras estrategias de protección de datos de una organización como son: políticas de protección de datos del responsable, políticas de protección de datos desde el diseño y por defecto o políticas seguridad desde el diseño y por defecto.

Por tanto, para tratar el riesgo, podríamos: asumirlo, reducirlo, transferirlo o anularlo.

397. ¿Qué etapas conforman un proceso de gestión de riesgos?

La gestión de riesgos, tal y como lo entiende la norma ISO 31000, es un proceso formado por un conjunto de actividades y tareas que permiten controlar la incertidumbre relativa a una amenaza, mediante una secuencia de iniciativas o acciones. El proceso de gestión del riesgo de un tratamiento de datos personales debería contar al menos con las siguientes fases:

1. Descripción del tratamiento, tanto en lo que respecta a su naturaleza, como al ámbito, contexto y fines del mismo. Aunque no sea gestión del riesgo en sí, el conocimiento exhaustivo de todas las operaciones que puedan componer el tratamiento y por tanto del tratamiento en sí, nos ayudará a identificar las posibles amenazas que se ciernen sobre el mismo.

2. Identificación de riesgo, identificar los posibles riesgos a los que puede estar expuesto el tratamiento.

3. Análisis de riesgo, analizar y valorar la magnitud del riesgo, a través de dos valores, la probabilidad de que se materialice y el impacto en los derechos y libertades de los interesados caso de tener lugar el evento no deseado.

4. Evaluación del nivel de riesgo, comparar los resultados del análisis del riesgo con los criterios de riesgo para determinar si el riesgo y/o su magnitud son aceptables o tolerables. Del mismo modo determinar si procede o es necesario realizar una EIPD.

5. Tratamiento del riesgo: asumir, reducir, transferir o anular.

6. Seguimiento y verificación de la eficacia de las medidas adoptadas y decisión sobre cuándo es necesario realizar un proceso de revisión y reevaluación de las medidas.

398. En el proceso de gestión de riesgos ¿debe tenerse en cuenta las posibles consecuencias de las brechas de datos personales sobre los interesados?

Sí, el proceso de gestión de riesgos no debe llevarse a cabo sin tener en cuenta las posibles consecuencias de las brechas de datos personales sobre los interesados con el fin de establecer criterios de coherencia en la evaluación del riesgo impidiendo que la evaluación inicial del riesgo pueda diferir con relación a las consecuencias sobre los interesados resultante de la pérdida de confidencialidad, integridad, disponibilidad de los datos, reversión de la anonimización/seudonimización, uso de los datos para fines no compatibles, incumplimiento de garantías, etc.

Por ello, en la identificación y análisis de riesgo, es necesario determinar los perjuicios que puede tener la materialización de brechas de datos personales en sus distintas dimensiones.

399. ¿Qué es el riesgo inherente o intrínseco de un tratamiento de datos personales?

Es el resultante de evaluar el nivel de riesgo previamente a la implantación o adopción de controles o medidas de seguridad (técnicas y/o organizativas) considerando el efecto conjunto de todos los posibles factores de riesgo en los posibles escenarios en los cuales éstos podrían materializarse con una determinada probabilidad produciendo un determinado impacto. Todos ellos han de ser evaluados de forma conjunta, teniendo en cuenta su acción acumulativa y su efecto combinado.

400. ¿Cómo se debe actuar respecto al nivel del riesgo al evaluar el riesgo inherente o intrínseco de un tratamiento de datos personales?

Se podrían dar las siguientes situaciones:

• Nivel de riesgo inherente asumible, es decir igual o inferior al considerado como aceptable se puede asumir, en cuyo caso no existe necesidad de implementar controles adicionales, no trataríamos el riesgo y estaríamos ante una retención o asunción del riesgo, pero sin olvidar la necesidad de continuar gestionándolo de forma continua.

• Nivel de riesgo inherente superior al considerado como aceptable, existen tres posibilidades para tratar el riesgo:

– Reducción del riesgo: se deben establecer medidas de control que reduzcan los niveles de probabilidad y/o impacto asociados al riesgo inherente.

– Transferencia del riesgo: consiste en compartir un riesgo con una organización externa. Se puede transferir el riesgo a una aseguradora que afronte las posibles consecuencias materiales. Sin embargo, se ha de considerar que, en ocasiones, la transferencia de riesgos puede generar otros riesgos. Por ello, la transferencia puede generar la necesidad de análisis adicionales.

– Anulación del riesgo: si el riesgo es muy elevado y no se quiere asumir el mismo, se puede decidir abandonar la actividad de tratamiento, o, en su defecto, modificar la naturaleza, el alcance, el contexto y la finalidad del tratamiento para evitar dicho riesgo.

401. ¿Qué es el riesgo residual de un tratamiento de datos personales?

A diferencia del riesgo inherente, el riesgo residual contempla las medidas de control definidas sobre la actividad de tratamiento para valorar la probabilidad y/o el impacto asociado al riesgo, por tanto, es el resultante de evaluar el nivel de riesgo después de adoptar o implementar controles o medidas de seguridad (técnicas y/o organizativas) orientadas a reducir el riesgo derivado de cada una de las amenazas o factores de riesgo. El objetivo debe ser que el riesgo residual se reduzca a un nivel de riesgo aceptable.

402. ¿Cómo se debe actuar respecto al nivel del riesgo al evaluar el riesgo residual de un tratamiento de datos personales?

En función del resultado:

• Si el riesgo residual es ALTO O MUY ALTO se planteará la posibilidad de introducir nuevas medidas para su reducción. Si no cupiera la aplicación de nuevas medidas o no implicaran la disminución del riesgo residual a unos límites aceptables, no se debería iniciar el tratamiento, o se debería detener el tratamiento caso de estar iniciado y llevar a cabo una Consulta previa (art. 36 RGPD) a la Autoridad de Control.

• Si el riesgo residual es BAJO O MEDIO se podrá continuar con el tratamiento siempre y cuando se implementen las medidas técnicas, legales u organizativas propuestas.

403. Atendiendo a su naturaleza, ¿cómo podemos clasificar las medidas de seguridad o controles que se aplican para reducir el riesgo?

• Organizativas: son las que están orientadas a gestionar los procesos y comportamientos dentro de la organización para asegurar un adecuado tratamiento de los datos personales, están relacionadas con la aplicación de políticas de protección de datos. Por ejemplo:

– Política, procedimientos y protocolos internos: documentación sobre el tratamiento de datos, gestión de brechas de seguridad, principios del RGPD, atención derechos, etc.

– Concienciación, sensibilización y formación continua: capacitación del personal con acceso a datos personales en materia de protección de datos y seguridad de la información, sus obligaciones legales y mejores prácticas.

- Nombramientos y designaciones: nombramiento de un responsable interno que supervise la conformidad con las normativas de protección de datos, cuando sea el caso designar un Delegado de Protección de Datos (DPD).

- Etc.

• Legales: son garantías jurídicas que pudieran ser necesarias para el cumplimiento normativo. Por ejemplo:

- Acuerdos o cláusulas de confidencialidad.

- Compromisos de no reidentificación.

- Contratos adecuados con encargados de tratamiento.

- Contratos de cesión de datos.

- Etc.

• Técnicas: son aquellas que se adoptan a nivel tecnológico para asegurar la integridad, confidencialidad y disponibilidad de los datos. Por ejemplo:

- Cifrado dc datos: Tanto en tránsito como en reposo, para evitar accesos no autorizados.

- Autenticación y control de acceso: protocolos de contraseñas seguras, autenticación multifactor, sistemas de gestión de identidades para garantizar que solo personal autorizado acceda a los datos personales, etc.

- Copias de seguridad y planes de recuperación ante desastres para asegurar la disponibilidad de los datos en caso de incidentes.

- Sistemas de detección y prevención de intrusiones (IDS/IPS) y firewalls para prevenir accesos no autorizados o ciberataques.

- Etc.

404. Atendiendo al momento en el que se adoptan, ¿cómo podemos clasificar las medidas de seguridad o controles que se aplican para reducir el riesgo?

• Proactivas o preventivas: son aquellas que se aplican antes de que ocurra un incidente para minimizar los riesgos y evitar la materialización de amenazas. Por ejemplo:

- El cifrado de datos.

- El control de acceso.

- Formación en seguridad.

- Etc.

• Reactivas: se activan cuando ya ha ocurrido un incidente de seguridad. Estas medidas buscan limitar el impacto de los daños y restaurar el sistema. Por ejemplo:

- La notificación de brechas de seguridad.

- Parches de seguridad.

- Restauración de copias de seguridad después de una pérdida de datos.

- Desactivación de cuentas comprometidas.

- Planes de contingencia para incidentes de ciberseguridad.

- Etc.

• De detección: son controles implementados para identificar y detectar amenazas, vulnerabilidades o incidentes de seguridad en los sistemas y procesos que tratan datos personales. Estas medidas no buscan prevenir un incidente (como las medidas preventivas) ni corregirlo (como las reactivas), sino que tienen el objetivo de monitorear y alertar sobre cualquier actividad sospechosa, permitiendo que se tomen acciones rápidamente para minimizar su impacto. Son cruciales dentro de un sistema de seguridad, ya que permiten actuar con rapidez ante un posible incidente, minimizando el daño y posibilitando una respuesta más efectiva. Por ejemplo:

– Sistemas de monitorización de redes (IDS/IPS): los Sistemas de Detección de Intrusiones (IDS) y los Sistemas de Prevención de Intrusiones (IPS) son herramientas que monitorean el tráfico de red en busca de actividades sospechosas, ataques o accesos no autorizados. El IDS alerta cuando detecta una amenaza, mientras que el IPS puede bloquear automáticamente ciertas actividades.

– Sistemas de monitorización de logs: registrar y analizar las actividades del sistema y los accesos a los datos mediante logs permite detectar patrones anómalos que pueden indicar una posible violación de seguridad.

– Alertas y notificaciones de seguridad: la adopción de mecanismos que generan alertas automáticas cuando se detectan comportamientos inusuales, como accesos repetidos fallidos, intentos de escalación de privilegios o transferencias de datos fuera de los patrones normales.

– Análisis continuo de vulnerabilidades: herramientas que realizan análisis automáticos y continuos para detectar nuevas vulnerabilidades o configuraciones inseguras en los sistemas y aplicaciones.

– SIEM (*Security Information and Event Management*): este tipo de herramienta centraliza los eventos de seguridad de una organización, correlacionando la información de distintas fuentes para detectar incidentes de seguridad de manera temprana y en tiempo real.

405. Tomando como base el modelo de responsabilidad proactiva establecido en el RGPD, ¿cómo podemos clasificar las medidas de seguridad o controles que se aplican para reducir el riesgo?

- Medidas sobre el concepto y diseño del tratamiento.
- Medidas de gobernanza y políticas
- Medidas de protección de datos desde el diseño y por defecto.
- Medidas de prevención y gestión de brechas de datos personales.

406. ¿Qué es el plan de acción?

Es el conjunto de medidas de seguridad o controles que se deben adoptar fruto del análisis y evaluación del riesgo para reducir, mitigar o eliminar los riesgos identificados durante el proceso de gestión de riesgos. En el contexto de la protección de datos personales, este plan es fundamental para asegurar el cumplimiento de las normativas, como el Reglamento General de Protección de Datos (RGPD), y garantizar que los riesgos para los derechos y libertades de las personas se gestionen adecuadamente.

Una vez decidido el conjunto de controles es necesario desplegarlos a lo largo del proceso de concepto, diseño e implementación del tratamiento, así como en su evolución o cuando se detecte la necesidad de revisión del mismo. Se deben asignar a las personas o departamentos encargados de adoptarlos.

El escenario ideal es que estas tareas, con carácter general, se integren en las políticas y procedimientos de la entidad con relación a la gestión del ciclo de vida del tratamiento. En definitiva, que estén reflejadas en un plan de acción de gestión del tratamiento.

407. ¿Cuándo se debe revisar el resultado de una gestión de riesgos?

En la gestión del riesgo es preciso continuar la observación del tratamiento y revisar sus resultados de forma periódica a fin de garantizar que la eficacia de las medidas implementadas se mantiene, los resultados obtenidos son los esperados y la naturaleza, ámbito, contexto y fines no han sido alterados.

La verificación de la correcta aplicación de las medidas y garantías, así como la revisión del nivel de riesgo y su gestión, es un proceso que hay que realizar a lo largo de todo el ciclo de vida del tratamiento. Se recomienda realizar un proceso de verificación durante la fase de implantación con el objetivo de garantizar y validar que las medidas de control definidas en el Plan de acción se han puesto en marcha correctamente.

Son varias las referencias del RGPD a esta necesidad de introducir la gestión del riesgo a lo largo de las distintas etapas del ciclo de vida del tratamiento. El artículo 24 establece que las medidas para la gestión del riesgo "se revisarán y actualizarán cuando sea necesario". A su vez, el artículo 25, donde se establece la Protección de Datos desde el Diseño y por Defecto, indica que estas medidas se aplicarán "en el momento de determinar los medios de tratamiento como en el momento del propio tratamiento". El artículo 32, sobre Medidas de Seguridad, en su apartado 1.d, establece la obligación de "un proceso de verificación, evaluación y valoración regulares". Finalmente, en el artículo 35, sobre la EIPD, establece que esta se realizará "antes del tratamiento".

A este respecto, las Directrices WP248 señalan que, en la práctica, esto significa que los responsables deben evaluar continuamente los riesgos creados por sus actividades de tratamiento a fin de identificar cuando es probable que un tipo de tratamiento entrañe «un alto riesgo para los derechos y libertades de las personas físicas.

En la nota 6 de las mismas Directrices WP248 se expone que cabe señalar que, a fin de gestionar los riesgos para los derechos y libertades de las personas físicas, dichos riesgos deben identificarse, analizarse, estimarse, evaluarse, tratarse (p. ej., mitigarse) y revisarse con regularidad.

Por lo tanto, la gestión del riesgo es un proceso continuo y cíclico. Dicha gestión ha de realizar su primer ciclo con las primeras fases del tratamiento: antes de determinar los medios del tratamiento (en su concepción, análisis, diseño, prototipado e implementación) y antes de ejecutar el tratamiento (pruebas y preparación/despliegue).

Además, la gestión del riesgo ha de repetirse a lo largo del ciclo de vida del tratamiento para evaluar y tratar los cambios que se puedan producir en las fases siguientes (operación, mantenimiento, evolución y retirada)

408. ¿Cuándo se debe llevar a cabo la revisión de una EIPD?

Siempre que se den situaciones que impliquen un cambio del riesgo que representen las operaciones de tratamiento, cambio de los medios con los que se tratan los datos, cambio en los intervinientes (encargados, destinatarios, etc.), etc. (art. 35.11 RGPD).

El enfoque de riesgos del RGPD supone que la EIPD debe entenderse como un proceso y no como un estado. Por lo tanto, si bien la EIPD se ha de realizar antes de iniciar el tratamiento, su revisión y adaptación se extiende a todas las etapas del ciclo de vida de este.

Si durante la vida del tratamiento se producen cambios ajenos al responsable, como cambios contextuales o una ampliación no prevista del ámbito/alcance, será necesario actualizar la EIPD y, en su caso, generar un nuevo informe y plan de acción con las medidas de control adicionales que fuera necesario implantar en el marco de la gestión del riesgo antes de continuar con el tratamiento. Si no se hubiera realizado la EIPD porque las circunstancias iniciales no obligaban o no lo recomendaban, entonces sería necesario realizar la EIPD desde cero. En los casos anteriores, la EIPD se ha de ejecutar de forma inmediata.

Si el responsable pretende cambiar la naturaleza, el ámbito o los fines del tratamiento, y las nuevas circunstancias obligan o recomiendan una EIPD, esta se ha de llevar a cabo antes de iniciar las actividades de tratamiento con las nuevas actualizaciones.

Por lo tanto, es obligación del responsable realizar una revisión del nivel de riesgo en los tratamientos ya en curso de cara a determinar el momento oportuno para realizar la EIPD.

6.4. CONSULTA PREVIA (art. 36 RGPD)

409. ¿En qué circunstancias se debe plantear una consulta previa a la autoridad de control sobre un tratamiento de datos personales determinado?

En dos circunstancias y antes del iniciar el tratamiento:

- Cuando una EIPD muestre que, en ausencia de garantías, medidas de seguridad y mecanismos destinados a mitigar los riesgos, un tratamiento que cumpla con todos los principios de protección de datos, en particular el de legitimidad, entrañaría un alto riesgo para los derechos y libertades de las personas físicas, y el responsable del tratamiento considere que el riesgo no puede mitigarse por medios razonables en cuanto a tecnología disponible y costes de aplicación.

- Cuando así lo establezca el Derecho de los Estados miembros para el tratamiento por un responsable en el ejercicio de una misión realizada en interés público, en particular el tratamiento en relación con la protección social y la salud pública.

410. ¿Existe alguna circunstancia en la que se pueda plantear la consulta previa una vez iniciado el tratamiento?

Sí, cuando se produzcan en el tratamiento cambios en su naturaleza, alcance, contexto o riesgos que sean ajenos al responsable (Instrucción 1/2021 de la AEPD Capítulo IV, quinto.2).

411. ¿Cuál es el objetivo de la consulta previa?

La consulta previa a la autoridad de control no tiene por objeto la obtención de un asesoramiento con relación a aspectos generales del cumplimiento de la normativa de protección de datos (bases jurídicas, proporcionalidad, necesidad, minimización, información, derechos de los interesados, etc.) ni tampoco obtener la aprobación del tratamiento por parte de la autoridad de control. La respuesta a la consulta previa tiene por objeto, orientar al responsable con relación a aquellos riesgos que no hubiera sido capaz de identificar o mitigar suficientemente (art. 36.1 RGPD).

412. ¿En qué tiempo tiene que responder la autoridad de control a una consulta previa?

Cuando la autoridad de control considere que el tratamiento consultado podría infringir el RGPD, en particular cuando el responsable no haya identificado o mitigado suficientemente el riesgo, la autoridad de control deberá, en un plazo de ocho semanas desde la solicitud de la consulta, asesorar por escrito al responsable, y en su caso al encargado, y podrá utilizar cualquiera de sus poderes. Dicho plazo podrá prorrogarse seis semanas, en función de la complejidad del tratamiento previsto. La autoridad de control informará al responsable y, en su caso, al encargado de tal prórroga en el plazo de un mes a partir de la recepción de la solicitud de consulta, indicando los motivos de la dilación. Estos plazos podrán suspenderse hasta que la autoridad de control haya obtenido la información solicitada a los fines de la consulta (art. 36.2 RGPD).

La ausencia de respuesta de la autoridad de control dentro de dicho plazo no debe obstar a cualquier intervención de dicha autoridad basada en las funciones y poderes que le atribuye el RGPD, incluido el poder de prohibir operaciones de tratamiento.

413. ¿Qué información debe facilitar el responsable a la autoridad de control en una consulta previa?

El responsable del tratamiento le facilitará la siguiente información (art. 36.3 RGPD):

• En su caso, las responsabilidades respectivas del responsable, los corresponsables y los encargados implicados en el tratamiento, en particular en caso de tratamiento dentro de un grupo empresarial.

• Los fines y medios del tratamiento previsto.

• Las medidas y garantías establecidas para proteger los derechos y libertades de los interesados de conformidad con el RGPD.

• En su caso, los datos de contacto del DPD.

• La EIPD.

• Cualquier otra información que solicite la autoridad de control.

414. Con relación a la EIPD, ¿qué contenido debe facilitar el responsable a la autoridad de control en una consulta previa?

Con relación a la documentación de la EIPD, el contenido mínimo incluirá, al menos (Instrucción 1/2021 de la AEPD Capítulo IV, quinto.5):

• Identificación del tratamiento y, en su caso, de la versión del mismo a la que corresponde la EIPD.

• Fecha, firma y datos de contacto del responsable del tratamiento, de quien ha elaborado la documentación de la EIPD y, en caso de que exista o deba existir DPD, fecha, firma y datos de contacto del DPD.

• En el caso de que se haya presentado previamente una consulta previa sobre el mismo tratamiento, sumario de las modificaciones introducidas en la naturaleza, contexto, ámbito, fines, riesgos y garantías del tratamiento.

• Descripción del contexto interno y externo de la organización en la que se desenvuelve el tratamiento y la EIPD.

• Identificación inequívoca y datos de contacto de todos los intervinientes en el tratamiento con sus roles.

- Demostración del cumplimiento en el tratamiento de los principios y derechos establecidos en el RGPD, en particular, de una base jurídica.
- Descripción sistemática del tratamiento.
- Factores que determinan la realización de la EIPD y de la consulta previa.
- Descripción del proceso de gestión formal de los riesgos para los derechos y libertades de los interesados, en particular, la identificación de los factores de riego, su análisis, la evaluación del nivel de riesgo del tratamiento y los mecanismos y garantías introducidos para minimizarlos incluyendo:
  - Las medidas establecidas sobre el concepto y diseño del tratamiento.
  - Las medidas de gobernanza y políticas de protección de datos.
  - Las medidas de protección de datos desde el diseño.
  - Las medidas de protección de datos por defecto.
  - La relación de activos y las medidas de seguridad para la protección de los derechos y libertades de los interesados.
  - En su caso, el análisis de la opinión de los interesados o de sus representantes en relación con el tratamiento previsto.
  - La evaluación objetiva y positiva de la necesidad y proporcionalidad del tratamiento.
  - Criterios para reevaluar la EIPD y, en su caso, de caducidad del tratamiento.
  - Cualquier otra documentación adicional necesaria para proporcionar a la autoridad de control la información completa y exacta sobre el tratamiento.

415. ¿Cómo debe plantearse la consulta previa en la AEPD?

Las consultas previas deberán estar firmadas por el responsable y tendrán entrada en la AEPD a través del canal de consultas previas dispuesto en su sede electrónica (Instrucción 1/2021 de la AEPD Capítulo IV, quinto.6).

416. ¿Existe alguna cuestión a tener en cuenta con respecto a la consulta previa para las entidades obligadas a designar un DPD?

Sí, en el caso de que haya obligación de designar un DPD, la consulta previa solo se podrá presentar cuando éste haya sido designado y comunicado a la autoridad de control previamente a la remisión de la consulta (Instrucción 1/2021 de la AEPD Capítulo IV, quinto.3).

417. ¿Deben llevarse también a cabo consultas con la autoridad de control en el curso de la tramitación de una medida legislativa o reglamentaria que haya de adoptar un Parlamento nacional de un estado miembro?

Sí, los Estados miembros garantizarán que se consulte a la autoridad de control durante la elaboración de toda propuesta de medida legislativa que haya de adoptar un Parlamento nacional, o de una medida reglamentaria basada en dicha medida legislativa, que se refiera al tratamiento de datos personales, a fin de garantizar la conformidad del tratamiento previsto con el RGPD y, en particular, de mitigar el riesgo que implique el tratamiento para el interesado (art. 36.4 RGPD).

Capítulo 7

DELEGADO DE PROTECCIÓN DE DATOS

7.1. DESIGNACIÓN DEL DELEGADO DE PROTECCIÓN DE DATOS (art. 37 RGPD y 34 LOPDGDD)

418. ¿Qué es un delegado de protección de datos (DPD o DPO)?

Aunque, siendo uno de los pilares fundamentales sobre los que sustentar el principio de responsabilidad proactiva, ni el RGPD ni la LOPDGDD define expresamente el DPD, pero sí que el Cdo. 97 RGPD hace una aproximación cuando establece que el responsable y el encargado del tratamiento debe contar con la ayuda de una persona especializada en derecho y en la práctica en materia de protección de datos, para supervisar el cumplimiento normativo en esta materia.

También se podría definir como un mediador en protección de datos que permite a los interesados y a la propia autoridad de control contactar directamente con él.

La AEPD, lo considera uno de los elementos claves del RGPD, y un garante del cumplimiento de la normativa de la protección de datos en las organizaciones, sin sustituir las funciones que desarrollan las Autoridades de Control.

419. ¿Cuándo debe una organización designar un delegado de protección de datos?

Lo deben designar siempre que (art. 37.1. RGPD):

• Se trate de una autoridad u organismo público, excepto los tribunales que actúen en ejercicio de su función judicial.

• Sus actividades principales consistan:

- en operaciones de tratamiento que, en razón de su naturaleza, alcance y/o fines, requieran una observación habitual y sistemática[10] de interesados a gran escala, o

- en el tratamiento a gran escala[11] de categorías especiales de datos personales y de datos relativos a condenas e infracciones penales.

420. ¿Qué se consideran actividades principales de una organización?

En el sector privado, las actividades principales de un responsable están relacionadas con sus actividades primarias y no están relacionadas con el tratamiento de datos personales como actividades auxiliares, es decir las "actividades principales" pueden considerarse como las operaciones clave necesarias para lograr los objetivos del responsable o del encargado del tratamiento, son sus tareas fundamentales, es decir, aquellas que constituyen el núcleo de su negocio u objetivos (art. 37.1. b, c RGPD).

El GT 29 (ahora CEPD) recomienda seguir los siguientes criterios para identificar una actividad principal:

• Las actividades principales no incluyen tareas administrativas o de soporte (por ejemplo, la gestión de nóminas o el soporte técnico), a menos que esas tareas estén estrechamente vinculadas a las operaciones principales.

• Se debe considerar si el tratamiento de datos es intrínseco al cumplimiento de los objetivos de la organización.

Por ejemplo, la actividad principal de un hospital es prestar atención sanitaria. Un hospital no podría prestar atención sanitaria de manera segura y eficaz sin tratar datos relativos a la salud, como las historias clínicas de los pacientes. Por tanto, el tratamiento de dichos datos debe considerarse una de las actividades principales de cualquier hospital.

Otro ejemplo sería el de una empresa de seguridad privada que lleva a cabo la vigilancia de una serie de centros comerciales privados y de espa-

10. Ver pregunta 366

11. Ver pregunta 365

cios públicos. La vigilancia es la actividad principal de la empresa, que a su vez está ligada de manera indisociable al tratamiento de datos personales.

Por otra parte, todas las organizaciones llevan a cabo determinadas actividades, por ejemplo, pagar a sus empleados o realizar actividades ordinarias de apoyo. Dichas actividades son ejemplo de funciones de apoyo necesarias para la actividad o negocio principal de la organización. Aunque estas actividades son necesarias o esenciales, normalmente se consideran funciones auxiliares y no la actividad principal.

421. En España, además de cuando se den las condiciones del art. 37.1 RGPD, ¿hay alguna otra forma de determinar la obligación de designar un DPD?

Sí, cuando se trate de alguna de las siguientes entidades (art. 34.1. LOPDGDD):

a) Los colegios profesionales y sus consejos generales.

b) Los centros docentes que ofrezcan enseñanzas en cualquiera de los niveles establecidos en la legislación reguladora del derecho a la educación, así como las Universidades públicas y privadas.

c) Las entidades que exploten redes y presten servicios de comunicaciones electrónicas conforme a lo dispuesto en su legislación específica, cuando traten habitual y sistemáticamente datos personales a gran escala.

d) Los prestadores de servicios de la sociedad de la información cuando elaboren a gran escala perfiles de los usuarios del servicio.

e) Las entidades incluidas en el artículo 1 de la Ley 10/2014, de 26 de junio, de ordenación, supervisión y solvencia de entidades de crédito.

f) Los establecimientos financieros de crédito.

g) Las entidades aseguradoras y reaseguradoras.

h) Las empresas de servicios de inversión, reguladas por la legislación del Mercado de Valores.

i) Los distribuidores y comercializadores de energía eléctrica y los distribuidores y comercializadores de gas natural.

j) Las entidades responsables de ficheros comunes para la evaluación de la solvencia patrimonial y crédito o de los ficheros comunes para la gestión y prevención del fraude, incluyendo a los responsables de los ficheros regulados por la legislación de prevención del blanqueo de capitales y de la financiación del terrorismo.

k) Las entidades que desarrollen actividades de publicidad y prospección comercial, incluyendo las de investigación comercial y de mercados, cuando lleven a cabo tratamientos basados en las preferencias de los afectados o realicen actividades que impliquen la elaboración de perfiles de los mismos.

l) Los centros sanitarios legalmente obligados al mantenimiento de las historias clínicas de los pacientes.

Se exceptúan los profesionales de la salud que, aun estando legalmente obligados al mantenimiento de las historias clínicas de los pacientes, ejerzan su actividad a título individual.

m) Las entidades que tengan como uno de sus objetos la emisión de informes comerciales que puedan referirse a personas físicas.

n) Los operadores que desarrollen la actividad de juego a través de canales electrónicos, informáticos, telemáticos e interactivos, conforme a la normativa de regulación del juego.

ñ) Las empresas de seguridad privada.

o) Las federaciones deportivas cuando traten datos de menores de edad.

422. ¿Puede un grupo empresarial designar una única persona delegada de protección de datos para todas las empresas que lo componen?

Sí, siempre que sea fácilmente accesible desde cada una de las entidades del grupo, accesible no solo respecto a su localización física, sino respecto a la posibilidad de comunicación efectiva con todas las entidades del grupo a través de cualquier medio que garantice su disponibilidad (art. 37.2 y Cdo. 97 RGPD).

De hecho, un DPD único facilita la aplicación uniforme de las políticas de protección de datos dentro del grupo.

423. ¿Pueden varios organismos públicos designar una misma persona DPD para todos ellos?

Sí, de hecho puede ser útil para organismos que compartan recursos o procesos. Pero siempre teniendo en cuenta su estructura organizativa y tamaño y siempre que el DPD pueda cumplir sus funciones de manera efectiva teniendo en cuenta su nivel de acceso, recursos y el volumen de trabajo, para ello deberían al menos (art. 37.3 RGPD):

- Tener acceso adecuado a las actividades de tratamiento de cada organismo.

- Ser fácilmente accesible desde cada uno de los organismos en los que esté designado, accesible no solo respecto a su localización física, sino respecto a la posibilidad de comunicación efectiva con todos ellos a través de cualquier medio que garantice su disponibilidad.

- Existencia de mecanismos de coordinación claros entre los organismos para que el DPD pueda desempeñar sus funciones.

424. ¿Una entidad, asociación u otro organismo que representen a categorías de responsables o encargados pueden designar un DPD que actúe por cuenta de estas asociaciones u otros organismos que representen a responsables o encargados?

Sí, en casos distintos de los contemplados en el art. 37.1 RGPD el responsable o el encargado del tratamiento o las asociaciones y otros organismos que representen a categorías de responsables o encargados podrán designar un DPD o deberán designarlo si así lo exige una Ley que actúe por cuenta de estas asociaciones y otros organismos que representen a responsables o encargados (art. 37.4 RGPD).

425. No estando obligada, ¿puede una entidad designar un DPD voluntariamente?

Sí, y en ese caso quedará sometido al régimen establecido en el RGPD y la LOPDGDD (art. 34.2 LOPDGDD). Designar un DPD voluntariamente puede ser una buena práctica, ya que:

- Refuerza el compromiso de la organización con la protección de datos personales y facilita el cumplimiento normativo, reduciendo el riesgo de sanciones.

• El DPD actúa como un asesor interno en materia de protección de datos, facilitando la toma de decisiones y la resolución de dudas.

• Supone un canal directo de consulta y supervisión para los tratamientos llevados a cabo en la entidad.

• Puede ser visto positivamente por clientes, personas trabajadoras y otras partes interesadas, ya que demuestra un compromiso de la organización con la protección de datos, mejorando la reputación de la entidad.

• El DPD puede actuar como mediador entre la entidad y los interesados en caso de reclamaciones o consultas.

La Agencia Española de Protección de Datos (AEPD) ha indicado que la designación voluntaria de un DPD puede considerarse como parte de las medidas de responsabilidad proactiva.

426. ¿En qué plazo debe comunicar en España una Organización a la Agencia Española de Protección de Datos o, en su caso, a las autoridades autonómicas de protección de datos, las designaciones de DPD?

En el plazo de diez días, pero no solo nombramientos, también los ceses y tanto en los supuestos en que se encuentren obligadas a su designación como en el caso en que sea voluntaria (art. 34.3 LOPDGDD).

427. ¿Tienen alguna obligación respecto a los DPD la Agencia Española de Protección de Datos y las autoridades autonómicas de protección de datos?

Sí, cada una en el ámbito de sus respectivas competencias, deben mantener una lista actualizada de delegados de protección de datos que sea accesible por medios electrónicos (art. 34.3 LOPDGDD).

428. ¿El DPD debe tener dedicación exclusiva en España?

Las organizaciones pueden establecer la dedicación completa o a tiempo parcial del delegado, entre otros criterios, en función del volumen de los tratamientos, la categoría especial de los datos tratados o de los riesgos para los derechos o libertades de los interesados (art. 34.3 LOPDGDD).

429. ¿Qué cualificación debe tener la persona que se designe como DPD?

Debe ser designado atendiendo a sus cualidades profesionales y, en particular, a sus conocimientos especializados del Derecho y la práctica en materia de protección de datos y a su capacidad para desempeñar las funciones que le confiere el RGPD (arts. 37.5, 35 LOPDGDD).

El nivel de conocimientos especializados necesario se debe determinar, en particular, en función de las operaciones de tratamiento de datos que se lleven a cabo y de la protección exigida para los datos personales tratados por el responsable o el encargado.

El cumplimiento de estos requisitos podrá demostrarse, entre otros medios, a través de mecanismos voluntarios de certificación que tendrán particularmente en cuenta la obtención de una titulación universitaria que acredite conocimientos especializados en el derecho y la práctica en materia de protección de datos.

430. ¿Tiene que ser personal de la organización el DPD?

No, podrá formar parte de la plantilla del responsable o del encargado del tratamiento o desempeñar sus funciones en el marco de un contrato de servicios (art. 37.6 RGPD).

431. ¿Se deben publicar los datos de contacto del DPD?

Sí, deben publicarse para garantizar que las personas físicas titulares de los datos personales puedan dirigirse a él respecto a cuestiones relacionadas con el tratamiento de sus datos y el ejercicio de sus derechos (arts. 13.1.b, 37.7 RGPD).

432. ¿Debe publicarse el nombre del DPD?

No, no es necesario, conforme al RGPD, únicamente es obligatorio publicar los datos de contacto del DPD, no su identidad personal.

Solo es necesario publicar datos de contacto funcionales, como por ejemplo una dirección de correo electrónico genérica o un formulario de contacto específico. Esto protege la privacidad del DPD, mientras se asegura la accesibilidad (Directrices DPD GT29)

7.2. POSICIÓN DEL DELEGADO DE PROTECCIÓN DE DATOS (arts. 38 RGPD y 36, 37 LOPDGDD)

433. ¿Qué posición asume el DPD respecto de la entidad para la que presta sus servicios y respecto a los interesados?

En cualquier caso, el responsable y el encargado del tratamiento:

• Garantizarán que participe de forma adecuada y en tiempo oportuno en todas las cuestiones relativas a la protección de datos personales.

• Le respaldarán en el desempeño de las funciones, facilitando los recursos necesarios para el desempeño de dichas funciones y el acceso a los datos personales y a las operaciones de tratamiento, y para el mantenimiento de sus conocimientos especializados.

• Garantizarán que no reciba ninguna instrucción en lo que respecta al desempeño de dichas funciones; no será destituido ni sancionado por desempeñar sus funciones. Cuando se trate de una persona física integrada en la organización del responsable o encargado del tratamiento, no podrá ser removido ni sancionado por el responsable o el encargado por desempeñar sus funciones salvo que incurriera en dolo o negligencia grave en su ejercicio.

• Garantizarán su independencia y si el DPD desempeña otras funciones que dichas funciones no den lugar a conflicto de intereses.

En cualquier caso, el DPD:

• Será punto de contacto con los interesados.

• Rendirá cuentas directamente al más alto nivel jerárquico del responsable o encargado.

• Estará obligado a mantener el secreto o la confidencialidad en lo que respecta al desempeño de sus funciones, de conformidad con el Derecho de la Unión o de los Estados miembros.

• Podrá desempeñar otras funciones y cometidos.

• Actuará como interlocutor del responsable o encargado del tratamiento ante las autoridades de control, pudiendo inspeccionar los procedimientos relacionados con el objeto de la LOPDGDD y emitir recomendaciones en el ámbito de sus competencias.

• Cuando aprecie la existencia de una vulneración relevante en materia de protección de datos lo documentará y lo comunicará inmediatamente a los órganos de administración y dirección del responsable o el encargado del tratamiento.

434. ¿Qué significa que ni el responsable ni el encargado deben instruir al DPD?

El considerando 97 del RGPD establece que los DPD sean o no personas trabajadoras del responsable del tratamiento, deben estar en condiciones de desempeñar sus funciones y cometidos de manera independiente. Esto significa que, en el desempeño de sus tareas con arreglo al artículo 39, no debe instruirse a los DPD sobre cómo abordar un asunto, por ejemplo, qué resultado debería lograrse, cómo investigar una queja o si se debe consultar a la autoridad de control. Asimismo, no se les debe instruir para que adopten una determinada postura con respecto a un asunto relacionado con la normativa de protección de datos, por ejemplo, una interpretación concreta de la ley.

No obstante, la autonomía de los DPD no significa que tengan poder para adoptar decisiones más allá de sus funciones, definidas con arreglo al artículo 39. Siempre se debe garantizar que el DPD actúe de manera independiente, para ello:

• No debe recibir instrucciones por parte de los responsables o encargados del tratamiento en lo relativo al ejercicio de sus funciones.

• No puede ser sancionado o destituido por el responsable del tratamiento por el desempeño de sus funciones.

• No deben darse conflictos de intereses con otras posibles funciones y obligaciones.

435. ¿Qué responsabilidad tiene el DPD en el cumplimiento de la normativa?

La designación de un DPD no exime a la organización de responsabilidad en cuanto al cumplimiento de las obligaciones del RGPD u otras contempladas en la normativa de protección de datos.

Cuando el DPD aprecie la existencia de una vulneración relevante, en materia de protección de datos, lo debe documentar y comunicar inmediatamente a los órganos de administración y dirección del responsable o el encargado del tratamiento. Esa será su función, correspondiendo al responsable o encargado aplicar medidas técnicas y organizativas apropiadas a fin de garantizar y poder demostrar que el tratamiento es conforme con el RGPD.

La actividad del DPD sí podría generar responsabilidades por razón de asesoramiento defectuoso, ausencia de controles, siquiera mínimos o elementales; déficit en el diseño y desarrollo de las herramientas necesarias, dada su naturaleza de cargo con finalidad eminentemente preventiva.

El DPD no debería tener una responsabilidad individual en el RGPD por tratamientos de datos, la organización es la responsable de cualquier incumplimiento. La organización puede decidir tomar acciones, de acuerdo con la ley local, contra un DPD negligente, tal y como sería el caso respecto de cualquier otra persona trabajadora o contratista que pueda ser considerado responsable en última instancia de los daños y perjuicios (por ejemplo, multas, prohibiciones de procesamiento, etc.) sufridos por la organización.

436. ¿Qué papel asume el DPD en España en caso de reclamación ante las autoridades de protección de datos?

Cualquier interesado podrá dirigirse a él, con carácter previo a la presentación de una reclamación contra cualquier entidad ante la Agencia Española de Protección de Datos o, en su caso, ante las autoridades autonómicas de protección de datos (art. 37.1. LOPDGDD).

437. ¿En España, caso de un interesado dirigirse al DPD antes de presentar una reclamación ante una entidad, de qué plazo dispone el DPD para informar al interesado de la decisión adoptada?

En este caso, el delegado de protección de datos comunicará al afectado la decisión que se hubiera adoptado en el plazo máximo de dos meses a contar desde la recepción de la reclamación (art. 37.1. LOPDGDD).

438. ¿Caso de un interesado presentar una reclamación ante la Agencia Española de Protección de Datos o, en su caso, ante las autoridades autonómicas de protección de datos, estas deben gestionar la reclamación directamente?

No, podrán remitir la reclamación al delegado de protección de datos de la entidad contra la que se interpone la reclamación a fin de que este responda en el plazo de un mes.

Si transcurrido dicho plazo el delegado de protección de datos no hubiera comunicado a la autoridad de protección de datos competente la respuesta dada a la reclamación, dicha autoridad continuará el procedimiento con arreglo a lo establecido en la LOPDGDD (art. 37.2 y 3 LOPDGDD).

7.3. FUNCIONES DEL DELEGADO DE PROTECCIÓN DE DATOS (art. 39 RGPD y 35, 37 LOPDGDD)

439. ¿Cuáles son las funciones que debe asumir un DPD?

Desempeñará sus funciones prestando la debida atención a los riesgos asociados a las operaciones de tratamiento, teniendo en cuenta la naturaleza, el alcance, el contexto y fines del tratamiento. Tendrá como mínimo las siguientes funciones:

- Informar y asesorar al responsable o al encargado del tratamiento y a los empleados que se ocupen del tratamiento de las obligaciones que les incumben en virtud del RGPD y de otras disposiciones de protección de datos de la Unión o de los Estados miembros.

- Supervisar el cumplimiento de lo dispuesto en el RGPD, de otras disposiciones de protección de datos de la Unión o de los Estados miembros y de las políticas del responsable o del encargado del tratamiento en materia de protección de datos personales, incluida la asignación de responsabilidades, la concienciación y formación del personal que participa en las operaciones de tratamiento, y las auditorías correspondientes.

• Ofrecer el asesoramiento que se le solicite acerca de la evaluación de impacto relativa a la protección de datos y supervisar su aplicación de conformidad con el RGPD.

• Cooperar con la autoridad de control.

• Actuar como punto de contacto de la autoridad de control para cuestiones relativas al tratamiento, incluida la consulta previa a la autoridad de control cuando fuese el caso, y realizar consultas, en su caso, sobre cualquier otro asunto.

440. ¿El DPD puede desempeñar otras funciones y cometidos?

Sí, pero el responsable o encargado del tratamiento deben garantizar que dichas funciones y cometidos no den lugar a conflicto de intereses (art. 38.6 RGPD y 36.2 LOPDGDD).

Este riesgo de conflicto de intereses podría darse si el DPD se sitúa en determinados departamentos o áreas de una organización, como, por ejemplo, en departamentos de seguridad, tecnologías de la información, recursos humanos u otros departamentos con decisiones que tienen implicación en los tratamientos de datos personales, como marketing.

La esencia de este conflicto de intereses está en que el DPD no debe poder asesorar o supervisar actuaciones que haya llevado a cabo o decidido él mismo o a través de sus superiores o supervisores y que afecten al tratamiento de datos personales.

441. ¿Pueden confluir la figura del DPD y del responsable de seguridad del Esquema Nacional de Seguridad (ENS) en una misma persona?

Según la AEPD en su informe jurídico 170/2018[12] con carácter general, debe existir una separación entre el DPD y el responsable de seguridad

12. https://www.aepd.es/media/informes/2018-0170-incompatibilidad-entre-DPO-y-responsable-seguridad.pdf

(RSEG) del ENS, sin que sus funciones puedan recaer en la misma persona u órgano colegiado. Solo excepcionalmente, en aquellas organizaciones que, por su tamaño y recursos, no pudieran observar dicha separación, sería admisible la designación como delegado de protección de datos de la persona que ejerciera las funciones de responsable de seguridad del ENS (art. 38.3 RGPD y AEPD informe jurídico 170/2018).

La Agencia, para fundamentar esa decisión, considera:

• Que el RSEG emite directrices encaminadas a garantizar la seguridad de la información, sean datos personales o simplemente información de las Administraciones Públicas, mientras que las directrices que debe proporcionar el DPD (Cdo. 77 RGPD) están encaminadas a garantizar los derechos y libertades de las personas y no la seguridad de la información.

• El RSEG, a diferencia del DPD, puede recibir instrucciones en el desempeño de sus funciones. En este sentido, se señala que "el nombramiento del DPD sobre la misma persona o entidad que ostenta la condición de RSEG supondría, negar el principio de independencia y segregación de funciones del ENS y, una negación del principio de independencia que determina el RGPD (art. 38.3)".

• El RSEG y el DPD tienen distintos ámbitos de actuación y con objetivos diferenciados. El RSEG actúa con el fin de garantizar la seguridad de la información y las funciones del DPD deben encaminarse a garantizar los derechos y libertades de las personas en los tratamientos que lleva a cabo el responsable. "El análisis de riesgos tiene diferentes finalidades (...), en el ENS tiene por objeto determinar los riesgos para la información de las Administraciones Públicas mientras que en el RGPD tiene por finalidad determinar los riesgos que los tratamientos de datos personales implican para los derechos y libertades de las personas".

Finalmente, cabe destacar, al igual que lo hace el Informe de la Agencia, la consideración incluida en la norma ISO/IEC 29151:2017 *Information technology - Security techniques - Code of practice for personally identifiable information protection* en la que se incluye la siguiente previsión:

"Las obligaciones y el área de responsabilidad de la protección de la información de identificación personal (PII) deben ser independientes de las de la seguridad de la información. Si bien se reconoce la importancia de la seguridad de la información para la protección de la PII, es importante que las funciones y el ámbito o las responsabilidades de la seguridad y la protección de la PII sean lo más independientes posible entre sí. Si es necesario o útil, en interés de la protección de PII, debe facilitarse la coordinación y cooperación de los responsables de la seguridad de la información y de la protección de PII".

442. ¿Qué cargos pueden dar lugar a conflicto de intereses si se designaran como DPD?

El GT29 en su Dictamen WP234 aclara que los cargos en conflicto dentro de una organización pueden ser, si bien habría de determinarse caso por caso (art. 38.6 RGPD y 36.2 LOPDGDD).

- Los puestos de alta dirección:
  - Director general.
  - Director de operaciones.
  - Director financiero.
  - Director médico.
  - Director del departamento de TI.
  - Jefe del departamento de mercadotecnia.
  - Jefe del departamento de RRHH.
- Cargos o puestos que llevan a la determinación de los fines y medios del tratamiento.
- Es decir, para que no exista conflicto de intereses, el DPD no puede ocupar un cargo en la organización que le permita determinar, de forma directa o indirecta, los fines y medios del tratamiento de datos personales.

Asimismo, también puede surgir un conflicto de intereses, por ejemplo, si se pide a un DPD que represente al responsable o al encargado del tratamiento ante los tribunales en casos relacionados con la protección de datos.

443. ¿Cómo evitar los conflictos de intereses en las funciones del DPD?

El GT29, en el WP234, determinó unas directrices para evitar conflictos de intereses, y que podemos resumir, en las siguientes (art. 38.6 RGPD y 36.2 LOPDGDD):

• Debe determinarse los puestos concretos que serían incompatibles con las funciones del DPD.

• Deben redactarse normas internas que eviten conflictos de intereses, definiendo que se entiende por tales.

• Realizar una declaración expresa respecto de ausencia de conflicto de intereses del DPD, con una finalidad de concienciación.

En la misma línea, la AEPD ha considerado que en entidades de menor tamaño será posible que el DPD compagine sus funciones con otras. Si éste es el caso, debe tenerse en cuenta la necesidad de evitar conflictos de intereses entre las diversas ocupaciones. El DPD actúa como asesor y supervisor interno, por lo que ese puesto no puede ser ocupado por personas que, a la vez, tengan tareas que impliquen decisiones sobre la existencia de tratamientos de datos o sobre el modo en que van a ser tratados los datos (p.ej.: responsables de TIC, o responsables de seguridad de la información).

444. ¿Puede el DPD mantener el Registro de las actividades de tratamiento?

El RGPD establece que la obligación de llevarlo corresponde al responsable del tratamiento o a su representante (art. 30 RGPD), el DPD puede asesorar sobre su estructura, así como las reglas aplicables a su mantenimiento, además verificará periódicamente que el registro esté completo y sea preciso (deber de supervisión) y facilitará orientación al responsable del tratamiento (a los respectivos departamentos) para corregir lo que es incorrecto. Por tanto, nada impide que la organización asigne al DPO la tarea de mantener el RAT bajo la responsabilidad de la organización y esto no sería un caso de conflicto de intereses. De hecho, el RAT debe considerarse una de las herramientas que permiten al DPO realizar sus funciones de supervisión de la observancia de la normativa y de información y asesoramiento a la organización.

445. ¿Puede el DPD llevar a cabo EIPD?

La obligación de llevar a cabo una EIPD para los tratamientos que la requieran corresponde, conforme al art. 35 RGPD, al responsable de tratamiento y cuando exista esa obligación tiene que buscar el asesoramiento del DPD (art. 35.2 RGPD). Este asesoramiento lo podemos entender tanto como una intervención activa en el diseño y ejecución de la EIPD, con funciones de coordinación o de interlocución principal con los evaluadores, o bien de colaboración con el evaluador, si resulta que no tiene que asumir un papel principal en la EIPD. En este caso, queda como persona de contacto relevante dentro de la organización y tiene que atender las consultas y dar el apoyo que el responsable del tratamiento determine en cada caso.

Cuando el RGPD describe las funciones que, como mínimo, tiene que desarrollar el DPD, hace referencia también a la supervisión que necesariamente tiene que ejercer respecto de la correcta aplicación del resultado de la evaluación; es decir, la verificación de que las medidas resultantes de la EIPD se han adoptado adecuadamente y son eficaces (art. 39.1.c RGPD).

A menudo, puede haber sido el mismo DPD quién haya definido cómo se deben ejecutar las EIPD en la organización (por ejemplo, mediante la elaboración de una guía interna de evaluación o adoptando una guía externa que sirva de marco de evaluación); y, así mismo, quien ejecute la evaluación.

En cualquier caso, es una cuestión vinculada a cómo se ha definido la gestión del sistema de cumplimiento de la normativa de protección de datos en cada organización (establecimiento y distribución de funciones y responsabilidades), que no debe generar ningún conflicto de intereses derivado del hecho de que la evaluación y la supervisión recaigan en una misma persona. Esta decisión forma parte de la adopción de medidas que el responsable del tratamiento tiene que tomar teniendo en cuenta los riesgos.

Por tanto, en lo referente a la EIPD, la organización debe recabar el asesoramiento del DPD sobre, entre otras, las siguientes cuestiones:

• Si debe llevarse a cabo o no.

• Qué metodología debe seguirse al llevarla a cabo.

• Si debe realizarse en la propia organización o encargarse a otra entidad.

• Si se ha llevado a cabo correctamente o no y si sus conclusiones (si seguir adelante o no con el tratamiento y qué salvaguardias aplicar) son conformes con los requisitos del RGPD.

446. ¿Puede el DPD llevar a cabo una auditoría?

En las auditorías tanto de primera como de segunda parte serían aplicables las obligaciones y deberes respecto a la independencia y confidencialidad. Esa característica de independencia será la que determine, por tanto, que el DPD no podrá efectuar las mismas, a efectos de que pudiesen suponer un informe o garantía de cumplimiento, sino que, a estos efectos, sólo podrá supervisarlas.

447. ¿Qué implica que el DPD desempeñe sus funciones prestando la debida atención a los riesgos asociados a las operaciones de tratamiento, teniendo en cuenta la naturaleza, el alcance, el contexto y fines del tratamiento?

Que debe de ser capaz de (art. 39.2 RGPD):

• Recabar información para determinar las actividades de tratamiento que se llevan a cabo.

• Analizar y comprobar la conformidad de las actividades de tratamiento.

• Informar, asesorar y emitir recomendaciones al responsable o el encargado del tratamiento.

• Recabar información para supervisar el registro de las operaciones de tratamiento.

• Asesorar en la aplicación del principio de la protección de datos desde el diseño y por defecto.

• Asesorar sobre:

- Si se debe llevar a cabo o no una EIPD.

- Qué metodología debe seguirse al efectuar una EIPD.

- Si se debe llevar a cabo la EIPD con recursos propios o externos.

- Qué medidas de seguridad, técnicas y organizativas adoptar para reducir o mitigar cualquier riesgo para los derechos e intereses de los interesados.

- Si se ha llevado a cabo correctamente o no la EIPD.

- Si sus conclusiones de seguir adelante o no con el tratamiento y qué controles aplicar son conformes con el RGPD.

• Priorizar sus actividades y centrar sus esfuerzos en aquellas cuestiones que presenten mayores riesgos relacionados con la protección de datos.

• Asesorar al responsable del tratamiento sobre:

- Qué metodología emplear al llevar a cabo una EIPD.

- Qué áreas deben someterse a auditoría de protección de datos interna o externa.

- Qué actividades de formación internas impartir al personal.

- A qué operaciones de tratamiento dedicar más tiempo y recursos.

448. ¿Puede el DPD de una entidad presentar un escrito de alegaciones en nombre del responsable del tratamiento?

No, el DPD de una entidad no debe presentar un escrito de alegaciones en nombre del responsable, esto supondría un conflicto de intereses, ya que la normativa establece claramente las funciones y responsabilidades del DPD y del responsable del tratamiento, y las del DPD son asesorar al responsable y supervisar el cumplimiento de la normativa (art. 39 RGPD), no defender al responsable, por ejemplo en procedimientos sancionadores, esta función administrativa comprometería su imparcialidad e independencia, es el responsable quien tiene capacidad legal para hacerlo. Presentar un escrito de alegaciones y firmar el documento como autor supondría por tanto que:

• El DPD excedería sus funciones asumiendo un papel que podría comprometer su independencia.

• Se daría un conflicto de intereses al asesorar al responsable del tratamiento y, al mismo tiempo, defenderlo en el procedimiento sancionador.

• No se respetaría la separación de funciones entre el DPD y el responsable del tratamiento, lo cual es fundamental para garantizar la imparcialidad del DPD.

En el documento de Reposición-PS-00382-2023 la AEPD concluye que esta conducta supone una infracción grave que pone en riesgo la independencia e integridad del DPD, ya que el RGPD y la LOPDGDD establecen claramente las funciones y responsabilidades del DPD y del responsable, y la actuación del primero va en contra de los principios establecidos en la normativa.

449. ¿Tiene al DPO deber de secreto profesional?

Sí, está sujeto al deber de secreto profesional y confidencialidad en el ejercicio de sus funciones. Esta obligación está establecida en el artículo 38.5 del RGPD, que establece que el DPO está obligado a mantener la confidencialidad respecto a las cuestiones que trate en el desempeño de su trabajo, de conformidad con el Derecho de la Unión o de los Estados Miembros aplicable (art. 38.5 RGPD).

Además, este deber de secreto se extiende incluso después de que el DPO haya cesado en su cargo, garantizando así la protección de la información personal tratada durante el desempeño de sus funciones.

Capítulo 8

CÓDIGOS DE CONDUCTA Y CERTIFICACIÓN

8.1. CÓDIGOS DE CONDUCTA (arts. 40, 41 RGPD y 38 LOPDGDD)

450. ¿Qué es un código de conducta en protección de datos?

Son mecanismos de cumplimiento voluntario en los que se establecen reglas específicas para categorías de responsables o encargados del tratamiento con la finalidad de contribuir a la correcta aplicación del RGPD y la LOPDGDD, constituyen una muestra de lo que se denomina autorregulación, es decir, la capacidad de las entidades, instituciones y organizaciones para regularse a sí mismas (art. 40.1 RGPD).

Es un instrumento para acreditar el cumplimiento del principio de proactividad, destinados a contribuir a la correcta aplicación del RGPD, teniendo en cuenta las características específicas de los distintos sectores de tratamiento y las necesidades específicas de las microempresas y las pequeñas y medianas empresas.

Los podemos por tanto considerar herramientas para que los responsables y encargados puedan demostrar su cumplimiento, teniendo en cuenta las características y necesidades específicas de los distintos sectores y de las pymes y micropymes.

451. ¿Cuál puede ser el alcance de un código de conducta?

Pueden ser de alcance nacional, o transnacional si guardan relación con actividades de tratamiento en varios Estados miembros de la Unión Europea (art. 40.1 RGPD).

452. ¿Quiénes deben promover la elaboración de códigos de conducta?

Los Estados miembros, las autoridades de control, el Comité y la Comisión Europea. Se debe incitar a las asociaciones u otros organismos que representen a categorías de responsables o encargados a que los elaboren, dentro de los límites fijados por el RGPD, con el fin de facilitar su aplicación efectiva, teniendo en cuenta las características específicas del tratamiento llevado a cabo en determinados sectores y las necesidades específicas de las microempresas y las pequeñas y medianas empresas. Dichos códigos de conducta podrían en particular establecer las obligaciones de los responsables y encargados, teniendo en cuenta el riesgo probable para los derechos y libertades de las personas físicas que se derive del tratamiento (art. 40.1 RGPD).

En la LOPDGDD, se prevé que podrá promoverse la adopción de códigos de conducta por los organismos o entidades que asumirían las funciones de supervisión y resolución extrajudicial de conflictos.

453. ¿Quiénes pueden elaborar los códigos de conducta?

Según el art. 40.2 RGPD:

- Asociaciones y otros organismos representativos de categorías de personas responsables y encargadas del tratamiento

- Empresas y grupos de empresas

- Los órganos, instituciones y entidades a los que se refiere el artículo 77.1 de la LOPDGDD: Órganos constitucionales, AAPP, autoridades administrativas independientes, Universidades públicas, Fundaciones del sector público, consorcios, etc.

- Organismos que asuman funciones de supervisión y resolución extrajudicial de conflictos.

454. ¿Cuál es el contenido de un código de conducta?

En su elaboración se ha de tener en cuenta lo que recoge el Cdo. 79 RGPD, por lo que el proyecto de código debe acompañarse de una memoria explicativa que indique las específicas características del sector en materia de protección de datos e identificar y afrontar las necesidades que presenta en cuanto a su tratamiento y aportar las soluciones para dichas necesidades y proporcionar las garantías adecuadas en relación con los aspectos que regule para su aprobación, además de incluir los mecanismos que permitan efectuar el control obligatorio de sus disposiciones, conforme establece el art. 40.4 RGPD.

Los proyectos de códigos de conducta han de tener consistencia interna, pues las meras reproducciones del RGPD no proporcionarían las garantías para beneficiarse de los incentivos que establece. No se establece un contenido obligatorio, pero éste debe responder a las necesidades específicas del sector o actividad de tratamiento de que se trate. Su objeto es especificar la aplicación del RGPD en aspectos como:

- El tratamiento leal y transparente

- Los intereses legítimos perseguidos por las personas responsables del tratamiento en contextos específicos

- La recogida de datos personales

- La seudonimización de datos personales

- La información proporcionada al público y a las personas interesadas

- El ejercicio de los derechos de las personas interesadas

- La información proporcionada a los menores de edad y la protección de éstos, así como la manera de obtener el consentimiento de los titulares de la patria potestad o tutela sobre el menor de edad

- Las medidas y procedimientos para garantizar la seguridad del tratamiento, así como la protección de datos desde el diseño y por defecto

- La notificación de violaciones de la seguridad de los datos personales a las autoridades de control y la comunicación de dichas violaciones a las personas interesadas

- La transferencia de datos personales a terceros países y organizaciones internacionales

- Los procedimientos extrajudiciales y otros procedimientos de resolución de conflictos que permitan resolver las controversias entre las personas responsables del tratamiento y las personas interesadas relativos al tratamiento, sin perjuicio de los derechos de las personas interesadas

No obstante, los códigos de conducta deberán incluir obligatoriamente:

• Los mecanismos para la supervisión de su cumplimiento

• Un organismo para la supervisión del cumplimiento del código que habrá de acreditarse por la Agencia Española de Protección de Datos (están exceptuados los códigos que regulen tratamientos efectuados por las entidades, instituciones y organismos a los que se refiere el artículo 77.1 de la LOPDGDD)

455. ¿Para qué sirven los códigos de conducta y qué valor aportan?

Los códigos se constituyen como instrumentos de autorregulación que deben facilitar el cumplimiento del RGPD) teniendo en cuenta las características específicas del tratamiento llevado a cabo por determinados sectores y las necesidades específicas de los tratamientos de datos efectuados por quienes se adhieren a los mismos y aportando valores añadidos de garantía, calidad y confianza en materia de protección de datos (art. 40.2 RGPD).

De conformidad con el artículo 24.3 del RGPD, introduce cómo una ventaja adicional que la adhesión a estos códigos de conducta podrá utilizarse como elemento probatorio del cumplimiento de las obligaciones por parte del responsable del tratamiento.

456. ¿Qué se debe hacer para proponer un nuevo código de conducta?

Con carácter previo a la presentación formal del proyecto de código de conducta, es recomendable y necesario mantener contactos con los promotores (asociaciones u otros organismos que representen a categorías de responsables o encargados de tratamiento, empresas o grupos de empresas, las Administraciones Públicas y las entidades pertenecientes al sector público y organismos o entidades que asumirían las funciones de supervisión y resolución extrajudicial de conflictos a los que se refiere el art. 41 RGPD para que obtengan información con respecto de la existencia de solicitudes o códigos inscritos anteriormente, así como para prestarles asesoramiento sobre los requisitos de forma y fondo que deben contener los proyectos para poder ser aprobados si se consideran suficientes las garantías aportadas (art. 40.5 RGPD).

457. ¿Qué hay que tener en cuenta para elaborar un código de conducta?

En la elaboración de un código de conducta, además de lo dispuesto en los artículos 40 y 41 del RGPD, se han de tener en cuenta las Directrices sobre códigos de conducta y sus organismos de control que fueron aprobadas por el Comité Europeo de Protección de Datos el 4 de junio de 2024 (accesibles en el siguiente enlace en inglés):

https://edpb.europa.eu/sites/edpb/files/files/file1/edpb_guidelines_201901_v2.0_codesofconduct_en.pdf

Es importante que los códigos de conducta identifiquen las áreas o ámbitos de la protección de datos que vaya a regular (art. 40.2 RGPD) y especificar cómo se pretende cumplir con el RGPD. Asimismo, deben incluir los mecanismos de control del cumplimiento del Código (art. 40.4 RGPD) y proporcionar las garantías adecuadas en relación con los aspectos que regule para su aprobación (art. 40.5 RGPD).

Al código se deberá acompañar una memoria explicativa que indique las específicas características del sector en materia de protección de datos e identificar y afrontar las necesidades específicas del sector, y de información sobre las consultas llevadas a cabo con los actores involucrados, inclusive los afectados cuando sea posible.

Los proyectos de códigos de conducta han de tener consistencia interna, pues deben contribuir a la adecuada aplicación del RGPD al sector de tratamiento de que se trate y constituir un valor añadido. Las meras reproducciones del RGPD no proporcionarían las garantías para beneficiarse de los incentivos que establece, por lo que aquellos proyectos que no cumplan los criterios y requisitos no podrán ser tomados en consideración.

Además de identificar, en aquellos proyectos de código que impliquen actividades de autoridades u organismos privados, o no públicos, el organismo de supervisión que ha de ser, o estar, acreditado por la autoridad de control competente, en este caso por la Agencia Española de Protección de Datos conforme a los criterios a los que se ha hecho referencia al principio.

Se han hecho públicos en la web de esta AEPD, los Criterios de acreditación para los organismos de supervisión de códigos de conducta, disponibles en el siguiente enlace.

Dichos criterios se deberán tener en cuenta para poder acreditar el organismo de supervisión, por lo que deberán remitir la documentación que permita evaluar para cada uno de los requisitos el correspondiente análisis de cumplimiento.

458. ¿Puede un responsable o encargado al que no le aplique el RGPD adherirse a un código de conducta aprobado por una autoridad de control de la UE?

Sí, con el objetivo de poder ofrecer garantías adecuadas en el marco de las transferencias de datos personales a terceros países u organizaciones internacionales conforme al artículo 46.2.e del RGPD. Dichos responsables o encargados deberán asumir compromisos vinculantes y exigibles, por vía contractual o mediante otros instrumentos jurídicamente vinculantes, para aplicar dichas garantías adecuadas, incluidas las relativas a los derechos de los interesados (art. 40.3 RGPD).

459. ¿Qué organismo debe aprobar un código de conducta?

Las asociaciones y otros organismos que proyecten elaborar un código de conducta o modificar o ampliar un código existente presentarán el proyecto de código o la modificación o ampliación a la autoridad de control que sea competente con arreglo al artículo 55 RGPD. La autoridad de control dictaminará si el proyecto de código o la modificación o ampliación es conforme con el RGPD y aprobará dicho proyecto de código, modificación o ampliación si considera suficientes las garantías adecuadas ofrecidas (art. 40.5 RGPD).

460. ¿Qué organismo debe supervisar un código de conducta?

Un organismo que tenga el nivel adecuado de pericia en relación con el objeto del código y que haya sido acreditado para tal fin por la autoridad de control competente, para ello el código contendrá mecanismos que permitan al organismo mencionado, efectuar el control obligatorio del cumplimiento de sus disposiciones por los responsables o encargados de tratamiento que se comprometan a aplicarlo, sin perjuicio de las funciones y los poderes de las autoridades de control que sean competentes con arreglo al artículo 51 o 56 RGPD (arts. 40.4, 41.1 RGPD).

461. ¿Qué criterios debe tener en cuenta la autoridad de control para la admisión de un código de conducta?

Para facilitar una evaluación eficaz de cualquier proyecto de código, deberá incluir (Directrices 1/2019 CEPD):

- Una memoria justificativa clara y concisa, que describa detalladamente el objetivo del código, su ámbito de aplicación y cómo facilitará la aplicación efectiva del RGPD y, en su caso, documentación justificativa.

- La justificación de la legitimación del promotor.

- El ámbito de aplicación material que determine de forma clara y precisa las operaciones de tratamiento (o las características del tratamiento) de datos personales que abarca, así como las categorías de responsables o encargados del tratamiento a las que se aplica aportará soluciones prácticas.

- El ámbito de aplicación territorial.

- La autoridad competente, si se trata de códigos transnacionales.

- Los mecanismos de supervisión.

- El organismo de supervisión.

- La consulta con las partes interesadas, o la justificación de su ausencia.

- Y ser conformes con la legislación nacional.

462. ¿Qué criterios debe tener en cuenta la autoridad de control para la aprobación de un código de conducta?

Para su aprobación, los códigos deben demostrar que (Directrices 1/2019 CEPD):

• Satisfacen una necesidad específica del sector o actividad de tratamiento de que se trate.

• Facilitan y especifican la aplicación de la normativa de protección de datos.

• Aportan garantías suficientes.

• Disponen de mecanismos suficientes para supervisar su cumplimiento.

463. ¿Para qué se pueden utilizar los códigos de conducta?

En protección de datos los códigos de conducta sirven para adecuar y facilitar la aplicación del RGPD a las características de los distintos sectores de actividad de sus promotores y, además:

• Pueden utilizarse para acreditar el cumplimiento de las obligaciones de los responsables y encargados del tratamiento.

• Pueden utilizarse para acreditar el cumplimiento de las obligaciones sobre medidas de seguridad (responsables y encargados).

• Se tendrán en cuenta a efectos de evaluar el impacto en protección de datos de las operaciones de tratamiento (DPIA) (responsables y encargados).

• Pueden utilizarse para acreditar que el encargado adherido a un código ofrece garantías suficientes (encargados o subencargados).

• Pueden utilizarse como garantía adecuada para realizar transferencias internacionales de datos (en este caso su tramitación también requerirá el dictamen del CEPD).

• Se tendrán en cuenta en la determinación de sanciones.

464. ¿Qué es un código de conducta transaccional?

Es el que afecta a actividades de tratamiento en varios Estados miembros de la UE.

465. ¿Qué autoridad de control debe registrar y publicar un código de conducta?

En base al art. 40.6 y 7 RGPD:

• Si el proyecto de código o la modificación o ampliación no se refiere a actividades de tratamiento en varios Estados miembros, la autoridad de control competente registrará y publicará el código.

• Si el proyecto de código de conducta guarda relación con actividades de tratamiento en varios Estados miembros, la autoridad de control que sea competente en virtud del artículo 55 lo presentará por el procedimiento mencionado en el artículo 63, antes de su aprobación o de la modificación o ampliación, al Comité, el cual dictaminará si dicho proyecto, modificación o ampliación es conforme con el RGPD o, en la situación indicada en el art. 40.3 RGPD, ofrece garantías adecuadas. En estos casos se deberá presentar ante la autoridad de control competente, para su determinación se tendrán en cuenta, entre otros, los siguientes criterios:

- La ubicación de la mayor densidad del sector o de la actividad de tratamiento

- La ubicación de la mayor densidad de interesados afectados por el sector o actividad de tratamiento

- La ubicación de la sede del titular del código

- La ubicación del organismo de supervisión

- Las iniciativas desarrolladas por una autoridad de control en un ámbito específico

466. ¿Cuáles son los siguientes pasos a partir del dictamen del CEPD?

Si el dictamen confirma que el proyecto de código o la modificación o ampliación cumple lo dispuesto en el RGPD o, en la situación de responsables y encargados a los que no aplica el RGPD, ofrece garantías adecuadas para transferencias internacionales (arts. 40.8, 9, 10, 11 RGPD):

1. El Comité presentará su dictamen a la Comisión.

2. La Comisión:

– Podrá, mediante actos de ejecución, decidir que el código de conducta o la modificación o ampliación aprobados y presentados tengan validez general dentro de la Unión. Dichos actos de ejecución se adoptarán con arreglo al procedimiento de examen a que se refiere el art. 93.2 RGPD.

– Dará publicidad adecuada a los códigos aprobados cuya validez general haya sido decidida.

3. El Comité archivará en un registro todos los códigos de conducta, modificaciones y ampliaciones que se aprueben, y los pondrá a disposición pública por cualquier medio apropiado.

467. ¿Cómo tiene que ser el organismo destinado a supervisar el cumplimiento de un código de conducta?

Debe ser un organismo que tenga el nivel adecuado de pericia en relación con el objeto del código y que haya sido acreditado para tal fin por la autoridad de control competente (art. 41.1 RGPD).

468. ¿Qué requisitos deben cumplir los organismos de supervisión de códigos de conducta para ser acreditados por una autoridad de control?

En base a los arts. 41.2 y 5 RGPD:

• Demostrar independencia y experiencia en relación con el objeto del código

• Establecer procedimientos que le permitan evaluar la idoneidad de los responsables y los encargados del tratamiento correspondientes para aplicar el código, supervisar el cumplimiento de sus disposiciones y revisar periódicamente su aplicación

• Establecer procedimientos y estructuras para tramitar las reclamaciones sobre infracciones del código o la forma en que el código ha sido, o está siendo, aplicado por un responsable o encargado del tratamiento, y para hacer que dichos procedimientos y estructuras sean transparentes para los interesados y el público

• Demostrar de forma satisfactoria que sus funciones y deberes no dan lugar a un conflicto de intereses

La autoridad de control competente revocará la acreditación si las condiciones de la acreditación no se cumplen o han dejado de cumplirse, o si la actuación de dicho organismo infringe el RGPD.

469. ¿Qué autoridad fija los criterios de acreditación de un organismo de supervisión de códigos de conducta?

La autoridad de control competente someterá al Comité, con arreglo al mecanismo de coherencia a que se refiere el artículo 63, el proyecto que fije los criterios de acreditación de dichos organismos de supervisión (art. 41.3 RGPD).

470. ¿Cómo debe actuar un organismo de supervisión en caso de incumplimiento del código por parte de una entidad adherida?

Deberá, con sujeción a garantías adecuadas, tomar las medidas oportunas, incluida la suspensión o exclusión de la entidad adherida. Informará de dichas medidas y de las razones de las mismas a la autoridad de control competente (art. 41.4 RGPD).

471. ¿Existen organismos de supervisión para códigos de conducta de AAPP?

No, lo relativo a los organismos de supervisión para códigos de conducta aprobados (art. 41 RGPD) no se aplicará al tratamiento realizado por autoridades y organismos públicos (art. 41.6 RGPD).

472. ¿Dónde se pueden consultar los códigos de conducta que hay aprobados?

- En el registro de códigos de conducta de la AEPD[13]
- En el registro de códigos de conducta del CEPD[14]
- En el registro de códigos de conducta de la APDCAT[15]

---

13. https://www.aepd.es/informes-y-resoluciones/codigos-de-conducta

14. https://www.edpb.europa.eu/our-work-tools/accountability-tools/register-codes-conduct-amendments-and-extensions-art-4011

15. https://apdcat.gencat.cat/es/drets_i_obligacions/Registre-de-codis-de-conducta/index.html

8.2. MECANISMOS DE CERTIFICACIÓN (arts. 42, 43 RGPD y 39 LOPDGDD)

473. ¿Qué es un mecanismo de certificación en protección de datos?

Son mecanismos, sellos o marcas voluntarios, disponibles a través de un proceso transparente, cuyo objetivo es acreditar el cumplimiento de lo establecido en el RGPD en los tratamientos de datos personales llevados a cabo por parte de los responsables y los encargados del tratamiento, así como proporcionar garantías adecuadas para las Transferencias Internacionales teniendo en cuenta las características y necesidades específicas de los distintos sectores y de las pymes y micropymes (art. 42.1,3 y 4 RGPD).

Estas certificaciones no limitarán la responsabilidad del responsable o encargado del tratamiento en cuanto al cumplimiento del RGPD y se entenderá sin perjuicio de las funciones y los poderes de las autoridades de control que sean competentes en virtud del art. 55 o 56 RGPD.

474. ¿Pueden crearse mecanismos de certificación, sellos o marcas de protección de datos para responsables o encargados no sujetos al RGPD?

Sí, con objeto de demostrar la existencia de garantías adecuadas ofrecidas por los responsables o encargados no sujetos al RGPD en el marco de transferencias de datos personales a terceros países u organizaciones internacionales conforme al art. 46.2.f RGPD. Dichos responsables o encargados deberán asumir compromisos vinculantes y exigibles, por vía contractual o mediante otros instrumentos jurídicamente vinculantes, para aplicar dichas garantías adecuadas, incluidas las relativas a los derechos de los interesados (art. 42.2 RGPD).

475. ¿Para qué sirven los certificados de protección de datos?

De conformidad con el artículo 24.3 del RGPD, introduce cómo una ventaja adicional que la obtención de una certificación podrá utilizarse como elemento probatorio del cumplimiento de las obligaciones por parte del responsable del tratamiento (art. 42.1 RGPD).

De conformidad con el art. 28.5 RGPD, la adhesión del encargado del tratamiento a un mecanismo de certificación podrá utilizarse como elemento para demostrar la existencia de las garantías suficientes. Así pues, un Encargado del tratamiento que preste servicios a un responsable, este último puede exigirle evidencias de cumplimento. Una de las formas más sencillas y rápidas para ello es mostrarle el certificado.

De conformidad con el art. 46.2 f RGPD, una certificación de protección de datos acreditará la existencia de garantías adecuadas ofrecidas por los responsables o encargados no sujetos al RGPD con arreglo al marco de transferencias de datos personales a terceros países u organizaciones internacionales. Dichos responsables o encargados deberán asumir compromisos vinculantes y exigibles, por vía contractual o mediante otros instrumentos jurídicamente vinculantes, para aplicar dichas garantías adecuadas, incluidas las relativas a los derechos de los interesados.

476. ¿Quiénes deben promover la creación de mecanismos de certificación?

Los Estados miembros, las autoridades de control, el Comité y la Comisión, en particular a nivel de la Unión (art. 42.1 RGPD).

477. ¿Cómo procederá un responsable o un encargado que quiera certificarse?

Los responsables o encargados que sometan su tratamiento al mecanismo de certificación dará al organismo de certificación, o en su caso a la autoridad de control competente, toda la información y acceso a sus actividades de tratamiento que necesite para llevar a cabo el procedimiento de certificación (art. 42.6 RGPD).

478. ¿Quiénes expedirán y renovarán estos mecanismos de certificación en materia de protección de datos y de sellos y marcas de protección de datos?

Sobre la base de los criterios aprobados por la autoridad de control competente de conformidad con el art. 58.3 RGPD, o por el Comité de conformidad con el art. 63 RGPD, en este último caso podrá dar lugar a una certificación común, el Sello Europeo de Protección de Datos (arts. 42.5, 43.1, 8, 9 RGPD).

Las certificaciones podrán ser expedidas o renovadas por:

• Organismos que tengan un nivel adecuado de pericia en materia de protección de datos, una vez informada la autoridad de control, a fin de esta que pueda ejercer, si así se requiere, sus poderes en virtud del artículo 58.2.h del RGPD.

• Autoridad de control competente. Las autoridades de control podrán, por ejemplo:

- emitir certificaciones RGPD con respecto a su propio sistema de certificación;

- emitir ellas mismas las certificaciones del RGPD con respecto a su propio sistema de certificación, delegando la totalidad o parte del proceso de tratamiento en terceros;

- crear su propio sistema de certificación y encomendar a organismos específicos la expedición de dichas certificaciones;

- alentar al mercado a desarrollar mecanismos de certificación;

- evaluar los sistemas de certificación de los organismos de certificación.

La autoridad de control hará públicos los requisitos de certificación en una forma fácilmente accesible. Las autoridades de control comunicarán también dichos requisitos y criterios al Comité.

La Comisión:

• Estará facultada para adoptar actos delegados, de conformidad con el artículo 92, a fin de especificar las condiciones que deberán tenerse en cuenta para los mecanismos de certificación en materia de protección de datos.

• Podrá adoptar actos de ejecución que establezcan normas técnicas para los mecanismos de certificación y los sellos y marcas de protección de datos, y mecanismos para promover y reconocer dichos mecanismos de certificación, sellos y marcas. Dichos actos de ejecución se adoptarán con arreglo al procedimiento de examen a que se refiere el art. 93.2 RGPD.

479. ¿Quién acreditará a los organismos de certificación?

Los Estados miembros garantizarán que dichos organismos de certificación sean acreditados por la autoridad o el organismo indicado a continuación, o por ambos (art. 42.5 RGPD):

• la autoridad de control que sea competente en virtud del artículo 55 o 56;

• el organismo nacional de acreditación designado de conformidad con el Reglamento (CE) 765/2008 del Parlamento Europeo y del Consejo con arreglo a la norma EN ISO/IEC 17065/2012 y a los requisitos adicionales establecidos por la autoridad de control que sea competente en virtud del artículo 55 o 56.

480. ¿Quién acreditará en España a las instituciones de certificación?

Sin perjuicio de las funciones y poderes de acreditación de la autoridad de control competente en virtud de los art. 57 y 58 RGPD, la acreditación de las instituciones de certificación a las que se refiere el art. 43.1 RGPD podrá ser llevada a cabo por la Entidad Nacional de Acreditación (ENAC), que comunicará a la Agencia Española de Protección de Datos y a las autoridades de protección de datos de las comunidades autónomas las concesiones, denegaciones o revocaciones de las acreditaciones, así como su motivación (art. 39 LOPDGDD).

481. ¿Qué requisitos deben cumplir las entidades que quieran acreditarse como organismos de certificación?

Los organismos de certificación únicamente serán acreditados si (art. 43.2 RGPD):

a) han demostrado, a satisfacción de la autoridad de control competente, su independencia y su pericia en relación con el objeto de la certificación;

b) se han comprometido a respetar los criterios mencionados en el artículo 42.5, y aprobados por la autoridad de control que sea competente en virtud del artículo 55 o 56, o por el Comité de conformidad con el artículo 63;

c) han establecido procedimientos para la expedición, la revisión periódica y la retirada de certificaciones, sellos y marcas de protección de datos;

d) han establecido procedimientos y estructuras para tratar las reclamaciones relativas a infracciones de la certificación o a la manera en que la certificación haya sido o esté siendo aplicada por un responsable o encargado del tratamiento, y para hacer dichos procedimientos y estructuras transparentes para los interesados y el público, y

e) han demostrado, a satisfacción de la autoridad de control competente, que sus funciones y cometidos no dan lugar a conflicto de intereses.

482. ¿Quién aprueba los criterios en base a los cuales se lleva a cabo la acreditación de los organismos de certificación?

La autoridad de control que sea competente en virtud del artículo 55 o 56, o el Comité de conformidad con el artículo 63. En caso de acreditación por el organismo nacional de acreditación, estos requisitos complementarán los contemplados en el Reglamento (CE) 765/2008 y las normas técnicas que describen los métodos y procedimientos de los organismos de certificación (art. 43.3 RGPD).

La autoridad de control hará públicos los requisitos, en una forma fácilmente accesible. Las autoridades de control comunicarán también dichos requisitos y criterios al Comité.

483. ¿Cómo deben actuar los organismos de certificación en lo referente a sus funciones?

En base a los arts. 43.4 y 5 RGPD:

• Serán responsables de la correcta evaluación a efectos de certificación o retirada de la certificación, sin perjuicio de la responsabilidad del responsable o del encargado del tratamiento en cuanto al cumplimiento del RGPD.

• Comunicarán a las autoridades de control competentes las razones de la expedición de la certificación solicitada o de su retirada.

484. ¿Por cuánto tiempo se expide la acreditación a un organismo de certificación?

La acreditación se expedirá por un período máximo de cinco años y podrá ser renovada en las mismas condiciones, siempre y cuando el organismo de certificación cumpla los requisitos establecidos (art. 43.4 RGPD).

485. ¿Qué periodo de validez tiene la certificación?

La certificación se expedirá por un período máximo de tres años y podrá ser renovada en las mismas condiciones, siempre y cuando se sigan cumpliendo los requisitos pertinentes. La certificación será retirada, cuando proceda, por los organismos de certificación, o en su caso por la autoridad de control competente, cuando no se cumplan o se hayan dejado de cumplir los requisitos para la certificación (art. 42.7 RGPD).

No obstante, lo dispuesto en el capítulo VIII, la autoridad de control competente o el organismo nacional de acreditación revocará la acreditación a un organismo de certificación si las condiciones de la acreditación no se cumplen o han dejado de cumplirse, o si la actuación de dicho organismo de certificación infringe el RGPD.

486. ¿Dónde se pueden consultar los mecanismos de certificación?

El Comité archivará en un registro todos los mecanismos de certificación y sellos y marcas de protección de datos y los pondrá a disposición pública por cualquier medio apropiado (art. 42.8, 43.6 RGPD).

Accesible en el registro de mecanismos de certificación y sellos de protección de datos del CEPD.[16]

---

16. https://www.edpb.europa.eu/our-work-tools/accountability-tools/certification-mechanisms-seals-and-marks_es?field_edpb_lsa_target_id=All&field_edpb_certification_transf_value=All

Capítulo 9

TRANSFERENCIAS DE DATOS PERSONALES A TERCEROS PAÍSES U ORGANIZACIONES INTERNACIONALES

9.1. PRINCIPIO GENERAL DE LAS TRANSFERENCIAS (art. 44 RGPD y 40 LOPDGDD)

487. ¿Qué es una transferencia de datos personales a terceros países u organizaciones internacionales (TID)?

Las transferencias internacionales de datos suponen un flujo de datos personales desde cualquier país de la UE a destinatarios establecidos en países fuera del Espacio Económico Europeo (los países de la Unión Europea más Liechtenstein, Islandia y Noruega) (art. 44 RGPD).

488. ¿Cuándo se pueden realizar TID?

Con el fin de asegurar que el nivel de protección de las personas físicas garantizado por el RGPD no se vea menoscabado, solo se podrán llevar a cabo si, además de las demás disposiciones del RGPD, el responsable y el encargado del tratamiento cumplen las condiciones establecidas en el capítulo V RGPD, incluidas las relativas a las transferencias ulteriores de datos personales desde el tercer país u organización internacional a otro tercer país u otra organización internacional (art. 44 RGPD y 40 LOPDGDD).

En España, las TID se regirán por lo dispuesto en el RGPD, la LOPDGDD y sus normas de desarrollo aprobadas por el Gobierno, y en las circulares de la Agencia Española de Protección de Datos y de las autoridades autonómicas de protección de datos, en el ámbito de sus respectivas competencias.

En todo caso se aplicarán a los tratamientos en que consista la propia transferencia las disposiciones contenidas en dichas normas, en particular las que regulan los principios de protección de datos.

489. ¿Cuándo se pueden realizar TID sin necesidad de autorización previa de la autoridad de control?

Los responsables y encargados del tratamiento podrán realizar TID sin necesidad de autorización de la autoridad de control siempre que el tratamiento de datos observe lo dispuesto en el RGPD y en los siguientes supuestos:

- Cuando se basen en una decisión de adecuación de la Comisión Europea (art. 45 RGPD).
- Mediante la aportación de garantías adecuadas (art. 46 RGPD).
- Excepciones para situaciones específicas (art. 49 RGPD).

9.2. DECISIÓN DE ADECUACIÓN (art. 45 RGPD)

490. ¿Qué es una decisión de adecuación de la Comisión Europea?

Es una resolución emitida por la Comisión Europea que certifica que un tercer país, un territorio específico dentro de un tercer país, o una organización internacional garantiza un nivel adecuado de protección de los datos personales, equiparable al que se ofrece dentro de la UE (art. 45.1 y 3 RGPD).

La Comisión, tras haber evaluado la adecuación del nivel de protección, podrá decidir, mediante un acto de ejecución, que un tercer país, un territorio o uno o varios sectores específicos de un tercer país, o una organización internacional garantizan un nivel de protección adecuado. El acto de ejecución:

- Establecerá un mecanismo de revisión periódica, al menos cada cuatro años, que tenga en cuenta todos los acontecimientos relevantes en el tercer país o en la organización internacional.
- Especificará su ámbito de aplicación territorial y sectorial.

• En su caso, determinará la autoridad o autoridades de control independientes en el tercer país o a las cuales esté sujeta una organización internacional, con la responsabilidad de garantizar y hacer cumplir las normas en materia de protección de datos, incluidos poderes de ejecución adecuados, de asistir y asesorar a los interesados en el ejercicio de sus derechos, y de cooperar con las autoridades de control de la Unión y de los Estados miembros.

• Se adoptará con arreglo al procedimiento de examen a que se refiere el art. 93.2 RGPD.

491. ¿Qué elementos tiene en cuenta la Comisión Europea para evaluar la adecuación al nivel de protección de datos?

Al evaluar la adecuación del nivel de protección, la Comisión tendrá en cuenta, en particular, los siguientes elementos (art. 45.2 RGPD):

a) el Estado de Derecho, el respeto de los derechos humanos y las libertades fundamentales, la legislación pertinente, tanto general como sectorial, incluida la relativa a la seguridad pública, la defensa, la seguridad nacional y la legislación penal, y el acceso de las autoridades públicas a los datos personales, así como la aplicación de dicha legislación, las normas de protección de datos, las normas profesionales y las medidas de seguridad, incluidas las normas sobre transferencias ulteriores de datos personales a otro tercer país u organización internacional observadas en ese país u organización internacional, la jurisprudencia, así como el reconocimiento a los interesados cuyos datos personales estén siendo transferidos de derechos efectivos y exigibles y de recursos administrativos y acciones judiciales que sean efectivos;

b) la existencia y el funcionamiento efectivo de una o varias autoridades de control independientes en el tercer país o a las cuales esté sujeta una organización internacional, con la responsabilidad de garantizar y hacer cumplir las normas en materia de protección de datos, incluidos poderes de ejecución adecuados, de asistir y asesorar a los interesados en el ejercicio de sus derechos, y de cooperar con las autoridades de control de la Unión y de los Estados miembros, y

c) los compromisos internacionales asumidos por el tercer país u organización internacional de que se trate, u otras obligaciones derivadas de acuerdos o instrumentos jurídicamente vinculantes, así como de su participación en sistemas multilaterales o regionales, en particular en relación con la protección de los datos personales.

492. ¿Las decisiones de adecuación son permanentes?

No, pueden ser revisadas, modificadas o revocadas si se detecta que el país u organización deja de ofrecer un nivel adecuado de protección (arts. 45.4, 5, 6, 7 RGPD).

La Comisión supervisará de manera continuada los acontecimientos en países terceros y organizaciones internacionales que puedan afectar a la efectiva aplicación de las decisiones adoptadas con arreglo al apartado 3 del presente artículo y de las decisiones adoptadas sobre la base del artículo 25.6 de la Directiva 95/46/CE.

Cuando la información disponible, en particular tras la revisión periódica, muestre que un tercer país, un territorio o un sector específico de ese tercer país, o una organización internacional ya no garantiza un nivel de protección adecuado, la Comisión, mediante actos de ejecución, derogará, modificará o suspenderá, en la medida necesaria y sin efecto retroactivo, la decisión. Dichos actos de ejecución se adoptarán de acuerdo con el procedimiento de examen a que se refiere el art. 93.2 RGPD. Por razones imperiosas de urgencia debidamente justificadas, la Comisión adoptará actos de ejecución inmediatamente aplicables de conformidad con el procedimiento a que se refiere el art. 93.3 RGPD.

La Comisión entablará consultas con el tercer país u organización internacional con vistas a poner remedio a la situación que dé lugar a la decisión adoptada de derogación, modificación o suspensión.

Toda decisión adoptada de derogación, modificación o suspensión se entenderá sin perjuicio de las transferencias de datos personales al tercer país, a un territorio o uno o varios sectores específicos de ese tercer país, o a la organización internacional de que se trate en virtud de los artículos 46 a 49 RGPD.

Por ejemplo, en 2015, el Tribunal de Justicia de la Unión Europea invalidó la decisión de adecuación "*Safe Harbor*" con Estados Unidos, dando lugar al posterior acuerdo "*Privacy Shield*", que también fue invalidado en 2020.

493. ¿Las decisiones de adecuación adoptadas en base a la Directiva 95/46/CE siguen en vigor?

Sí, hasta que sean modificadas, sustituidas o derogadas por una decisión de la Comisión adoptada de conformidad con el art. 45.2 y 5 RGPD (art. 45.9 RGPD).

494. ¿Dónde se pueden consultar las decisiones de adecuación adoptadas por la Comisión?

La Comisión publicará en el Diario Oficial de la Unión Europea y en su página web una lista de terceros países, territorios y sectores específicos en un tercer país, y organizaciones internacionales respecto de los cuales haya decidido que se garantiza, o ya no, un nivel de protección adecuado.[17] (art. 45.8 RGPD)

La AEPD también tiene publicados los países y territorios declarados como adecuados en su web.[18]

495. ¿Cuáles son los países con decisión de adecuación adoptada por la Comisión?

A día de hoy, en base al art. 45.8 RGPD:

- Suiza. Decisión 2000/518/CE de la Comisión, de 26 de julio de 2000

- Canadá. Decisión 2002/2/CE de la Comisión, de 20 de diciembre de 2001, respecto de las entidades sujetas al ámbito de aplicación de la ley canadiense de protección de datos

- Argentina. Decisión 2003/490/CE de la Comisión, de 3 de junio de 2003

- Guernsey. Decisión 2003/821/CE de la Comisión, de 21 de noviembre de 2003

- Isla de Man. Decisión 2004/411/CE de la Comisión, de 28 de abril de 2004

---

17. https://commission.europa.eu/law/law-topic/data-protection/international-dimension-data-protection/adequacy-decisions_en

18. https://www.aepd.es/derechos-y-deberes/cumple-tus-deberes/medidas-de-cumplimiento/garantias-transferencias-datos-personales

• Jersey. Decisión 2008/393/CE de la Comisión, de 8 de mayo 2008

• Islas Feroe. Decisión 2010/146/UE de la Comisión, de 5 de marzo de 2010

• Andorra. Decisión 2010/625/UE de la Comisión, de 19 de octubre de 2010

• Israel. Decisión 2011/61/UE de la Comisión, de 31 de enero de 2011

• Uruguay. Decisión 2012/484/UE, de la Comisión, de 21 de agosto de 2012

• Nueva Zelanda. Decisión 2013/65/UE de la Comisión, de 19 de diciembre de 2012

• Japón. Decisión de 23 de enero de 2019

• Reino Unido. Decisión de 28 de junio de 2021 (versión en inglés)

• República de Corea. Decisión de 17 de diciembre de 2021 (versión en inglés)

• EU-USA Data Privacy Framework Decisión de 10 de julio de 2023 (versión en inglés) (versión en español)

9.3. GARANTÍAS ADECUADAS (arts. 46 y 47 RGPD)

496. ¿Si no existe decisión de adecuación, como se puede habilitar una TID?

A falta de decisión de adecuación se podría llevar a cabo una TID a condición de que los interesados cuenten con derechos exigibles y acciones legales efectivas y si se ofrecen garantías adecuadas, que podrán ser aportadas a través de (art. 46.1 y 2 RGPD):

• Un instrumento jurídicamente vinculante y exigible entre las autoridades u organismos públicos.

• Normas corporativas vinculantes.

• Cláusulas contractuales tipo de protección de datos adoptadas por:

 - La Comisión.

 - Una autoridad de control y aprobadas por la Comisión.

• Junto con compromisos vinculantes y exigibles del responsable o el encargado del tratamiento en el tercer país de aplicar garantías adecuadas, incluidas las relativas a los derechos de las personas interesadas:

– Códigos de conducta.

– Mecanismos de certificación.

497. ¿Se consideran garantías adecuadas cláusulas contractuales entre responsables y encargados o disposiciones entre Administraciones públicas?

Exclusivamente si existe autorización de la autoridad de control competente y esta aplique el mecanismo de coherencia a que se refiere el art. 63 TGPD, las garantías adecuadas podrán igualmente ser aportadas, en particular, mediante (arts. 46.3, 4 RGPD):

• Cláusulas contractuales entre el responsable o el encargado y el responsable, encargado o destinatario de los datos personales en el tercer país u organización internacional, o

• Disposiciones que se incorporen en acuerdos administrativos entre las autoridades u organismos públicos que incluyan derechos efectivos y exigibles para los interesados.

498. ¿Las autorizaciones otorgadas por un Estado miembro o una autoridad de control y/o las decisiones adoptadas por la Comisión en base a la Directiva 95/46/CE siguen en vigor?

Sí, hasta que sean modificadas, sustituidas o derogadas en caso necesario por la autoridad de control o por una decisión de la Comisión adoptada de conformidad con el art. 46.2 RGPD (art. 46.5 RGPD).

499. ¿La Comisión ha publicado cláusulas contractuales tipo?

Sí, con fecha 4 de junio de 2021, la Comisión Europea publicó la Decisión de Ejecución (UE) 2021/914 de la Comisión de 4 de junio de 2021 relativa a las cláusulas contractuales tipo para la transferencia de datos personales a terceros países de conformidad con el Reglamento (UE) 2016/679 del Parlamento Europeo y del Consejo, este conjunto de cláusulas contractuales tipo que, además de sustituir a sus predecesoras, pretenden poder abarcar las transferencias entre responsables, entre responsable y encargado, entre encargados y entre encargado y responsable (art. 46.2.c RGPD).

Estas cláusulas se adaptan al RGPD incorporando los principios de responsabilidad proactiva y tratan de adoptar los criterios señalados por el Tribunal de Justicia de la Unión Europea (TJUE) en la sentencia del caso Schrems II.

500. ¿Las autoridades de control españolas pueden adoptar cláusulas contractuales tipo?

Sí, la AEPD y las autoridades autonómicas de protección de datos podrán adoptar, conforme a lo dispuesto en el art. 46.2.d RGPD, cláusulas contractuales tipo para la realización de TID, que se someterán previamente al dictamen del CEPD previsto en el art. 64 RGPD (art. 46.2.d RGPD y 41.1 LOPDGDD).

501. ¿Qué son las normas corporativas vinculantes (NCV/BCR)?

Las Normas Corporativas Vinculantes (NCV) (en inglés *Binding Corporate Rules - BCR*) son las políticas de protección de datos personales asumidas por un responsable o encargado del tratamiento establecido en el territorio de un Estado miembro para transferencias o un conjunto de transferencias de datos personales a un responsable o encargado en uno o más países terceros, dentro de un grupo empresarial o una unión de empresas dedicadas a una actividad económica conjunta (arts. 46.2.b, 47 RGPD).

Por tanto, son un mecanismo establecido por el RGPD para permitir la TID dentro de un grupo empresarial o de empresas vinculadas dedicadas a una actividad económica conjunta que operan en diferentes países fuera del Espacio Económico Europeo (EEE), garantizando un nivel adecuado de protección de los datos personales.

Todo grupo empresarial o unión de empresas dedicadas a una actividad económica conjunta debe tener la posibilidad de invocar normas corporativas vinculantes autorizadas para sus transferencias internacionales de la Unión a organizaciones dentro del mismo grupo empresarial o unión de empresas dedicadas a una actividad económica conjunta, siempre que tales normas corporativas incorporen todos los principios esenciales y derechos aplicables con el fin de ofrecer garantías adecuadas para las transferencias o categorías de transferencias de datos personales.

Estas normas se diseñan para garantizar que todas las entidades de un grupo empresarial cumplan con los principios, derechos y garantías del RGPD, aunque operen en países que no cuenten con una legislación equivalente en protección de datos.

502. ¿Las autoridades de control españolas pueden aprobar BCR?

Sí la AEPD y las autoridades autonómicas de protección de datos podrán aprobar BCR de acuerdo con lo previsto en el art. 47 RGPD (arts. 46.2.b, 47.1 RGPD y 41.2 LOPDGDD)

El procedimiento se iniciará a instancia de una entidad situada en España y tendrá una duración máxima de nueve meses. Quedará suspendido como consecuencia de la remisión del expediente al CEPD para que emita el dictamen al que se refiere el art. 64.1.f RGPD, y continuará tras su notificación a la AEPD o a la autoridad autonómica de protección de datos competente.

503. ¿Qué requisitos deben cumplir las BCR para que las apruebe una autoridad de control?

La autoridad de control competente aprobará normas corporativas vinculantes de conformidad con el mecanismo de coherencia establecido en el art. 63 RGPD, siempre que estas (art. 47.1 y 2 RGPD):

a) sean jurídicamente vinculantes y se apliquen y sean cumplidas por todos los miembros correspondientes del grupo empresarial o de la unión de empresas dedicadas a una actividad económica conjunta, incluidos sus empleados;

b) confieran expresamente a los interesados derechos exigibles en relación con el tratamiento de sus datos personales, y

c) especifiquen, como mínimo, los siguientes elementos:

- la estructura y los datos de contacto del grupo empresarial o de la unión de empresas dedicadas a una actividad económica conjunta y de cada uno de sus miembros;

– las TID, incluidas las categorías de datos personales, el tipo de tratamientos y sus fines, el tipo de interesados afectados y el nombre del tercer o los terceros países en cuestión;

– su carácter jurídicamente vinculante, tanto a nivel interno como externo;

– la aplicación de los principios generales en materia de protección de datos, en particular la limitación de la finalidad, la minimización de los datos, los periodos de conservación limitados, la calidad de los datos, la protección de los datos desde el diseño y por defecto, la base del tratamiento, el tratamiento de categorías especiales de datos, las medidas encaminadas a garantizar la seguridad de los datos y los requisitos con respecto a las TID ulteriores a organismos no vinculados por las NCV;

– los derechos de los interesados en relación con el tratamiento y los medios para ejercerlos, en particular el derecho a no ser objeto de decisiones basadas exclusivamente en un tratamiento automatizado, incluida la elaboración de perfiles, el derecho a presentar una reclamación ante la autoridad de control competente y ante los tribunales competentes de los Estados miembros de conformidad con el art. 79 RGPD, y el derecho a obtener una reparación, y, cuando proceda, una indemnización por violación de las NCV;

– la aceptación por parte del responsable o del encargado del tratamiento establecidos en el territorio de un Estado miembro de la responsabilidad por cualquier violación de las NCV por parte de cualquier miembro de que se trate no establecido en la Unión; el responsable o el encargado solo será exonerado, total o parcialmente, de dicha responsabilidad si demuestra que el acto que originó los daños y perjuicios no es imputable a dicho miembro;

– la forma en que se facilita a los interesados la información sobre las NCV, en particular en lo que respecta a las disposiciones contempladas en el art. 47.2.d, e, f, además de los artículos 13 y 14 RGPD;

– las funciones de todo DPO designado de conformidad con el art. 37 RGPD, o de cualquier otra persona o entidad encargada de la supervisión del cumplimiento de las NCV dentro del grupo empresarial o de la unión de empresas dedicadas a una actividad económica conjunta, así como de la supervisión de la formación y de la tramitación de las reclamaciones;

– los procedimientos de reclamación;

– los mecanismos establecidos dentro del grupo empresarial o de la unión de empresas dedicadas a una actividad económica conjunta para garantizar la verificación del cumplimiento de las NCV. Dichos mecanismos incluirán auditorías de protección de datos y métodos para garantizar acciones correctivas para proteger los derechos del interesado. Los resultados de dicha verificación deberían comunicarse a la persona o entidad a que se refiere el art. 47.2 h) RGPD y al consejo de administración de la empresa que controla un grupo empresarial, o de la unión de empresas dedicadas a una actividad económica conjunta, y ponerse a disposición de la autoridad de control competente que lo solicite;

– los mecanismos establecidos para comunicar y registrar las modificaciones introducidas en las normas y para notificar esas modificaciones a la autoridad de control;

– el mecanismo de cooperación con la autoridad de control para garantizar el cumplimiento por parte de cualquier miembro del grupo empresarial o de la unión de empresas dedicadas a una actividad económica conjunta, en particular poniendo a disposición de la autoridad de control los resultados de las verificaciones de las medidas contempladas en el art. 47.2.j RGPD;

– los mecanismos para informar a la autoridad de control competente de cualquier requisito jurídico de aplicación en un país tercero a un miembro del grupo empresarial o de la unión de empresas dedicadas a una actividad económica conjunta, que probablemente tengan un efecto adverso sobre las garantías establecidas en las normas corporativas vinculantes, y

– la formación en protección de datos pertinente para el personal que tenga acceso permanente o habitual a datos personales.

504. ¿Existe algún requisito adicional a las garantías adecuadas para poder llevar a cabo la TID en base al art. 46 RGPD?

Sí, además sigue siendo necesario que el exportador de los datos, en su caso ayudado por el importador, analice el impacto que la legislación y/o la práctica vigente en el país del importador pueda tener en el nivel de protección proporcionado, de forma que sea esencialmente equivalente al que proporciona el marco europeo (Recomendaciones 01/2020 EDPB), a través de la realización de una EIT o evaluación de impacto de la transferencia (en inglés *Transfer Impact Assessment -TIA-*)

Deberán tenerse en cuenta las recomendaciones 1/2020 del Comité Europeo de Protección de Datos sobre las medidas suplementarias que se considere adecuado adoptar para garantizar ese nivel de protección equivalente.

Para aplicar el principio de responsabilidad proactiva (art. 5.2 RGPD) a las TID el Comité Europeo de Protección de Datos (EDPB) en las recomendaciones 01/2020 propone una hoja de ruta para averiguar si el exportador de datos necesita establecer medidas complementarias para poder transferir legalmente los datos fuera del EEE.

En el anexo 2 de las recomendaciones se detallan unas listas no exhaustivas con ejemplos de medidas técnicas, contractuales y organizativas que podrían considerarse.

Y en el anexo 3 además de indicar que el importador de datos personales debe estar en condiciones de proporcionar al exportador las fuentes y la información pertinentes relativas al tercer país en el que está establecido y a las leyes que le son aplicables, el EDPB facilita varias fuentes de información, de manera no exhaustiva.

505. ¿Qué pasos propone el EDPB en su hoja de ruta de las recomendaciones 1/2020 sobre medidas que complementan los instrumentos de transferencia para garantizar el cumplimiento del nivel de protección de los datos personales de la UE?

La hoja de ruta contendría los siguientes pasos (Recomendaciones 01/2020 EDPB):

• **Primer paso**: conocer las TID que se están llevando a cabo, incluso su trazabilidad.

• **Segundo paso**: identificar a través de que instrumento habilitante de los propuestos en el capítulo V del RGPD podemos llevar a cabo la TID, esto es cuando:

– Están basadas conforme al art. 45 en una decisión de adecuación adoptada por la Comisión de la UE

– Se dan alguna de las excepciones contempladas en el artículo 49, es decir consentimiento del interesado (explícito, específico para la TID, e informado, en particular de los posibles riesgos), relación contractual (TID ocasional y necesaria para el contrato), interés público (reconocido en la legislación de la UE o sus estados miembros), o interés vital; además de estar a todo los requisitos exigidos en dicho precepto, no debe convertirse en "la regla general", sino restringirse a situaciones específicas. El artículo 49 tiene un carácter excepcional

– A falta de una de las excepciones del artículo 49 y a falta de una decisión de adecuación contemplada en el artículo 45, están basadas en garantías adecuadas de las contempladas en el artículo 46: cláusulas contractuales tipo (CCT/SCC), normas corporativas vinculantes (NCV/BCR), códigos de conducta, mecanismos de certificación y cláusulas contractuales ad hoc.

• **Tercer paso**: evaluar si las garantías adecuadas contempladas en el artículo 46 son eficaces, cuando proceda en colaboración con el importador, entre otras cuestiones comprobar si hay algo en la legislación del tercer país que pueda afectar a la eficacia de las salvaguardas apropiadas del instrumento de transferencia del artículo 46 en el que se basa.

• **Cuarto paso**: si en el anterior paso se determina que la garantía adecuada (art. 46) en que queremos basar la TID no es eficaz, se tendrá que considerar, cuando proceda en colaboración con el importador, si existen medidas complementarias que, sumadas a las salvaguardas contenidas en la garantía adecuada, puedan garantizar que los datos transferidos tengan en el tercer país un nivel de protección esencialmente equivalente al garantizado dentro de la UE.

En las listas no exhaustivas descritas en el Anexo 2 de las recomendaciones 1/2020 EDPB se pueden encontrar algunos ejemplos de medidas técnicas, contractuales y organizativas que podrían considerarse.

Si no se encuentran o aplican medidas complementarias eficaces que garanticen que los datos personales transferidos gocen de un nivel de protección esencialmente equivalente, no se debe empezar a transferir datos personales al tercer país de que se trate sobre la base del instrumento de transferencia elegido. Si ya se está realizando transferencias, se deben suspender.

La autoridad de control competente está facultada para suspender o poner fin a las transferencias de datos personales al tercer país si no se garantiza la protección de los datos transferidos que exige la legislación de la UE, en particular los artículos 45 y 46 RGPD.

• **Quinto paso:** el posible procedimiento a seguir en caso de que se hayan identificado medidas complementarias eficaces que se vayan a poner en práctica pueden diferir dependiendo de la garantía adecuada del artículo 46 que se esté utilizando o que se prevea utilizar:

- **SCC**: no es necesario solicitar autorización a la autoridad de control (AC), las medidas complementarias en ningún caso podrán contradecir las SCC.

- **NCV**: el CEPD proporciono más detalles en sus recomendaciones 1/2022 sobre la solicitud de aprobación y sobre los elementos y principios que deben figurar en las NCV (artículo 47 del RGPD).[19]

- **Entre autoridades y organismos públicos del EEE y de fuera de este:** el CEPD proporcionó más detalles en sus Directrices 2/2020 a la aplicación del art. 46.2.a y 3.b RGPD, con respecto a las TID entre autoridades y organismos públicos del EEE y de fuera de este.[20]

19. https://www.edpb.europa.eu/system/files/2024-05/edpb_recommendations_20221_bcr-c_v2_es.pdf

20. https://www.edpb.europa.eu/system/files/2021-06/edpb_guidelines_202002_art46guidelines_internationaltransferspublicbodies_v2_es.pdf

– **Códigos de conducta:** el CEPD proporciono más detalles en sus Directrices 04/2021 sobre Códigos de Conducta como instrumentos para TID.[21]

– **Mecanismos de certificación y sellos de protección de datos:** el CEPD proporciono más detalles en sus Directrices 07/2022 sobre la certificación como herramienta para TID.[22]

– **Cláusulas ad hoc**

• **Sexto paso:** revisión periódica, se debe vigilar, de manera permanente y, cuando proceda, en colaboración con los importadores de datos, la evolución de la situación en el tercer país al que haya transferido datos personales que pueda afectar a la evaluación inicial del nivel de protección y a las decisiones que se puedan haber adoptado en consecuencia sobre las transferencias. La responsabilidad proactiva es una obligación permanente (párrafo 2 del artículo 5 del RGPD).

Por último, en el anexo 3 de las recomendaciones, el EDPB indica que el importador de datos personales debe estar en condiciones de proporcionar al exportador las fuentes y la información pertinentes relativas al tercer país en el que está establecido y a las leyes que le son aplicables. También puede el exportador de datos personales remitirse a varias fuentes de información, como las que se enumeran a continuación de manera no exhaustiva:

– La jurisprudencia del Tribunal de Justicia de la Unión Europea (TJUE) y del Tribunal Europeo de Derechos Humanos (TEDH) a la que se refieren las recomendaciones sobre garantías esenciales europeas;

– Decisiones de idoneidad en el país de destino si la transferencia se basa en una base jurídica diferente;

– Resoluciones e informes de organizaciones intergubernamentales, como el Consejo de Europa, otros órganos regionales; y órganos y or-

21. https://www.edpb.europa.eu/system/files/2022-10/edpb_guidelines_codes_conduct_transfers_after_public_consultation_es.pdf

22. https://www.edpb.europa.eu/system/files/2023-05/edpb_guidelines_07-2022_on_certification_as_a_tool_for_transfers_v2_es_0.pdf

ganismos de las Naciones Unidas (por ejemplo, el Consejo de Derechos Humanos de las Naciones Unidas, el Comité de Derechos Humanos);

– Jurisprudencia nacional o decisiones adoptadas por autoridades judiciales o administrativas independientes competentes en materia de privacidad de datos y protección de datos de terceros países;

– Informes de instituciones académicas y organizaciones de la sociedad civil (por ejemplo, ONG y asociaciones comerciales).

9.4. EXCEPCIONES PARA SITUACIONES ESPECÍFICAS (art. 49 RGPD)

506. Si no hay decisión de adecuación ni garantías adecuadas, ¿Cómo se puede habilitar una TID?

En ausencia de una decisión de adecuación de conformidad con el art. 45 o de garantías adecuadas de conformidad con el art. 46, una TID se podrá realizar de manera excepcional, no como norma general, si se cumple alguna de las condiciones siguientes o situaciones específicas:

a) El interesado haya dado explícitamente su consentimiento a la transferencia propuesta, tras haber sido informado de los posibles riesgos para él de dichas transferencias debido a la ausencia de una decisión de adecuación y de garantías adecuadas.

b) La transferencia sea necesaria para la ejecución de un contrato entre el interesado y el responsable del tratamiento o para la ejecución de medidas precontractuales adoptadas a solicitud del interesado.

c) La transferencia sea necesaria para la celebración o ejecución de un contrato, en interés del interesado, entre el responsable del tratamiento y otra persona física o jurídica.

d) La transferencia sea necesaria por razones importantes de interés público establecidas por el Derecho de la Unión o de los Estados miembros que se aplique al responsable del tratamiento. Por ejemplo, en caso de intercambios internacionales de datos entre autoridades en el ámbito de la competencia, administraciones fiscales o aduaneras, entre autoridades de supervisión financiera, entre servicios competentes en materia de seguridad social o de sanidad pública, por ejemplo, en caso de contactos destinados a localizar enfermedades contagiosas o para reducir y/o eliminar el dopaje en el deporte.

e) la transferencia sea necesaria para la formulación, el ejercicio o la defensa de reclamaciones, independientemente de tratarse de un procedimiento judicial o un procedimiento administrativo o extrajudicial, incluidos los procedimientos ante organismos reguladores.

f) la transferencia sea necesaria para proteger los intereses vitales del interesado o de otras personas, incluida la integridad física o la vida, cuando el interesado esté física o jurídicamente incapacitado para dar su consentimiento.

g) la transferencia se realice desde un registro público que, con arreglo al Derecho de la Unión o de los Estados miembros, tenga por objeto facilitar información al público y esté abierto a la consulta del público en general o de cualquier persona que pueda acreditar un interés legítimo, pero sólo en la medida en que se cumplan, en cada caso particular, las condiciones que establece el Derecho de la Unión o de los Estados miembros para la consulta. En este caso la transferencia no debe afectar a la totalidad de los datos personales o de las categorías de datos incluidos en el registro y, cuando el registro esté destinado a su consulta por personas que tengan un interés legítimo, la transferencia solo debe efectuarse a petición de dichas personas o, si estas van a ser las destinatarias, teniendo plenamente en cuenta los intereses y los derechos fundamentales del interesado.

Las letras a), b) y c) no serán aplicables a las actividades llevadas a cabo por las autoridades públicas en el ejercicio de sus poderes públicos.

507. ¿El Derecho de la Unión o de los Estados miembros puede, establecer expresamente límites a la transferencia de categorías específicas de datos a un tercer país u organización internacional?

Sí, en ausencia de una decisión por la que se constate la adecuación de la protección de los datos, el Derecho de la Unión o de los Estados miembros puede, establecer expresamente límites a la transferencia de categorías específicas de datos a un tercer país u organización internacional. Los Estados miembros notificarán a la Comisión dichas disposiciones (art. 49.5 RGPD).

9.5. TRANSFERENCIAS SOMETIDAS A INFORMACIÓN O AUTORIZACIÓN PREVIA DE LA AUTORIDAD DE CONTROL (art. 49 RGPD y 42, 43 LOPDGDD)

508. Si no hay decisión de adecuación, ni garantías adecuadas, ni se dan ninguna de las situaciones específicas en que se puede llevar a cabo ocasionalmente una TID, ¿Cómo se puede habilitar una TID?

Cuando una transferencia no pueda basarse en una decisión de adecuación de conformidad con el art. 45 o en garantías adecuadas de conformidad con el art. 46, y no sea aplicable ninguna de las excepciones para situaciones específicas a que se refiere el párrafo primero del artículo 49.1 RGPD, solo se podrá llevar a cabo si se dan todas y cada una de las siguientes condiciones:

- No es repetitiva.

- Afecta solo a un número limitado de interesados.

- Es necesaria para fines basados en los intereses legítimos imperiosos perseguidos por el responsable del tratamiento sobre los que no prevalezcan los intereses o derechos y libertades del interesado.

- El responsable del tratamiento evaluó todas las circunstancias concurrentes en la transferencia de datos y, basándose en esta evaluación, ofreció garantías apropiadas con respecto a la protección de datos personales y las documento en sus RAT.

- El responsable del tratamiento ha informado previamente a la autoridad de control de la transferencia.

- El responsable del tratamiento ha informado previamente al interesado de la transferencia (art. 13 y/o 14 RGPD) y de los intereses legítimos imperiosos perseguidos.

Esta situación letras no serán aplicable a las actividades llevadas a cabo por las autoridades públicas en el ejercicio de sus poderes públicos.

509. ¿Cuándo es necesario una autorización de la AEPD para realizar una transferencia internacional de datos?

Cuando una transferencia no pueda basarse en una decisión de adecuación de conformidad con el art. 45 o en garantías adecuadas de conformidad con el art. 46, no sea aplicable ninguna de las excepciones para situaciones específicas a que se refiere el párrafo primero del artículo 49.1 RGPD, ni las transferencias no repetitivas descritas en el párrafo segundo del mismo apartado, requerirá una previa autorización de la Agencia Española de Protección de Datos o, en su caso, autoridades autonómicas de protección de datos, que podrá otorgarse en los siguientes supuestos:

a) Cuando la transferencia pretenda fundamentarse en la aportación de garantías adecuadas con fundamento en cláusulas contractuales que no correspondan a las cláusulas tipo previstas en el art. 46.2 c, d RGPD

b) Cuando la transferencia se lleve a cabo por alguno de los responsables o encargados a los que se refiere el art. 77.1 LOPDGDD y se funde en disposiciones incorporadas a acuerdos internacionales no normativos con otras autoridades u organismos públicos de terceros Estados, que incorporen derechos efectivos y exigibles para los afectados, incluidos los memorandos de entendimiento.

El procedimiento tendrá una duración máxima de seis meses.

La autorización quedará sometida a la emisión por el CEPD del dictamen al que se refieren los art. 64.1.e, f, c del RGPD. La remisión del expediente al citado comité implicará la suspensión del procedimiento hasta que el dictamen sea notificado a la Agencia Española de Protección de Datos o, por conducto de la misma, a la autoridad de control competente, en su caso.

9.6. TRANSFERENCIAS NO AUTORIZADAS POR EL DERECHO DE LA UNIÓN (art. 48 RGPD)

510. ¿Puede una sentencia de un órgano jurisdiccional o decisión de una autoridad administrativa de un tercer país exigir a un responsable o encargado del tratamiento de la Unión transferir o comunicar datos personales a dicho tercer país?

Cualquier sentencia de un órgano jurisdiccional o decisión de una autoridad administrativa de un tercer país que exijan que un responsable o encargado del tratamiento transfiera o comunique datos personales únicamente será reconocida o ejecutable en cualquier modo si se basa en un acuerdo internacional, como un tratado de asistencia jurídica mutua, vigente entre el país tercero requirente y la Unión o un Estado miembro, sin perjuicio de otros motivos para la transferencia al amparo del RGPD.

9.7. COOPERACIÓN INTERNACIONAL EN EL ÁMBITO DE LA PROTECCIÓN DE DATOS PERSONALES (art. 50 RGPD)

511. En relación con terceros países y organizaciones internacionales, ¿para qué tomarán medidas apropiadas la Comisión y las autoridades de control?

Adoptarán medidas apropiadas para:

a) crear mecanismos de cooperación internacional que faciliten la aplicación eficaz de la legislación relativa a la protección de datos personales;

b) prestarse mutuamente asistencia a escala internacional en la aplicación de la legislación relativa a la protección de datos personales, en particular mediante la notificación, la remisión de reclamaciones, la asistencia en las investigaciones y el intercambio de información, a reserva de las garantías adecuadas para la protección de los datos personales y otros derechos y libertades fundamentales;

c) asociar a partes interesadas en la materia a los debates y actividades destinados a reforzar la cooperación internacional en la aplicación de la legislación relativa a la protección de datos personales;

d) promover el intercambio y la documentación de la legislación y las prácticas en materia de protección de datos personales, inclusive en materia de conflictos de jurisdicción con terceros países.

Índice de preguntas

Capítulo 1. DISPOSICIONES GENERALES

Capítulo 2. PRINCIPIOS

2.1. Principios relativos al tratamiento (art. 5 RGPD y 4, 5 LOPDGDD)

2.2. Licitud del tratamiento (art. 6 RGPD y 19 a 27 LOPDGDD)

2.2.1. Consentimiento (arts. 6.1.a, 7, 8 RGPD y 6, 7 LOPDGDD)

2.2.6. Interés legítimo (art. 6.1.f RGPD y 19, 20, 21 LOPDGDD)

2.3. Datos de Categoría especial (art. 9 RGPD y 9 LOPDGDD)

Capítulo 3. DERECHOS DEL INTERESADO

3.1. Transparencia de la información (art. 12 RGPD y 12 LOPDGDD)

3.10. Limitaciones de los derechos (art. 23 RGPD)

3.11. Personas fallecidas (art. 3 LOPDGDD)

3.12. Recursos y responsabilidades

3.12.1. Derecho a presentar una reclamación ante una autoridad de control (art. 77 RGPD)

3.12.2. Derecho a la tutela judicial efectiva contra una autoridad de control (art. 78 RGPD)

3.12.3. Derecho a la tutela judicial efectiva contra un responsable o encargado del tratamiento (art. 79 RGPD)

4.1.5. Derecho a la portabilidad en servicios de RRSS y servicios equivalentes (art. 95 LOPDGDD)

4.1.6. Derecho al testamento digital (art. 96 LOPDGDD)

4.2. Derechos de acceso y uso de Internet

4.2.1. Introducción

4.2.2. Derechos en la era digital (art. 79 LOPDGDD)

5.4. Representante en la UE (art. 27 RGPD y 30 LOPDGDD)

5.5. Encargado del tratamiento (art. 28 RGPD y 33 LOPDGDD)

5.6. Cesiones de datos personales (arts. 4.9, 6 RGPD)

5.7. Instrucciones sobre el tratamiento, concienciación y formación (arts. 29, 32.4 RGPD)

5.8. Registro de las actividades de tratamiento (art. 30 RGPD y 31 LOPDGDD)

6.3.3. Conceptos y definiciones en la EIPD (arts. 35.3, 35.7 RGPD)

6.3.4. Descripción sistemática del tratamiento (art. 35.7.a RGPD)

6.3.5. Evaluación de la necesidad y la proporcionalidad de las operaciones de tratamiento con respecto a su finalidad (art. 35.7.b RGPD)

6.3.6. Gestión de riesgos: evaluación de los riesgos para los derechos y libertades de los interesados y medidas previstas para afrontar los riesgos (arts. 24.1, 35.7.c, 35.7.d RGPD y 28 LOPDGDD)

CAPÍTULO 8. CÓDIGOS DE CONDUCTA Y CERTIFICACIÓN

8.1. Códigos de conducta (arts. 40, 41 RGPD y 38 LOPDGDD)